RECUEIL
DE
PIÈCES AUTHENTIQUES
SUR
LE CAPTIF DE SAINTE-HÉLÈNE,
DE MÉMOIRES ET DOCUMENS
ÉCRITS OU DICTÉS
Par L'EMPEREUR NAPOLÉON,

SUIVIS DE LETTRES ET DE MÉMOIRES

De MM. le grand-maréchal comte Bertrand, le comte Las Cases, le général baron Gourgaud, le général comte Montholon, les docteurs Warden, O'Meara et Antommarchi, le abbé Vignale de Chaboulon, le comte Carnot, les maréchaux Ney, — avec des notes de M. Beranger Walsh, — accompagné de 14 vues d'Hudson Lowe, — précédé par une notice biographique de MM. Bertrand, Las Cases, Montholon et Gourgaud, par M. Jay.

« Notre Proposition de qui nous a les maisons régnantes d'Angleterre. — Napoléon. »

A PARIS,
CHEZ ALEXANDRE CORRÉARD, LIBRAIRE,
PALAIS-ROYAL, GALERIES DE BOIS, N° 258.
1821.

RECUEIL
DE
PIÈCES AUTHENTIQUES
SUR
LE CAPTIF DE SAINTE-HÉLÈNE.

TOME DOUZIÈME.

RECUEIL
DE
PIÈCES AUTHENTIQUES
SUR
LE CAPTIF DE Ste HÉLÈNE;
DE MÉMOIRES ET DOCUMENS
ÉCRITS OU DICTÉS
PAR L'EMPEREUR NAPOLÉON,

SUIVIS DE LETTRES ET DE MÉMOIRES

DE MM. LE GRAND-MARÉCHAL COMTE BERTRAND, LE COMTE LAS CASES, LE GÉNÉRAL BARON GOURGAUD, LE GÉNÉRAL COMTE MONTHOLON, LES DOCTEURS WARDEN, O'MEARA, ANTOMMARCHI, LE BARON FLEURY DE CHABOULON, LE COMTE CARNOT ET GOUJON : — AVEC DES NOTES DE M. REGNAULT WARIN; — ACCOMPAGNÉS DE LA VIE DE L'EMPEREUR NAPOLÉON, par Chennechot; — ET TERMINÉS PAR DES NOTICES BIOGRAPHIQUES SUR MM. BERTRAND, LAS CASES, MONTHOLON ET GOURGAUD.

> Je lègue l'opprobre de ma mort à la maison régnante d'Angleterre.   NAPOLÉON.

PARIS,
CHEZ LES MARCHANDS DE NOUVEAUTÉS.
1825.

IMPRIMERIE DE DAVID,
BOULEVART POISSONNIÈRE, n° 6.

Le Retour de Moscou

HISTOIRE

DE LA VIE

POLITIQUE, MILITAIRE ET PRIVÉE

DE

NAPOLÉON BONAPARTE.

On trouve chez L'Auteur *de cette* Vie, *rue du faubourg Saint-Martin, N°* 102.

Promenades philosophiques et sentimentales au cimetière du Père-La-Chaise, 1 vol. in-18, prix : 1 fr. 50 c.

———

Le Cri du peuple au Roi, par un patriote. 50

———

Pour paraître incessamment :

L'ancien régime, ou Aventures de *Jacques Mauduit*, racontées par lui-même, et rédigées et mises au jour par *Chennechot*, 4 vol., avec cette épigraphe :

Il faut être noble, ou moine, ou fou,
pour regretter l'ancien régime.

———

SOUS PRESSE :

ESPRIT DE NAPOLÉON,

ou

Choix de Pensées, Maximes, Mots caractéristiques, Jugemens, Opinions, Prévisions de ce grand homme, d'Anecdotes qui lui sont relatives, des Morceaux les plus éloquens de ses Discours publics et privés, de sa Correspondance, de ses Proclamations, de ses Bulletins,

PRÉCÉDÉ D'UN PRÉCIS DE SA VIE,

Le tout TEXTUELLEMENT extrait de ses Mémoires, publiés par les généraux Montholon et Gourgaud, et de ceux du comte de Las-Cases, des docteurs O'Méara et Antommarchi, du baron Fain, du général Rapp, du Recueil de pièces authentiques et de la partie officielle du Moniteur.

HISTOIRE

DE LA VIE

POLITIQUE, MILITAIRE ET PRIVÉE

DE

NAPOLÉON BONAPARTE,

Par CHENNECHOT;

PRÉCÉDÉE

DE NOTICES BIOGRAPHIQUES SUR SES FIDÈLES COMPA-
GNONS D'INFORTUNE, LE GRAND-MARÉCHAL BERTRAND,
LE GÉNÉRAL GOURGAUD, LE COMTE DE LAS-CASES ET
LE GÉNÉRAL MONTHOLON;

SUIVIE DE SON TESTAMENT;

ORNÉE D'UN PORTRAIT PAR CHARLET, ET D'UNE GRAVURE
PAR HORACE VERNET.

Les principes doivent passer avant les personnes.
NAPOLÉON.

PARIS,

CHEZ L'AUTEUR, RUE DU FAUBOURG St-MARTIN, N° 102;
ET CHEZ LES MARCHANDS DE NOUVEAUTÉS.

1825.

IMPRIMERIE DE DAVID,
BOULEVART POISSONNIÈRE, n° 6.

INTRODUCTION.

J'entreprends d'écrire la vie d'un homme qui, de simple citoyen d'une république, en est devenu, ou plutôt s'en est fait le roi : j'ai à raconter la marche qu'il a suivie pour arriver à ce but de son ambition; les attaques dont il fut l'objet, après l'avoir atteint, de la part des partis divers; car cette république, dont son élévation borna l'existence, venait à peine d'asseoir sa base chancelante sur les ruines d'une monarchie dont les racines plongeaient dans les siècles.

Que de passions soulevées par ce concours de circonstances sans exemple dans l'histoire des temps passés!

Napoléon s'est rendu coupable d'usurpation, au jugement de deux partis bien opposés; il a usurpé le légitime héritage d'une famille, suivant les uns; selon d'autres, il a envahi les droits du peuple, qui jamais ne se prescrivent; il a régénéré une monarchie tombée de vieillesse, et soustrait la France à un gouvernement lâche et incapable, aux yeux de beaucoup.

En mettant même de côté les partisans des droits populaires, moins violens, peut-être parce que leur cause est la plus juste, l'écrivain qui prend la plume au milieu de ce conflit de passions et d'intérêts opposés se trouve pressé entre deux puissantes influences, celle de la renommée du héros dont il écrit l'histoire, et celle dont les souverains, qui poursuivent de leur inimitié sa mémoire, essaient de la contrebalancer.

Avant que de commencer mon travail, j'ai réfléchi à ce double écueil : j'ai cru trouver dans mon caractère et dans mes principes la garantie que je n'obéirais à nulle autre influence qu'à celle de la raison et de la justice : j'ai résolu d'être impartial ; tout historien le promet : beaucoup en ont l'intention, mais tous le peuvent-ils ? Qu'est-ce d'abord, en histoire, que l'impartialité ?

Ne m'étant jamais fait cette question, je ne pensais pas avoir besoin de réflexion pour y répondre ; mais, après l'avoir profondément méditée, j'avoue que je ne me crois pas bien sûr de l'avoir résolue parfaitement.

Est-ce une indifférence absolue pour l'intention et le résultat moral des actes que l'on raconte ? Je ne le pense pas: de cette sorte, l'histoire ne serait que la chronologie, un enregistrement aride des faits.

Je crois qu'il est du domaine, du devoir même de l'historien, d'accompagner le récit des faits, des réflexions qu'ils font naître; de les faire ressortir à raison de leur importance; de les offrir sous le même jour qu'ils se présentent à la raison désintéressée.

Être impartial, c'est donc écrire selon sa conscience, hors de l'influence des événemens et de ceux qui les ont dirigés ou produits.

Mais comme la conscience politique repose sur des principes plus ou moins contestés, quelquefois même contradictoires, il s'en suivra que l'impartialité historique ne peut être que relative, et que deux écrivains, composant une même histoire, peuvent la présenter sous des couleurs différentes, opposées même, et cependant avoir écrit avec une égale impartialité.

Il en résulte, en outre, que l'impartialité ne suffit pas dans un historien, et qu'il est essentiel qu'il unisse un esprit judicieux à un cœur droit.

Je suis par mon âge hors de l'influence des événemens de mon récit; hors de celle des hommes qui y ont pris une part quelconque par mon obscurité. Je proteste de ma ferme résolution de ne sacrifier ce que je croirai être la vérité à aucune considération. Quant aux causes des événemens, à leurs résultats, à l'intention probable des différens actes, je les ai recherchés de bonne foi, et ce que j'ai cru en avoir découvert, je l'ai dit franchement: mais ai-je bien jugé toujours? C'est une question que résoudront ceux qui m'auront lu.

Je ne cherche point à excuser les imperfections d'un ouvrage, que, sous le rapport du style, surtout, je reconnais fort défectueux; mais je dois l'explication du motif, qui, nonobstant la conviction de sa défectuosité, m'y a fait attacher mon nom ; c'est que je regarde comme un devoir, pour un écrivain, d'avouer toute production politique, et principalement celles où des réputations contemporaines sont appréciées. Émettre, sans ménagement, son opinion personnelle sur des hommes qui ont figuré sur la scène politique, juger leurs actes dans un sens quelconque, c'est prendre une responsabilité morale vis-à-vis de l'opinion de tous; cacher son nom, c'est donc s'y soustraire, c'est s'ôter toute confiance, abdiquer le désir, comme le moyen, comme le droit d'être cru pour ce qu'on raconte et approuvé pour ce que l'on pense, soit en bien, soit en mal; l'éloge paraissant dicté par la complaisance, et le blâme une sorte de délation auprès de la postérité.

A ce mot de postérité, peut-être se récrie-t-on sur ma présomption, de m'imaginer que mon œuvre informe lui parvienne? mais je parle ici en thèse générale, et ne me fais aucune application personnelle. La pensée ne se conserve guère que revêtue de l'éclat du style, et le style a besoin d'être poli pour briller : c'est une œuvre à laquelle le temps est nécessaire ; et quel est le jeune écrivain, obligé de vivre du fruit de sa plume, qui ait le temps d'écrire pour l'avenir, quand bien même il en aurait le talent? Heureux encore celui auquel la presse n'arrache pas ses feuilles à peine ébauchées!

Peut-être m'objectera-t-on qu'alors il faut ne pas écrire et abandonner une carrière qu'on ne peut parcourir avec honneur. Cet avis serait bon, s'il s'agissait d'ouvrages de pur agrément, mais il est des compositions dans lesquelles le mérite du style n'est que d'un intérêt secondaire, où la sincérité, le patriotisme, l'énergie qu'elles nécessitent quelquefois, sont ce qu'on doit principalement rechercher : telles sont les compositions historiques. On peut faire à l'historien l'application du conseil que le plus célèbre de nos critiques (La Harpe) donne à l'orateur : « Aimez-vous avant tout la patrie, la justice, la vérité? Vous sentez-vous incapable de les trahir jamais pour quelque intérêt que ce soit? La seule idée de flatter un moment le crime, ou de méconnaître la vertu, vous fait-elle reculer de honte et d'horreur? Si vous êtes tel, parlez; ne craignez rien. Si la nature vous a donné du talent, vous pourrez tout faire : si elle vous en a refusé, vous ferez encore quelque chose; d'abord, votre devoir, ensuite un bien réel, celui de donner un bon exemple aux autres, et à la bonne cause un défenseur de plus. »

C'est cette dernière considération qui m'a déterminé; la franchise politique n'est pas assez commune pour qu'on la sacrifie à la crainte de compromettre son amour propre littéraire.

Quand les grands talens se taisent, le jeune

écrivain, qui a le sentiment de quelque courage, doit-il donc se refuser à dire les vérités qu'une méticuleuse circonspection, ou un pernicieux abus des convenances interdit à la plupart?

Beaucoup trop déjà cèdent aux séductions de l'ambition ou aux timides conseils d'une prudence excessive; et nous-mêmes ne nous sommes-nous pas entendu dire : « Savez-vous ce qu'est ce peuple à la défense duquel vous sacrifiez follement votre avenir? Une multitude d'individus qui, tous, ont une tendance divergente : il n'y a qu'une force coërcitive qui puisse les réunir dans un centre commun; ce qu'il y a d'identique dans leurs intérêts divers n'a pas assez de force seul, pour les y maintenir. Ce peuple n'a de fixité ni dans ses affections, ni dans ses opinions, et ne mérite pas, par conséquent, qu'on s'occupe de lui. Croyez-moi, chacun vit ici-bas pour soi; faites de même. Votre éducation vous peut donner le moyen d'alléger votre part du joug commun, pour peu que vous veuillez y employer d'habileté; n'en attirez pas sur votre tête tout le poids, de gaîté de cœur; car ce serait avec désavantage pour vous même, et sans utilité pour autrui; c'est bien assez pour l'acquit de la conscience, que de ne pas se mettre aux gages des oppresseurs. »

Repoussez avec horreur ces conseils de la lâcheté, ces maximes corruptrices, vous auxquels la nature a départi l'intelligence dans un degré quelque peu supérieur; songez que vous êtes les protecteurs nés de la grande famille humaine; que c'est à vous à la garantir des manœuvres insidieuses du despotisme, à la soutenir contre ses violences, à l'éclairer sur les droits qu'elle n'a pu jamais aliéner : qu'en un mot, les écrivains patriotes sont l'œil des peuples; que c'est à eux de s'en constituer les pasteurs, lorsque les gouvernans s'en sont faits les loups.

Souvenez-vous surtout que vous avez à chercher les moyens de rendre heureux vos semblables, et non d'attirer à vous le fruit de leurs sueurs; que la nature ne vous les a pas livrés comme une proie que vous partagiez avec les tyrans; que vous ne devez assistance au pouvoir que tant qu'il agit dans les intérêts du peuple; qu'il n'y a pas de honte comparable à celle d'un écrivain qui consacre sa plume à la défense des intérêts du privilége contre les intérêts de tous; et que si quelquefois le talent est descendu à ce point d'avilissement, c'est un abus du don de l'intelligence dont l'espèce humaine ne saurait assez rougir.

Il me reste à donner au lecteur un avis des plus essentiels : il s'est glissé dans l'impression plusieurs fautes dont la correction est importante. Par exemple, on doit substituer *conjonctures* à *conjectures*, page 60, ligne 25; *graduer* à *grader*, page 183, ligne 23; *donna* à *donne*, page 111.

ligne 26; *murs* à *ruines*, page 119, ligne 29; *cinq cents* à *anciens*, page 147, ligne 25; *force* à *face*, page 150, ligne 12, *vallée* à *allée*, page 160, ligne 11; *moins* à *plus*, page 191, lig. 22; *eux* à *les*, page 229, ligne 14; *frère* à *père*, page 231, ligne 15; *Tastu* à *Destudtt*, page 271, ligne 14; *est* à *fut*, page 290, ligne 10; *qu'avec* à *qu'à*, page 298, ligne 2; *aventureux* à *aventurier*, page 302, l. 15; *en* à *on*, page 220, ligne 29; *champ* à *change*, page 345, ligne 3; *fourniront* à *fournirent*, page 354, ligne 3; *s'y formaient* à *l'y opposaient*, page 355, ligne 6; *nous* à *une*, page 414, ligne 29, *sa conquête* à *ses conquêtes*, page 414, ligne 13; *celle* à *celles*, page 489, ligne 9; *prédit* à *dit*, page 441, ligne, 26.

Supprimez *de* ... p. 82, l... *le plus reculé*, addition du compositeur, page 158, ligne 2; *dans*, p. 164, l. 22. Mettez un point après *homme*, p. 124, ligne 8; suppléez *et* après *Porto-Longone*, p. 273, ligne 3, et *transformée en* après *modeste*, p. 237, l. 20.

Prenez donc une plume, lecteur, et faites avant tout les corrections que je vous indique: autrement vous vous exposeriez à porter de ce livre un jugement trop sévère, et par conséquent à être injuste envers son auteur.

NOTICE BIOGRAPHIQUE

SUR

LE COMTE BERTRAND,

GRAND MARÉCHAL DU PALAIS DE L'EMPEREUR NAPOLÉON.

―――――――――

BERTRAND (Henri-Gratien, comte), issu d'une famille bourgeoise du Berri, est né à Châteauroux, chef-lieu du département de l'Indre. Il se destinait au génie, partie civile; mais la révolution le porta à embrasser la profession militaire. Il était sous-lieutenant en 1795, et fit en cette qualité la guerre en Espagne en 1797. Il fit partie de l'ambassade française envoyée à Constantinople. Employé dans l'expédition d'Égypte, il s'y fit remarquer par son activité et son aptitude aux travaux de fortification. Il fut nommé successivement colonel et général de brigade pendant son séjour en Égypte. Revenu en France avec les restes de l'armée, il attira, plus particulièrement encore qu'en Égypte, l'attention de Napoléon, au camp de Saint-Omer, en 1804, par l'étendue des connaissances militaires qu'il y déploya. Il donna de nouvelles preuves de ses talens et de son courage à la bataille d'Austerlitz, où il s'empara de dix-neuf pièces de canon, et fit un grand nombre de prisonniers. Il fut nommé, après cette mémorable bataille, aide de camp de l'Empereur. Chargé, en 1806, d'attaquer Spandau, il obligea cette forteresse de capituler le 26 octobre même année. Il se distingua à la bataille de Friedland, le 14 juin 1807. Il rendit, à la fin de mai 1809, lors de la bataille d'Esseling, par la rapide construction des ponts établis sur le Danube pour assurer les communications de l'armée française, le service le plus essentiel de la campagne, et qui fut proclamé par la reconnaissance de Napoléon et celle l'armée. Ce fut seulement par l'active habileté du comte Bertrand, que l'armée française, enfermée dans *Unter-Lobau*, l'une des îles du Danube, réussit à traverser ce fleuve, et put se porter sur le champ de bataille de Wagram.

Après la campagne d'Autriche, le général Bertrand fut nommé gouverneur général de Dalmatie; il y fit chérir et respecter le nom français. Son épouse voulait apparemment y introduire le goût des modes françaises; elle fit du moins preuve d'esprit national, en faisant venir par la poste les modes et objets de parure ou de toilette qu'elle commandait à Paris. Cette dame dépensa jusqu'à 200,000 fr. par mois, tant elle était recherchée dans son goût et son luxe. En 1812, le général Bertrand accompagna l'Empereur en Russie et en

Saxe, et obtint à tel point la confiance de son souverain, qu'après la mort du duc de Frioul (Duroc), tué dans les champs de Bautzen par un boulet perdu, à la suite de la bataille, il fut nommé grand maréchal du palais. Il avait de justes titres aux bienfaits de l'Empereur; ils récompensaient en lui de grands talens, de grands services, et un dévoûment sans bornes.

Quel que soit le parti politique auquel on appartienne, et le jugement que l'on porte sur les hommes publics, l'honneur et la fidélité seront toujours considérés, lorsque la voix des passions aura cessé de se faire entendre, comme des vertus dignes de l'hommage de tous les gens de bien: aussi le choix que Napoléon fit du comte Bertrand, obtint-il un assentiment que la suite des événemens a bien justifié. Les 2 et 20 mai 1813, le général Bertrand commandait, aux batailles de Lutzen et de Bautzen, le 4ᵉ corps de la grande armée française; il dirigea, le 6 septembre suivant, à Donnewitz, contre le corps d'armée sous les ordres du prince royal de Suède, une attaque qui ne fut pas heureuse; et éprouva, le 16 octobre, au passage de l'Elbe, une perte assez considérable de la part du corps prussien commandé par le général Blucher, qui le surprit. Le 17, l'engagement de la veille continua. Le 18, Bertrand, en s'emparant de Weissenfeld et du pont sur la Saale, protégea efficacement la retraite de l'armée, après le désastre qu'elle venait d'éprouver à la suite de trois batailles successives, qui n'en firent qu'une seule. Il rendit des services non moins importans après la bataille de Hanau, en occupant la position de H....heim, dans la plaine qui sépare Mayence de Francfort. Dans ces deux circonstances, et dans celles qui suivirent le départ de Napoléon pour Paris, le comte Bertrand ne songea qu'à sauver les débris de l'armée, et vit presque toujours ses combinaisons et ses efforts couronnés de tout le succès qu'il était possible d'attendre au milieu de tant d'événemens funestes. A son retour à Paris, en janvier 1814, l'Empereur le nomma aide major général de la garde nationale de cette ville; mais il n'en remplit qu'un moment les fonctions. Il repartit avec Napoléon dès le mois de février, et l'accompagna dans cette campagne de Champagne, où les militaires assurent que ce prince déploya, dans une situation désespérée, tout ce que le génie de la guerre peut concevoir et exécuter de plus merveilleux; mais il était trop tard, la France était subjuguée; et si les prodiges de cette campagne couvrent d'une gloire immortelle l'armée française, qui ne combattait en ce moment que pour l'indépendance de son territoire, tous les malheurs de ce pays n'accusent-ils pas celui dont le despotisme avait détruit la liberté, long-temps avant que son ambition insensée livrât son indépendance aux étrangers?

Après la capitulation de Paris, le comte Bertrand suivit Napoléon dans la souveraineté nouvelle qui venait de lui être assignée. Il se montra aussi fidèle au malheur qu'il l'avait été à la puissance, et honora de plus en plus son caractère par cette conduite. On a prétendu que le frère de ce général, qui l'avait accompagné dans l'île d'Elbe, était venu secrètement à Paris en janvier 1815, et n'avait quitté cette capitale que pour se rendre à Milan. Devenu sujet d'un prince reconnu par les puissances du continent et par l'Angleterre elle-même dont les plénipotentiaires avaient signé le traité de Châtillon, le comte Bertrand crut devoir obéir aux ordres de son souverain, lorsque celui-ci s'embarqua, le 26 février, pour la France. Il contresigna, en qualité de chef d'état major d'une armée d'invasion de huit cents hommes, les actes et les proclamations de Napoléon, et remplit, en arrivant à Paris, les fonctions de grand maréchal du palais.

Les fautes du gouvernement des Bourbons (il est permis de parler ainsi, puisque Louis XVIII, avec une grandeur d'âme toute royale, a daigné dire : « Mon gouvernement a fait des fautes. ») avaient mis l'armée de la France dans les mains de Napoléon. Cette armée fut réorganisée avec une activité qui tenait du prodige, et dont le comte Bertrand donnait l'un des premiers l'exemple. Enfin, arriva la journée de Waterloo. Parti pour l'armée avec

Napoléon, Bertrand en revint avec lui, et ne l'a plus quitté depuis ce moment. A Paris, à Malmaison, à Rochefort, sur *le Bellérophon*, à Sainte-Hélène, il a confondu sa destinée avec celle de l'homme extraordinaire, dont le nom éternellement lié, comme général et comme premier consul, à la gloire de la France, le sera comme Empereur à toutes ses calamités.

Ce n'est pas le général Bertrand, mais son épouse, qui détourna Napoléon du projet de se rendre aux États-Unis; l'Empereur en eut la facilité jusqu'à la veille du jour où il prit la résolution insensée d'aller se confier à la loyauté du gouvernement anglais. Madame Bertrand, née Dillon, *très-portée d'inclination* pour l'Angleterre, conjura Napoléon de ne pas hasarder ses jours sur le petit bâtiment dont le capitaine répondait sur sa tête d'échapper à la croisière anglaise, et d'arriver aux États-Unis: les larmes aux yeux, elle obséda Napoléon, jusqu'à ce qu'il eût adopté l'idée de se rendre au commandant de la station anglaise. Le général Bertrand, toujours dominé par sa femme, ne pouvait opposer, dans cette circonstance, qu'une résistance inutile; Napoléon lui-même a dit de ce général: « Bertrand est un parfait honnête homme, » mais caractère de vache. » En rapportant ce jugement de l'Empereur sur l'un de ses plus fidèles serviteurs, nous croyons honorer le général Bertrand, puisque la faiblesse de son caractère fait ressortir avec éclat toute la force de son âme et toute la grandeur de son dévoûment. Un noble dévoûment ne peut avoir qu'une noble cause. Nous ne déciderons pas, comme l'a fait, au mépris de toutes les convenances et des égards dus au malheur, un biographe dont l'opinion de l'Europe a déjà fait justice, si l'on doit conclure de ce que le général Bertrand avait reçu une somme de huit cent mille francs de Napoléon pendant sa dernière occupation du trône, que la conduite de ce général ne fut dirigée que par un vil intérêt : cette allégation est absurde. Chargé de hautes et d'importantes opérations, est-il donc bien étrange que le général Bertrand ait eu à sa disposition une somme de cette nature? Il le serait bien davantage, selon nous, que des sommes beaucoup plus considérables ne lui eussent pas été confiées; et loin d'expliquer (ce que d'ailleurs nous ignorons parfaitement) comment la reconnaissance d'une somme de huit cent mille francs s'est trouvée dans les papiers du comte Bertrand, nous nous bornerons à remercier le biographe de ce qu'en annonçant un fait aussi simple, il a fait grâce à ses lecteurs de toutes les interprétations qui ont dû se présenter naturellement à son esprit. Nous n'omettrons point ici la lettre écrite, de Fontainebleau, par M. le comte Bertrand, au duc de Fitz-James, son beau-frère; elle est datée du 19 avril 1814.

« Mon cher Édouard, y dit le général, dont M. de Fitz-James devait, quelques mois plus tard, demander la tête, je vous envoie ma lettre pour le Roi; je vous prie de la lui remettre. Vous me connaissiez assez pour ne pas douter du parti que je prendrais dans les circonstances où je me suis trouvé. L'Empereur ayant abdiqué, ce n'est point avec un prétendant que je suis; il a renoncé à sa couronne. Ce n'est plus que l'Empereur malheureux que j'accompagne; et, comme je le dis dans ma lettre au Roi, j'acquitte la dette de la reconnaissance et de l'honneur. Je reste sujet du Roi, et je serai son sujet fidèle, comme je l'ai été de l'Empereur. Je suis persuadé qu'il a renoncé, dans son cœur, comme par sa déclaration, à toute idée de rentrer en France; mais ce que je puis assurer mieux encore, c'est que, dans aucune circonstance, je ne veux me mêler des affaires politiques.

» Je ne fus jamais un homme de révolution ni d'intrigues; et je mourrai comme j'ai vécu, honnête homme, et homme d'honneur. Si jamais vous étiez dans le cas de parler de moi, vous pouvez, sans risque d'être démenti par les faits, affirmer que je ne m'écarterai point, quels que soient les évenemens, de la ligne que je me suis tracée, qui est celle de mon devoir. Je désire pouvoir venir visiter ma famille. Il y a plus de trois ans que je n'ai vu ma mère; si, dans un an, je recours à vous pour avoir une permission de venir passer quelques mois à Châteauroux dans le sein de ma famille, je compte sur votre obligeance. »

Une réflexion se présente à la lecture de cette lettre; c'est que le comte Bertrand, homme d'honneur dans toutes les circonstances de sa vie, était, l'écrivant, dans la ferme résolution de remplir les engagemens qu'il prenait alors. Nous ne connaissons point ce général, aucune affection ne nous attache à lui; le seul intérêt qui nous parle en sa faveur, c'est son malheur et la noblesse de son dévoûment. Quelle que soit notre opinion sur les droits de Napoléon à un dévoûment si rare, toutes les âmes généreuses penseront sans doute avec nous, que ce n'est pas à celui qui reçoit le bienfait, à discuter les titres du bienfaiteur à sa connaissance. Le 17 mai 1816, le général comte Bertrand a été condamné à mort, par contumace, par le conseil de guerre de la 1re division militaire. Le beau-frère du comte Bertrand, le duc de Fitz-james, ce chevalier français *sans peur et sans reproche*, comparut devant le conseil de guerre ; sur une lettre confidentielle produite par lui, le conseil prononça que Bertrand avait trahi ses sermens!... Nous avons pris l'engagement de parler à nos lecteurs le langage d'une austère franchise, et nous remplissons ce devoir. Les partisans de la rigueur ont souvent objecté à ceux de la clémence que tous les hommes qu'on a frappés depuis le 8 juillet 1815, étaient coupables!... Si cette assertion est vraie, il résulterait donc du système de rigueur que les *ultrà* avaient embrassé en 1815, que la clémence doit être uniquement réservée à ceux qui n'en ont pas besoin.... Sans doute la conduite du général Bertrand fut coupable. Un an auparavant, en partant pour l'île d'Elbe, il avait écrit ces mots : « Je reste sujet du Roi, et je serai » son sujet fidèle... Je ne m'écarterai point, *quels* » *que soient les événemens*, de la ligne que je me » suis tracée, qui est *celle de mon devoir*. » Quand on s'engage de la sorte, on doit remplir son engagement. Nul doute qu'en rentrant en France avec Napoléon, avec une troupe armée, pour renverser le gouvernement du Roi, le général Bertrand n'ait violé son serment de fidélité à Louis XVIII; et c'est ici que la faiblesse de ce général peut être présentée comme sa seule excuse. Nous dirons avec la même franchise que la conduite du duc de Fitz-James envers le général son beau-frère, devait être dictée par un royalisme bien pur, bien ardent, pour le déterminer à déposer contre son parent, son bienfaiteur, son ami.

On a dit, dans le temps, que le général Bertrand avait assuré la tranquillité du duc de Fitz-James, émigré, rentré à Paris par suite de l'amnistie consulaire; que le crédit de l'aide de camp de Napoléon n'avait pas été inutile au repos et à la considération dont l'ex-émigré jouit à Paris jusqu'à la chûte du gouvernement impérial (car il était reçu avec distinction chez le *prince* Cambacérès); et que le général Bertrand, ainsi que sa famille, avaient plusieurs fois aidé le duc de leurs secours pécuniaires. Ces assertions étaient sans doute fausses, puisque M. Bertrand, propriétaire à Châteauroux, et père du général comte Bertrand, ayant publié, en 1815, un écrit dans lequel il accusait le duc de Fitz-James d'ingratitude envers son beau-frère, et d'infidélité au sujet de la lettre remise par lui à l'autorité, ce duc fit insérer dans les journaux, le 5 septembre 1815, une réponse où il dit :

« Je ne dois au général Bertrand ni la liberté ni
» la vie, et je m'étonne qu'on ose le nommer mon
» bienfaiteur. Si j'ai perdu toute ma fortune à faire
» mon devoir, jamais je n'en fus réduit à recourir
» à la générosité de personne. Le général est mon
» beau-frère, ayant épousé ma belle-sœur, et non
» *ma sœur infortunée*. Je ne lui demandai jamais
» rien, et je ne lui dois rien... Attiré par lui, je le
» vis souvent, jamais avec intimité. J'étais son pa-
» rent ; je ne fus jamais son ami...., etc. »

On ne peut, certes, désavouer, avec plus de franchise, toute espèce d'intérêt pour le général Bertrand. L'Empereur Napoléon étant mort à l'île Sainte Hélène le 4 mai 1821, le général Bertrand fut conduit en Angleterre à la fin du même mois. Rentré en France à la fin de 1821, le roi a annulé, par ordonnance, le jugement qui l'avait condamné à mort, et ordonne sa réinscription sur la liste des officiers généraux de l'armée.

NOTICE BIOGRAPHIQUE

SUR

LE BARON GOURGAUD,

GÉNÉRAL D'ARTILLERIE, AIDE DE CAMP DE L'EMPEREUR NAPOLÉON.

GOURGAUD (Gaspard), baron, général d'artillerie, aide de camp de l'Empereur Napoléon, commandant de la Légion d'honneur, chevalier de Saint-Louis, naquit à Versailles le 14 septembre 1783; il fit ses études avec distinction, et fut surtout remarqué pour ses progrès dans les sciences mathématiques, progrès auxquels il dut d'être admis à l'école polytechnique, à l'âge de quinze ans. C'est à cette école, berceau de tant de talens militaires contemporains, qu'il puisa les élémens des connaissances étendues qu'il devait déployer en diverses occasions mémorables. L'école de Châlons le reçut ensuite dans son sein, en qualité de sous lieutenant d'artillerie; et celle de Metz ne tarda pas à le voir revêtu du grade de lieutenant, adjoint au professeur de fortification. Il figurait, en 1801, dans les rangs de l'armée active, parmi les officiers du 6ᵉ régiment d'artillerie à cheval. Le général d'artillerie, Foucher, employa ensuite ses talens et son zèle au camp de Boulogne; mais c'est en 1805, sous les ordres du maréchal Lannes, qu'il se signala particulièrement, à la prise du pont du Tabor. Sa valeur le fit distinguer davantage encore à la mémorable journée d'Austerlitz, après laquelle ses chefs firent valoir ses droits à être admis dans la Légion d'honneur, qu'alors on pouvait appeler encore la *légion des braves*. Sa grande jeunesse fut sans doute le seul obstacle qui le priva pour lors de cette noble récompense, qui devait lui être accordée un an plus tard, à la suite des journées de Saalfeld et d'Iéna. Le grade de capitaine d'artillerie à cheval fut, en 1807, le complément de la justice rendue à la bravoure du lieutenant Gourgaud. L'Espagne le vit, l'année suivante, guider, avec son courage accoutumé, sa compagnie, au siége de Sarragosse. Il en fut rappelé pour être employé à l'armée d'Allemagne, où il prit successivement part aux batailles d'Abesberg, d'Eckmühl, de Ratisbonne, d'Ebersberg, d'Esling, de Wagram. Les talens du capitaine Gourgaud n'étaient pas moins distingués que sa valeur. On sut les utiliser à la paix, en le chargeant d'une surveillance dans la manufacture d'armes de Versailles; et la fabrication du fusil et de la lance lui dut d'utiles modifications. Vers ce temps, le ministre de la guerre le chargea d'aller à Dantzick, examiner l'état où se trouvait cette place, et le secours dont elle pouvait être dans le cas d'une guerre contre la Russie. Le capitaine Gourgaud s'acquitta, avec beaucoup de zèle, de cette mission importante ; et le rapport qu'il en fit, rédigé avec talent, fixa l'attention de l'Empereur qui, peu de temps après, l'en récompensa, en le nommant l'un de ses officiers d'ordonnance. C'est en cette qualité qu'il suivit Napoléon dans son voyage en Hollande. Le gouvernement qui avait apprécié les connaissances du capitaine Gourgaud, lors de sa mission à Dantzick, l'envoya examiner les ports de Rochefort et de la Rochelle, et les îles de Ré et d'Oléron. Gourgaud s'assura que la passe de Maumousson pouvait, contre l'opinion admise jusqu'alors, recevoir des bâtimens de guerre ; et d'un autre côté, son rapport détermina le ministre à faire marcher, vers l'armée, les troupes consignées dans les deux îles que nous venons de nommer. Cette mission devait être récompensée par un souverain, dont une des qualités les plus remarquables fut celle d'apprécier les services, et de ne les laisser jamais sans retour. Un majorat de chevalier de l'empire, avec une dotation de 2,000 fr., fut octroyé au capitaine Gourgaud, le 1ᵉʳ janvier 1812. Ce n'est pas ici le lieu de témoigner notre improbation, sur ce genre de récompense d'un gouvernement qui reconstituait une partie des abus de l'ancien régime sous des noms différens. Nous y reviendrons, quand nous ferons l'histoire du chef de ce gouvernement. M. Gourgaud suivit son souverain au congrès de Dresde, en qualité de l'un de ses officiers d'ordonnance. La malheureuse campagne de Russie fut, pour le capitaine Gourgaud, l'occasion de signaler ses talens militaires et sa valeur, d'une manière plus particulière qu'il ne l'avait encore fait. Il assista au passage du Niémen, au combat d'Ostrowno, de Witepsk, de Valontina, et à la mémorable bataille de la Moskowa. Il s'était trouvé aussi à la prise de Smolensk, et y avait été blessé. Napoléon le dépêcha à Moscou, le 4 septembre au matin; et il fut, avec l'interprète, M. de Noilant, le premier qui entra dans le Kremlin. Les paysans s'y préparaient à la résistance; Gourgaud leur fit déposer les armes, et dirigea, vers le quartier général, quarante Cosaques qu'il avait fait prisonniers. Lorsque Moscou eut été la proie des flammes, le capitaine Gourgaud découvrit, dans ses ruines, 500 milliers de poudre, échappés à l'incendie et à l'investigation du gouverneur Rostopchin. Le 4 octobre, le titre de baron fut décerné par l'Empereur à ce brave officier. C'est sous les yeux de son souverain, qu'il s'élança deux fois avec son cheval dans les flots de la Bérésina, pour aller reconnaître, sur la rive opposée, si rien ne menaçait de venir apporter obstacle à la construction des ponts qu'on établissait sur cette rivière. Le courage et l'activité du baron Gourgaud semblaient s'accroître des malheurs de la circonstance. L'Empereur poule récompenser dignement, et se l'attacher de plus près, créa la place de premier officier d'ordonnance. La Saxe le vit accompagner, avec ce nouveau titre, Napoléon en 1813; et les champs de bataille de Lutzen, de Bautzen, furent témoins de sa vaillance. L'Empereur lui confia le portefeuille particulier de l'artillerie, pendant l'armistice de Pleswitz. Ce fut pour Gourgaud l'occasion, ou du moins l'époque d'une nouvelle dotation. Après l'expiration de la trêve, l'Empereur eut le projet de tourner l'armée des alliés, en avançant par Konigstein; mais pour que ce mouvement s'exécutât d'une manière utile, il fallait que Dresde pût au moins tenir jusqu'à ce qu'il fut terminé. Pour s'assurer de l'état de cette place, l'Empereur dépêcha le baron Gourgaud, aux lumières duquel il avait la plus grande confiance; et, sur son rapport, interrompit le mouvement en question, qui déjà s'opérait, et se porta rapidement sur la capitale de la Saxe, où il entra le 26, à la tête de sa garde. L'Empereur arriva à temps pour sauver la place, dont l'ennemi poussait l'attaque avec avantage. On sait quelle fut l'issue de la bataille qui eut lieu presque immédiatement. Le titre d'officier de la Légion d'honneur, et une dotation de 6000 fr. suivirent de près ce service signalé du baron Gourgaud. Après la meurtrière bataille de Leipsick, Napoléon chargea le baron Gourgaud de présider à la destruction du pont de Freybourg, aux premières ombres de la nuit ; mais cet officier, voyant que le corps du maréchal Oudinot n'avait encore pu, vers ce temps, parvenir sur la rive du fleuve, résolut de l'attendre ; et, en osant s'écarter ainsi des ordres de son souverain, conserva à l'armée une partie considérable de ses forces. Gourgaud fut employé ensuite en France à la réorganisation de l'armée, prit une part des plus actives aux dispositions qui se faisaient pour combattre l'ennemi au sein même de la patrie, et accompagna l'Empereur dans toute la malheureuse campagne de 1814. Le sang-froid de Gourgaud sauva la vie à Napoléon, le soir de la première bataille de Brienne ; il était occupé à lui faire un rapport, lorsque cinquante Cosaques qui avaient pénétré sur les derrières de l'armée, se précipitent, attaquent avec impétuosité le groupe où se trouvait l'Empereur, sans connaître néanmoins à qui ils avaient affaire. L'un d'eux allait percer d'un coup de lance le chef de l'armée française, quand Gourgaud qui veillait à sa conversation, fait d'un coup de pistolet, tiré à bout portant, mordre la poussière au Tartare. L'épée qu'avait ceint l'Empereur dans ses glorieuses campagnes d'Italie, fut le prix de ce dévoûment courageux. Le baron Gourgaud assista ensuite à la bataille de Montmirail où il fut blessé. Quand il fut rétabli, l'Empereur le dépêcha à son frère Joseph, afin que celui-ci communiquât aux maréchaux Oudinot et Victor, l'ordre de faire coïncider leurs mouvemens avec ceux qui s'opéraient sur la Marne. L'exécution de ces ordres amena les batailles de Nangis et celle de Laon ; le nom de Gourgaud figura honorablement sur le bulletin de cette époque, et fut plus honorablement cité encore dans celui qui rendait compte de la bataille de Reims, où, avec deux bataillons seulement et une batterie, il força les barricades dont on avait fortifié la porte de cette ville. En récompense de ce fait d'armes, il fut élevé au grade de colonel d'artillerie et presque immédiatement nommé commandant de la Légion d'honneur. Quinze jours après la bataille de Reims (le 30 mars), le colonel Gourgaud se rendait en poste avec l'Empereur à Paris, lorsque ce prince ayant rencontré, à quatre lieues de sa capitale, les corps des maréchaux Marmont et Mortier, prit la résolution de se retirer à Fontainebleau. Le colonel l'y accompagna, et en reçut les témoignages de la plus entière confiance par plusieurs missions importantes dont il le chargea. Ce fut Gourgaud qui, le premier, apprit à Napoléon la défection du duc de Raguse ; à cette nouvelle qu'il était loin de prévoir, l'Empereur, profondément affecté, s'écria : « Quoi ! Marmont me »trahit !.. Il sera plus malheureux que moi. » Quand Napoléon, déchu de sa puissance, n'eut plus de dignités à donner, il lui restait, par le traité même qui le réduisait presqu'à la condition privée, une somme de deux millions qu'il voulut répartir entre ceux qui, jusqu'au dernier moment, s'étaient montrés fidèles à sa cause, et n'avaient pas craint d'être enveloppés dans les débris de sa chute prochaine. L'Empereur octroya à Gourgaud le *maximum* de ces récompenses pécuniaires (50,000 fr.), qui pouvaient assurer à ses plus fidèles officiers une certaine indépendance sous un gouvernement futur, et les mettre à l'abri des injures de l'indigence; mais l'inexécution des traités, fruit d'une mauvaise foi intéressée, priva de leur récompense les services les plus généreux. Cependant, les regards du nouveau gouvernement ne tardèrent pas à tomber sur le colonel Gourgaud. On l'avait instruit des perfectionnemens qu'il avait introduits dans la fabrication du fusil, lors de l'inspection qu'il avait exercée sur les ateliers de Versailles; il l'appela à faire partie d'une commission à l'examen de laquelle était soumis un nouveau modèle de fusil. Le colonel Gourgaud, qui croyait avoir perdu pour toujours son bienfaiteur, se souvint qu'il lui restait une patrie, et répondit à cet appel. Pour s'assurer des avantages qu'on disait être le fruit de la nouvelle fabrication, M. Gourgaud fit à Vincennes, sous les yeux des deux princes, le duc d'Angoulême et le duc de Berri, diverses expériences, qui, dès le lendemain, lui valurent la croix de Saint-Louis, et peu de temps après, la place de chef d'état major de la première division militaire. Cependant Napoléon arbora, sur le sol de la France, ces couleurs d'un effet magique, dont la vue remuait dans les cœurs tant de souvenirs d'indépendance et de gloire. Le colonel Gourgaud sentit se réveiller avec force d'anciennes et honorables affections; mais retenu d'abord par des sermens récens, il leur imposa silence, résolut de rester à son poste, et ne le quitta qu'à la voix de Napoléon, cette voix qu'il s'était accoutumé à respecter en tant d'occasions. Un décret impérial le rendit à ses fonctions de premier officier d'ordonnance. Après la bataille de Fleurus, où il se montra ce qu'il avait toujours été, brave à l'excès, Napoléon lui conféra le grade de général, et le fit son aide de camp. Il combattit ensuite à Waterloo; et dans cette funeste journée, qui, malgré les trop nombreuses infortunes qu'elle enfanta pour la France, ne fut pas sans gloire pour ses guerriers, le général Gourgaud eut l'honneur de faire tirer les derniers coups de canon qui signalèrent les efforts expirans de la valeur française. Il suivit ensuite l'Empereur à Paris, puis à Malmaison, et enfin dans le triste voyage de Rochefort. Le général Gourgaud fit voile de ce port le 14 juillet, pour aller porter au prince régent la lettre par laquelle il faisait un appel tout à la fois si touchant et si noble à la magnanimité britannique. Il reçut du chef de la croisière anglaise l'assurance qu'il obtiendrait toute la protection, et même tous les secours désirables pour accomplir sa mission ; mais à peine fut-il arrivé dans la rade de Plymouth, qu'il s'entendit intimer la défense de débarquer, et bientôt se vit conduire à Torbay, où le vaisseau monté par l'Empereur dut le recueillir. Napoléon, instruit du sort que le gouvernement anglais lui réservait, choisit, pour l'un des compagnons de son exil, le général Gourgaud, qui reçut cette marque de l'attachement de son infortuné souverain, avec toute la reconnaissance qu'inspire à un cœur noble l'estime d'un grand homme. Mais le climat de Sainte-Hélène était peu favorable au général Gourgaud ; et au bout de trois ans, l'état de maladie auquel il l'avait réduit, prit un caractère tellement sérieux que les médecins décidèrent qu'il n'y avait qu'un prompt retour en Europe qui pût le rendre à la santé et même à la vie. Il n'est pas nécessaire de dire que ce ne fut qu'avec un effort de courage, qu'il s'arracha d'un sol où le plus grand guerrier des temps modernes, l'homme qui naguère était assis sur le premier trône du monde, lui témoignait toute la confiance et l'affection d'un ami. Une considération pouvait alléger la peine qu'il éprouvait à se séparer de son ancien maître, l'espoir d'apporter quelque allégement à son malheur. C'est vers ce but que tendirent tous ses efforts, quand il fut rendu au sol de l'Europe. Le général Gourgaud écrivit aux empereurs de Russie et d'Autriche, et leur fit un tableau de la pénible situation où la cruauté du gouverneur anglais réduisait leur ancien frère. Nous donnerons ici un extrait de la lettre qu'il écrivit en outre à l'impératrice Marie-Louise. « Madame, y disait-il, celui que les lois divines » et humaines unissent à vous par les liens les » plus sacrés, celui que vous avez vu recevoir les » hommages de presque tous les souverains de » l'Europe, celui sur le sort duquel je vous ai vu » répandre tant de larmes lorsqu'il s'éloignait de » vous, périt de la mort la plus cruelle, captif » sur un rocher au milieu des mers, à deux mille » lieues de ses plus chères affections, seul, sans » amis, sans parens, sans nouvelles de sa femme, » de son fils, et sans aucune consolation. Depuis » mon départ de ce roc fatal, j'espérais pouvoir » aller vous faire le récit de ses souffrances, bien » certain de tout ce que votre âme généreuse était » capable d'entreprendre. Mon espoir a été déçu: » j'ai appris qu'aucun individu, pouvant vous rap- » peler votre époux, vous peindre sa situation, » vous dire la vérité, ne pouvait vous approcher, » en un mot, que vous étiez au milieu de votre » cour comme au milieu d'une prison. Napoléon » en avait jugé ainsi dans ses momens d'angoisse. » Lorsque, pour lui donner quelques consolations, » nous lui parlions de vous, souvent il nous a ré- » pondu: *Soyez bien persuadés que si l'impératrice* » *ne fait aucun grand effort pour alléger mes* » *maux, c'est qu'on la tient environnée d'espions,*

« *qui l'empêchent de rien savoir de tout ce qu'on
» me fait souffrir, car Marie Louise est la vertu
» même.* Le supplice de Napoléon peut durer en-
» core long-temps. Il est temps de le sauver ! le
» moment présent semble bien favorable ; les sou-
» verains vont se réunir au congrès d'Aix-la-Cha-
» pelle, les passions paraissent calmées. Napoléon
» est loin d'être à craindre ; il est si malheureux
» que les âmes nobles ne peuvent que s'intéres-
» ser à son sort. Dans de telles circonstances, que
» votre majesté daigne réfléchir à l'effet que pro-
» duirait une grande démarche de sa part. Ah !
» madame, au nom de ce que vous avez de plus
» cher au monde, de votre gloire, de votre ave-
» nir, faites tout pour sauver l'Empereur ; l'ombre
» de Marie-Thérèse vous l'ordonne... Pardonnez-
» moi, madame, d'oser vous parler ainsi, je me
» laisse aller au sentiment dont je suis pénétré pour
» vous ; je voudrais vous voir la première de toutes
» les femmes. » Sans doute, ce fut aux instances de
son fidèle aide de camp que Napoléon dut de voir
arriver sur son roc solitaire un médecin, trois domestiques et un aumônier. Non content de tout
mettre en œuvre pour procurer quelque adoucissement aux malheurs de son ancien et infortuné souverain, le général Gourgaud voulut encore venger
son honneur et celui de ses braves compagnons
d'armes, journellement outragé par des narra-
tions mensongères de la bataille du Mont Saint-

Jean. Il avait apporté de Sainte-Hélène la relation fidèle de cette funeste journée. Il la fit imprimer comme un démenti éclatant aux détracteurs de notre gloire. Cette relation trop exacte irrita l'amour-propre excessif du chef de l'armée anglaise. Le mécontentement de Wellington, partagé par le ministère qui ne pardonnait pas au général Gourgaud ses courageuses démarches en faveur de son ancien maître, environna de nuages menaçans l'auteur de la *Campagne de 1815*, et éclata bientôt en violences indignes des nations civilisées; mais l'expérience a prouvé que souvent les nations sont plus civilisées que leurs chefs. Le fidèle ami de son Empereur fut incarcéré, dépouillé de ce qu'il possédait, chassé de la terre d'asile, et réduit à chercher sur le continent, de contrée en contrée, mais vainement un abri contre les persécuteurs que son courage et sa fidélité louables ameutaient contre lui. Hélas! il eût désiré trouver dans sa patrie un repos à des infortunes auxquelles son imagination ne voyait presque pas de terme. Les affections de famille qui se réveillent toujours avec force dans ces momens de délaissement universel, semblable à celui qu'éprouvait alors le général Gourgaud, mais qui ne s'étaient jamais assoupies dans son cœur; ces affections, si douces à sentir en certaines circonstances, étaient alors son tourment; et la magie des souvenirs lui peignait, des plus douces couleurs, ce sol français pour la défense duquel il avait répandu son sang ; mais il s'en voyait impitoyablement repoussé. En vain sa mère presque octogénaire invoquait l'oubli du passé solemnellement promi… demandait aux députés de la France la faveu… voir son fils avant que de fermer la paupière ; il fallut qu'une attaque d'apoplexie qui surprit cette mère respectable, rappelât à des sentimens de compassion un ministre qui portait un cœur d'homme, pour qu'on permît au général Gourgaud de voler auprès d'elle. M. Pasquier lui fit, en toute hâte, parvenir un passe-port; et le 20 mars 1821, il franchit le seuil de la patrie. La nouvelle de la mort de Napoléon vint bientôt frapper d'affliction le général Gourgaud. A cette époque, son nom figura dans une pétition, dont le but était d'obtenir q… e les cendres du guerrier qui avait illustré la France par tant de prodigieuses victoires, fussent au moins rendues à son sol, et qu'il ne demeurât pas captif de ses ennemis même après le trépas. On n'a pas besoin de dire qu'on n'eut nul égard à cette réclamation. Depuis, le général Gourgaud, fidèle à la mémoire de son ancien maître, comme il l'avait été à sa personne, ne perd aucune occasion de défendre sa gloire contre les calomnies dont elle est trop souvent l'objet, de la part même de ceux dont les conseils intéressés et perfides ont semé de fautes sa carrière illustre. Au sein du bonheur domestique (il a épousé une fille du sénateur comte Rœderer), il s'occupe, conjointement avec le général Montholon, de la publication de Mémoires écrits sous dictée de l'Empereur. Plusieurs volumes ont déjà paru, et cette publication se continue toujours. Le général Gourgaud, après vingt années de services, a vu rayer son nom des contrôles de l'armée; mais l'estime de ses concitoyens dont il jouit, le dédommage amplement, et des persécutions plus actives dont il fut long-temps victime, et de la défaveur ministérielle dont il demeurera, à coup sûr, encore long-temps l'objet.

NOTICE BIOGRAPHIQUE

sur

LE COMTE DE LAS-CASES,

MAITRE DES REQUÊTES, CHAMBELLAN DE L'EMPEREUR NAPOLÉON.

━━━━━━━━━━━━━

Las-Cases (Emmanuel, comte de) maître des requêtes, chambellan de l'Empereur Napoléon, au temps de sa puissance et dans son exil, naquit à Revel, près de Toulouse, vers 1768. Par un rapport remarquable, celui qu'un sentiment d'admiration profonde et de fidélité à l'infortune porta à suivre, pour alléger le poids de ses misères, un grand homme déchu, sur un rocher lointain, se trouve issu de la même famille que le bon et à jamais illustre Barthélemy de Las-Cases, qui, aussi à travers les mers, par un dévoûment sans doute plus louable encore, puisque l'objet en était moins restreint, alla opposer la barrière de son zèle éloquent et accusateur aux oppresseurs des Indiens. La famille commune de l'exilé de Sainte-Hélène et de l'estimable évêque de la Chiappa existait de temps immémorial en France, et portait, dans le

11ᵉ siècle, le nom de *Casaus*, soit qu'elle eût conservé à la terminaison de ce nom la forme latine qu'il eut sans doute au temps de la domination romaine, soit qu'elle la lui eût donnée, comme cela s'usitait à l'époque dont nous parlons, surtout parmi les savans. Quoi qu'il en soit, un membre de cette famille passa en Espagne pour y combattre les infidèles, sous le règne de Ferdinand III, dit le *Saint*; et après avoir coopéré avec distinction à la prise de Séville, s'y établit. Pour nationaliser en quelque sorte son nom, il en retrancha l'*u*, et depuis, la branche dont il fut la tige, s'appela toujours Las-Casas. De son côté, la branche qui était restée en France, francisa aussi son nom, par le changement de la dernière syllabe.

M. de Las-Cases, qui était marquis de Caussade, voyait s'ouvrir déjà devant lui la carrière des emplois militaires, et venait d'être fait lieutenant de vaisseau, lorsque la révolution française, si belle, si pure dans son aurore, vint menacer le privilège, et inquiéter ceux qui en jouissaient. M. de Las-Cases était un de ceux qui auraient pu s'en passer; mais, comme il le dit lui-même, sorti à quatorze ans des écoles, sans avoir une éducation forte et finie, sans la plus *legère idée de l'organisation sociale, du droit public, et des obligations civiles*, il ne comprit pas combien les réformes projetées, si elles n'avaient pas été contrariées, offraient de garantie au bonheur public et d'avantages au talent. Il se laissa entrainer au torrent des calculs égoïstes et des vanités ridicules; il émigra.

Au reste, M. de Las-Cases apprécie bien l'émigration, en l'appelant *une gaucherie politique et un tort national* tout à la fois.

Il paraît qu'il entra dans l'organisation des diverses armées des princes, qu'il fit partie de celle de Quiberon, mais qu'il ne débarqua pas, et que c'est de la journée de ce nom, qu'il commença à réfléchir plus mûrement, et apporta des modifications à son système politique.

Rentré en France après le traité d'Amiens, M. de Las-Cases assure que sa consience politique combattit long-temps contre les offres qui lui étaient faites de la part des adeptes du nouveau gouvernement, qui, relevant l'arbre monarchique dans une famille nouvelle, préparait par l'ordre de son chef, la fusion, plus politique que populaire, des intérêts et des souvenirs de l'ancienne dynastie avec ceux de la nouvelle.

Il passa plusieurs années à l'écart, s'occupant de la rédaction ou plutôt de la correction (car l'ouvrage bien moins parfait avait déjà paru pendant son exil à Londres) de l'*Atlas historique et géographique*, production des plus estimables par sa méthode, son exactitude et sa clarté, dont la publication releva, dit-il, sa fortune plus que compromise par les précédens événemens.

L'Empereur, au rapport du comte, faisait le plus grand cas de cet ouvrage, le meilleur des livres élémentaires en ce genre. Il parut pseudonyme (sous le nom de Lesage); et comme Napoléon en demandait un jour la raison à l'auteur, celui-ci allégua que la première publication ayant eu lieu pendant le temps de son exil, il craignait de réveiller, par le nom d'un émigré, une attention malveillante sur les membres de sa famille restés en France, et avoua un autre motif encore, celui d'une vanité puérile, qui craignait de dégrader le marquis, en honorant l'homme par la réputation du talent.

Cependant, après plusieurs années d'inaction, vaincu par l'éclat du nouveau règne, et désespérant, ainsi que ses compagnons, de voir jamais le retour de ses anciens maîtres, M. de Las-Cases demanda de l'emploi, offrant à l'Empereur l'attachement qu'il avait jusqu'au bout porté à la cause royale, comme une garantie de fidélité future à ses intérêts impériaux. Il fut dès-lors employé, nous ne pouvons dire à quel titre. En 1808, il fut fait baron de l'empire. Voulant justifier, par des faits, la confiance qu'on avait accordée à ses protestations, il fit, comme volontaire, la campagne de l'année suivante, et concourut à la défense d'Anvers. Immédiatement après, il fut nommé chambellan, et ne tarda pas, sur sa demande, à être admis au sein du conseil d'état. Il remplit ensuite diverses missions, en Hollande, en Illyrie, comme chef du conseil de liquidation de la dette publique en cette contrée, et dans un grand nombre de départemens de la France, comme inspecteur des établissemens de bienfaisance. Cette dernière portion de sa vie publique de cette époque a laissé entre M. de Las-Cases et ceux avec lesquels il fut en rapport, une communauté de doux souvenirs.

Il commandait la 10e légion de la garde nationale (celle du corps législatif), le 31 mars 1814, veille de la capitulation de la capitale d'un empire qui, dans quelques momens, allait ne plus être. Cette légion avait donné des preuves éclatantes, mais vaines, de sa valeur. Quand la capitulation vint forcer les braves citoyens qui la composaient, à la résignation, le comte de Las-Cases partit, pour aller reprendre à Fontainebleau ses fonctions de chambellan, auprès de l'Empereur; mais il ne put arriver à temps pour le joindre.

De retour à Paris, à une époque témoin de tant de défections scandaleuses, M. de Las-Cases fut du petit nombre de ceux qui, avant de solliciter ou d'accepter des faveurs, crurent à propos de consulter leur conscience. Il se refusa, dit-il dans ses Mémoires, aux avances qui lui furent faites par des personnes alors influentes, et *résolut que sa vie publique avait fini.* Cependant il avait eu, avec plusieurs officiers de l'Empereur, l'idée de demander à être employé par le gouvernement qui lui succédait, comme l'atteste une adresse dont lui-même nous a transmis les termes. Ainsi qu'il avait fait valoir sa fidélité à l'ancienne monarchie, comme un gage de son dévoûment futur à la nouvelle ; de même il présentait son attachement au gouvernement impérial comme une garantie de celui qu'il vouait à la restauration. Nous citerons la substance de cette adresse, qui était collective, et à la rédaction de laquelle il paraît avoir principalement contribué.

« Sire,

» Les soussignés, qui firent partie de la maison
» de l'Empereur Napoléon, sollicitent de votre
» majesté le bienfait d'un regard particulier.

» Héritiers des obligations de leurs pères, fidèles
» défenseurs du trône, plusieurs ont suivi votre
» majesté en terre étrangère, et scellé leur dé-
» voûment de la privation de leur patrimoine.

» Ce furent précisément ces principes connus
» et cette conduite avouée, qui devinrent leurs
» titres, et firent jeter les yeux sur eux, quand il
» fut question de relever le trône...

» Votre majesté accueillera nos vœux sincères de
» la servir, ainsi que la patrie, avec notre zèle
» et notre fidélité accoutumée. »

L'insertion des mots *Empereur Napoléon* fut le principal obstacle à la signature de cette pétition par un nombre suffisant d'intéressés. Cette adresse, que plusieurs personnes regardèrent comme une demande d'emploi, faite sans bassesse et même avec dignité, fut jugée moins favorablement par d'autres.

Quoiqu'il en soit, les tentatives de M. de Las Cases pour rentrer en grâce, furent au moins molles, incertaines. L'aspect de l'humiliation française affectait, dit-il, profondément son cœur. Il se retira à Londres pour s'y soustraire; il l'y suivit.

Après le retour de Napoléon de l'île d'Elbe, nulle obligation intermédiaire ne s'opposa à ce qu'il reprît ses anciennes fonctions. Il alla le trouver à Waterloo. La bataille fut livrée. Napoléon abdiqua, et songea de nouveau à l'exil.

M. de Las-Cases avait été jusqu'alors bien peu remarqué de l'Empereur. Quand, touché de la colossale disgrâce de celui pour lequel son admiration était presque sans bornes, il lui offrit, le 25 juin, à Malmaison, de l'accompagner au lieu qu'il comptait choisir pour asile; Napoléon étonné lui demanda s'il savait jusqu'où son offre pouvait le conduire. *Je ne l'ai point calculé*, répondit-il; et cette offre fut agréée. Il résolut d'emmener avec lui son jeune fils, laissant à son épouse l'idée consolante qu'elle le pourrait venir joindre un jour.

M. de Las-Cases, M. de Montholon, et quelques autres suivirent la route de Rochefort par Orléans, tandis que l'Empereur se rendait au même lieu par Tours.

Après avoir été exposés à Saintes aux insultes de la populace, et même des femmes soi-disant *comme il faut*, qu'ameutait un garde du corps, ils arrivèrent, le 4 juillet au matin, à Rochefort, où l'Empereur était entré de la veille, peu d'heures auparavant.

C'est de cet endroit qu'il écrivit au président du conseil d'état, pour lui exposer les motifs de sa conduite, une lettre dont les expressions, rapportées par lui, font honneur à son caractère privé.

Quand l'Empereur eut pris la résolution définitive de se confier à la *générosité* anglaise, M. de Las-Cases le précéda d'un jour, avec son fils, sur *le Bellérophon*.

Pendant la traversée de Rochefort aux côtes d'Angleterre, les connaissances maritimes de M. de Las-Cases, celle surtout qu'il avait acquise de la langue anglaise durant un séjour de dix années sur le sol britannique, firent de sa conversation un besoin, en quelque sorte, à l'Empereur. Ce fut là l'origine des regards plus particuliers qu'il jeta sur lui. Auparavant, il ne l'avait pas remarqué davantage qu'avant son départ de Malmaison.

Quand l'Empereur eut connu l'horrible exil qu'on lui destinait, il demanda à M. de Las Cases s'il consentirait à l'y suivre; celui-ci lui répondit qu'en partant, il avait pris, sans restriction, la résolution de s'attacher à son sort. Sans lui en rien dire à lui-même, l'Empereur témoigna le lendemain la satisfaction qu'il avait eue de cette réponse, au duc de Rovigo.

Durant la traversée de Rochefort à Torbai, M. de Las-Cases donnait des leçons de langue anglaise à son fils. Napoléon, qui en fut témoin, voulut aussi devenir son disciple; mais il n'avait jamais eu de goût pour les langues. Il ne fallut que trois leçons pour le rebuter. Il devait cependant reprendre cette étude à Sainte-Hélène.

M. le comte de Las-Cases entrait de plus en plus dans l'intimité de l'Empereur. Il vécut entièrement dans sa familiarité à Sainte-Hélène, travaillant sous lui et avec lui, partageant sa conversation, et recevant ses confidences les plus importantes.

Sa société était d'une consolation bien douce à Napoléon, quand, sous le prétexte d'une lettre clandestine qu'il avait donnée pour Lucien à un domestique que lui avait ravi sir Hudson Lowe, geôlier à jamais flétri des prisonniers de Sainte-Hélène, et qui allait partir pour l'Europe, il fut arrêté, jeté dans une misérable cabane, lieu infect et obscur, cachot improvisé, où le plongea, avec son fils le barbare gouverneur.

Sir Hudson avait toujours fait de M. de Las-Cases l'objet d'une haine particulière ; il était malade, ainsi que son fils ; et pourtant, quand, après une longue abstinence, il voulut réclamer pour ce fils un peu de nourriture, « à la porte et » à chaque fenêtre où il se présenta, il lui fut » répondu tout d'abord par autant de baïon- » nettes. »

Enfin, après plusieurs jours d'hésitation, de tergiversations, de ruses honteuses, sir Hudson, sur la sommation du comte qui, sachant que c'était devenu le vœu de l'Empereur, réclamait d'être conduit en Europe, sir Hudson Lowe consentit à ce qu'il s'embarquât sur un bâtiment qui faisait voile pour le Cap. Il lui remit même des lettres de recommandation pour des personnes influentes de ce lieu ; mais le traître, assure-t-on, au moment où il donnait ces marques d'intérêt apparentes à M. de Las-Cases, proférait le propos atroce, qu'à peine arrivé à cette colonie, il y serait replongé dans les fers, et qu'il y *pourrirait*.

Il n'y pourrit pas ; mais la coupe des persécutions n'était pas encore épuisée pour lui.

Le gouvernement anglais lui interdit son sol tant de fois hospitalier. La Belgique, la Prusse rejetèrent du leur le serviteur fidèle du proscrit de la sainte alliance.

Enfin, il lui fut laissé quelque repos; et il s'en servit pour faire, auprès des ennemis et des amis de l'illustre captif, tout ce qu'il crut propre à amener quelque adoucissement à son sort.

M. de Las-Cases ne revint en France qu'après la mort de Napoléon.

L'Empereur ne l'avait pas oublié dans son testament. Il lui léguait deux cent mille francs, à la charge d'en déposer cent mille dans la caisse du trésorier, pour être employés à l'acquit de legs de conscience.

Le même acte nommait trésorier le comte de Las-Cases, à son défaut son fils, ou au défaut de son fils, le général Drouot.

Ce fils du comte, indigné de la conduite infâme qu'avait tenue, vis-à-vis de son père, le gouverneur sir Hudson Lowe, alla lui en demander raison, lorsqu'il fut de retour à Londres; mais le geôlier de Sainte-Hélène, toujours digne de lui, répondit, par l'exploit d'un huissier, à la provocation d'un brave.

Depuis l'époque de sa rentrée au sein de la patrie, M. de Las-Cases s'est occupé de la publication d'un Mémorial de tout ce qui s'est passé d'intéressant pendant son séjour à Sainte-Hélène, dans l'intérieur de la prison impériale. Les conversations de l'auguste captif, fixées jour par jour par sa plume, sont venues enrichir l'histoire. Il a aussi publié une nouvelle édition de son Atlas historique. Ses jours s'écoulent maintenant dans le bonheur des grands souvenirs, des lettres et de l'amitié.

Un sentiment surtout est propre à le consoler de tout ce que lui a fait éprouver la barbarie du gouvernement anglais, c'est celui qui naît de la conviction qu'en partant de Sainte-Hélène, il a emporté l'estime et même les regrets de Napoléon.

« Mon cœur sent vivement ce que vous éprouvez, lui écrivait ce grand homme... Combien de nuits vous avez passées pendant ma maladie!... Votre conduite à Sainte-Hélène a été, comme votre vie, honorable et sans reproches; j'aime à vous le dire.

» Arrivé en Europe... vantez-vous de la fidélité que vous m'avez montrée, et de toute l'affection que je vous porte.

» Si vous voyez un jour ma femme et mon fils, embrassez-les.

» ... Recevez mes embrassemens, l'assurance de mon estime et de mon amitié. Soyez heureux. »

NOTICE BIOGRAPHIQUE

SUR

LE COMTE DE MONTHOLON,

GÉNÉRAL, AIDE DE CAMP DE L'EMPEREUR NAPOLÉON.

MONTHOLON (Charles-Tristan, comte de), général, aide de camp de l'Empereur Napoléon, commandant de la Légion d'honneur, etc., naquit au sein de la capitale de la France, en 1783, du marquis de Montholon, colonel des dragons du régiment de Penthièvre, grand-veneur de *Monsieur*, depuis l'auteur de la charte, Louis XVIII. Il est assez remarquable que ce fut dans des hommes attachés par leurs précédens à l'ancienne dynastie, que Napoléon trouva deux de ses plus fidèles serviteurs. M. de Las-Cases était marquis et émigré; mais le général Gourgaud et le grand-maréchal représentaient les origines plébéiennes. Là, au moins, la majorité numérique avait la moitié de la représentation.

M. de Montholon n'avait que cinq ans, lorsqu'il perdit son père, qui, dès le berceau, l'avait destiné à la carrière des armes. Sa famille, donnant suite aux intentions du marquis, le plaça, en 1792, à bord de la frégate *la Junon*, destinée à coopérer, sous les ordres de l'amiral Truguet, à l'expédition de Sardaigne. Le jeune Montholon fut débarqué en Corse. Il n'était encore bien certainement qu'un enfant (n'ayant pas plus de neuf ans), mais un enfant très-intéressant. Ses dispositions précoces attirèrent les regards, et même fixèrent l'attention de Bonaparte, qui, simple lieutenant colonel d'artillerie, luttait contre l'influence prépondérante du célèbre Paoli. Qui eût pu penser alors que cet enfant, dont il admirait l'esprit distingué déjà, serait un jour le compagnon de son exil sur une roche lointaine, et son consolateur après sa chute d'une hauteur à laquelle même sa pensée d'alors n'eût pu se porter!...

Il paraît que c'est peu de temps après son retour de ce voyage, que le jeune Montholon fut admis à l'école polytechnique. Ce qu'il y a de certain, c'est qu'il fut l'un des premiers et brillans élèves de cette école, lorsque les instances de l'estimable et célèbre Monge furent parvenues à la faire créer.

Enfin, en 1797, M. Montholon fut admis dans un régiment de cavalerie légère. Il s'y fit remarquer aussitôt par son courage et par son instruction dans l'art de la guerre. Il parcourut, dans un espace de dix-huit ans, l'échelle de tous les grades jusqu'à celui de général, et mérita un sabre d'honneur étant chef de bataillon. Il n'y a guère eu de carrière militaire plus active que la sienne. Il a fait toutes nos grandes campagnes, à l'exception de celles d'Égypte et de Russie, a assisté à presque toutes les batailles qui doivent orner nos fastes, et s'est distingué d'une manière particulière dans plusieurs. Il recueillit surtout, dans les champs d'Austerlitz, de Wagram, d'Iéna, de Friedland, sa part du laurier militaire de la France. Il fut, en 1807, appelé à faire partie de l'état major, et nommé colonel aide de camp du maréchal Berthier, prince de Neufchâtel : il n'avait encore que vingt-quatre ans. Il passa, deux ans après, dans la maison de l'Empereur, dont il obtint le titre de comte, et fut fait chambellan. Il paraît avoir joui, dès-lors, de l'intime confiance de l'Empereur, qui le chargea de plusieurs missions confidentielles dont il s'acquitta avec un succès qui le rendait de jour en jour plus cher à son souverain. Napoléon l'envoya, en 1811, en qualité de son ministre plénipotentiaire auprès du grand-duc de Wurtzbourg, Ferdinand, redevenu depuis grand-duc de Toscane : il avait ordre de chercher à pénétrer l'esprit et les intentions des principaux cabinets de l'Allemagne. Il adressa à Paris un rapport à ce sujet. Il y faisait connaître que les dispositions de ces cabinets n'étaient rien moins qu'amicales vis-à-vis de la France, et donna l'un des premiers l'alarme sur le projet sourdement existant d'une nouvelle coalition. Les dangers de la patrie et le changement des relations extérieures firent rappeler M. de Montholon, en 1814, au sein de la France. C'était le temps d'employer activement ses talens et son courage. L'Empereur lui donna le commandement en chef du département de la Loire, dont il avait organisé les ressources de manière à opposer une longue et énergique résistance, quand la nouvelle de l'abdication vint le frapper d'affliction. Il accourut aussitôt auprès de son souverain, à Fontainebleau, et sollicita de lui la permission de s'attacher à son sort; mais il eut le chagrin de ne pouvoir alors l'obtenir.

Lorsque le *souverain de l'île d'Elbe* eut ressaisi le sceptre de la France, M. de Montholon se hâta de reprendre les fonctions d'aide de camp, qu'il avait précédemment exercées. Après la bataille de Waterloo, quand l'Empereur se fut résigné de nouveau à l'exil, le comte de Montholon réussit à lui faire accepter l'offre qu'il avait rejetée lors de sa première abdication. Il se dirigea, en conséquence, avec M. de Las-Cases, vers Rochefort par Orléans, tandis que Napoléon traversait une fois encore le territoire de la France, par l'agréable route de Tours (1).

Depuis, il fit partie de la petite société d'amis,

---

(1) Le comte de Montholon était accompagné de son épouse, dont le retour en France précéda de quelque temps le sien.

dont les soins allégèrent, pour le captif de Sainte-Hélène, le poids de la persécution anglaise. L'Empereur le nomma son exécuteur testamentaire. De retour en Europe, pour accomplir les volontés dernières de cet homme dont la puissance et le génie ont étonné le monde, M. de Montholon s'y occupe, entr'autres soins qui lui sont relatifs, de publier, sur sa vie, des Mémoires que lui-même a dictés. Il est secondé, dans ce travail, par son digne compagnon d'armes et d'infortunes, le général Gourgaud. Tous les deux recueillent l'admiration qui s'attache à une fidélité aussi peu commune que la leur.

On ne sera pas fâché sans doute de connaître sous quel jour Napoléon voyait chacun des principaux compagnons de ses misères. « Bertrand, » disait-il, est désormais identifié à mon sort.

» Gourgaud était mon officier d'ordonnance ; il » est mon ouvrage ; c'est mon enfant.

» Montholon est le fils de Sémonville, un beau-» frère de Joubert, un enfant de la révolution et des camps.

» Mais vous, ajoutait-il en riant, et s'adressant » à M. de Las-Cases, noble et émigré, par quel hasard, vous trouvez-vous ici?

Et ailleurs :

« Ils aiment mieux rester ici avec moi dans la misère, que de retourner en Europe où ils pour-

raient vivre dans la splendeur...... Ils s'énorgueil-
lissent de me rendre maintenant plus d'hommages,
que lorsque j'étais au faîte de la gloire. »

VIE

DE

NAPOLÉON.

Des hommes qui, malgré le rapide développement de la raison publique, sont demeurés, selon l'expression frappante de l'un de nos plus illustres jurisconsultes, les *contemporains du passé*, ont poussé, dans un temps, le cynisme d'une vanité dont le prestige n'existe plus que pour eux seuls, jusqu'à faire à Napoléon le ridicule reproche de n'être pas né noble. Si cela eût été, nous ne concevons pas ce qu'il y eût pu perdre. Certes, le nom de Bonaparte pouvait bien se passer d'une illustration antérieure à celle qu'il a acquise de nos jours; mais tout le monde sait maintenant que les Bonaparte tenaient, de temps immémorial, un rang distingué dans l'aristocratie des petits états de l'Italie. Cependant, la curiosité publique réclame de l'historien une connaissance détaillée des antécédens d'un homme aussi étonnant que celui dont nous avons entrepris d'écrire la vie; nous tracerons donc sommairement l'historique de cette famille, que la plus grande partie de l'Europe regarda, pendant un temps, comme la tige de ses rois; de cette famille qui doit remplir, du nom de l'un de ses membres, de nombreuses pages dans les annales du monde; et qui, malgré sa courte durée, couvrira de son influence et de sa splendeur, ou plutôt de l'influence et de la splendeur de son plus grand rejeton, tout le siècle où elle a régné.

Si Napoléon se fût maintenu au faîte de la puissance, nul doute que le dix-neuvième siècle eût été appelé de son nom. Le siècle où nous vivons eût été nommé le siècle de Napoléon-le-Grand (1). Et certes, celui qui avait fait tant et de si grandes choses, et qui les avait faites par lui-même, y avait bien au moins autant de titres que Louis XIV, qui n'avait eu d'autre mérite que de laisser faire, d'autre talent que de savoir payer assez largement ceux qui se distinguaient pour lui. D'ailleurs, quelle différence! Les prodiges des armes, ceux des arts, les conquêtes sur les hommes, sur la nature, les fondations, les monumens, les lois, tout cela peut-il se comparer entre les deux sou-

---

(1) Les souverains eux-mêmes, dont la victoire avait fait ses courtisans, le nommaient à l'envi *l'homme du siècle*. C'était le mot qui revenait sans cesse à la bouche de la reine de Prusse, aux conférences de Tilsitt.

verains? Napoléon a cent fois plus fait en dix ans de règne, que les agens de Louis XIV dans un demi-siècle : et il n'est guère probable qu'il s'élève de nos jours personne qui puisse lui disputer la suprématie séculaire qu'il a acquise.

Cependant, quelque admiration que nous professions pour le génie de l'ancien dominateur de l'Europe, et quoique la louange à son égard ne puisse plus maintenant paraître intéressée, nous repoussons l'idée de rendre à sa mémoire la sorte d'hommage dont il vient d'être question, parce que nous croyons qu'elle blesse la dignité des peuples; ce serait faire de la gloire de tous, le patrimoine d'un seul; ce serait l'acte d'adulation d'une génération d'esclaves, qui reconnaîtrait un maître au-dessus d'elle et des lois.

Le nom de Bonaparte, qui s'écrit aussi Buonaparte, à volonté, se trouve honorablement inscrit parmi ceux des sénateurs de Florence, de San-Miniato, de Bologne, de Sarzane, de Trévise. Au moyen âge, il fut porté par des littérateurs (1), des prélats, et même par un saint.

---

(1) Un Joseph Bonaparte publia une des premières comédies régulières de cette époque (celle de la renaissance des lettres), intitulée la *Vedova*; on en trouve des exemplaires dans la bibliothèque royale de Paris. On y trouve également l'histoire du siége de Rome par le cardinal de Bourbon, dont Nicolas Bonaparte, prélat romain, est l'auteur. Sa re-

Ce saint était un capucin, qui, béatifié depuis un siècle, n'avait pas encore eu les honneurs de la canonisation. Cette circonstance tenait fort à cœur à un vieux parent, chanoine de San-Miniato, que Napoléon visita dans sa première campagne d'Italie. Il insista fort auprès du général en chef pour qu'il sollicitât du saint siège l'inscription définitive de ce saint stagiaire sur la liste des bienheureux. Napoléon en rit beaucoup alors; mais il est probable que, plus tard, il s'en serait ressouvenu; et que, dans son système de fusion entre le nouvel ordre de choses et l'ancien, il n'aurait pas voulu demeurer en reste de la dynastie à laquelle succédait la sienne, et qui, dans ses diverses ramifications, comptait plusieurs saints.

Un Bonaparte, forcé de fuir sa patrie pour sa courageuse résistance à l'oppression étrangère, vint s'établir en Corse vers le quinzième siècle, et y devint la tige d'une branche, la seule dont des rejetons subsistent maintenant. C'est de cette branche qu'est issu Napoléon.

---

lation est assez estimée. Les littérateurs, à qui aucun rapport de circonstance n'échappe, remarquèrent, en 1797, que, depuis Charlemagne, Rome avait été menacée deux fois par de grandes armées étrangères; qu'à la tête de l'une, était le connétable de Bourbon, et à la tête de l'autre, un des arrière-neveux de son historien. (*Mémoires de Napoléon*, par le général Montholon.)

Ce nom de Napoléon, qui signifie en grec, *lion du désert*, est celui d'un saint bien peu connu des légendaires eux-mêmes, si peu connu que le pape Pie VII ne savait à quel jour tombait sa fête, et que c'est par une sorte de galanterie envers l'Empereur des Français, qu'il la fixa au 15 août, jour anniversaire de sa naissance. Ainsi, tout, jusqu'à ce qui, dans l'opinion vulgaire, est le moins susceptible de lâche complaisance, prodiguait l'adulation à l'idole de la fortune, au temps de son pouvoir.

Cependant, ce nom était en usage parmi les Lomellini et les Ursins, alliés de la famille Bonaparte. On découvrit, à l'époque du concordat, que le saint qui s'était appelé ainsi, figurait parmi les martyrs grecs.

Le père de Napoléon, Charles Bonaparte, était fils unique de Joseph ; celui-ci avait eu deux frères, grands oncles du souverain dont nous écrivons la vie. Le premier, Napoléon, ne laissa qu'une fille mariée au chef de la maison Ornano : l'autre, Lucien, qui atteignit, en 1791, le terme d'une carrière octogénaire, était prêtre et archidiacre du chapitre d'Ajaccio.

Il ne restait donc que Charles, qui pût perpétuer un nom qu'attendait une splendeur presque inouïe dans l'histoire des siècles. Il puisa les connaissances qui concourent à former une éducation distinguée, au sein des universités de Rome et de Pise, où il reçut le grade de docteur en droit. De retour dans sa patrie, il y épousa Lætitia Ramolino, femme d'une beauté éclatante, et qui tirait son origine des Colalto de Naples : C'est la mère de Napoléon.

Charles Bonaparte, ami intime de Paoli, avait embrassé avec chaleur la cause de l'indépendance de sa patrie. Bientôt l'occupation d'Ajaccio par une armée française le détermina à chercher avec sa famille un asile à Corte, au centre de l'île, et par suite, à suivre à travers les montagnes les troupes des patriotes. Enfin il put jouir de quelque repos sur la cime des monts Rondo. C'est de là que madame Bonaparte, qui alors était depuis plusieurs mois enceinte de Napoléon, sollicita et obtint du maréchal de Vaux un sauf conduit pour retourner à Ajaccio.

Madame Bonaparte était très-pieuse. Le 15 août 1769, quoiqu'elle ressentît des douleurs dont son état lui indiquait assez la cause, elle ne crut pouvoir, vu la solennité du jour, se dispenser d'aller à l'office divin. Mais elle fut bientôt contrainte, par l'accroissement des symptômes d'une prochaine délivrance, de regagner le toit conjugal. Elle ne put conduire son fruit jusqu'à sa chambre à coucher, et le déposa sur le tapis à grands personnages d'un salon : il était alors environ midi. L'enfant qui venait de naître, c'était le maître futur de l'Europe, c'était Napoléon. En franchissant, par une rapide pensée, l'espace de sa vie, on ne peut, sans émotion, s'arrêter à l'idée, qu'après sa colossale puissance, il eût été, à ses derniers instans, comme à sa première heure, privé des secours de l'art, si un médecin de sa patrie ne s'était voué pour lui à l'exil.

Napoléon avait un frère aîné, Joseph, dont la naissance avait précédé d'un an la sienne. Dès ses plus jeunes ans, il exerça sur lui cet ascendant irrésistible qu'il étendit depuis jusqu'aux rois.

Napoléon enfant était vif, preste, turbulent à l'excès, et fort adroit. Il se battait opiniâtrément.

Cependant la Corse conquise avait reçu de la France des états provinciaux, avec la liberté de continuer la magistrature de douze nobles, à laquelle fut confiée, comme auparavant, l'administration du pays. Charles Bonaparte, que les instances d'une épouse tendrement chérie avaient seules pu retenir en Corse et empêcher de suivre Paoli, fut élu conseiller au tribunal d'Ajaccio : ce qui était un premier pas vers la suprême magistrature. Charles reçut, en 1779, une nouvelle preuve de la confiance de ses concitoyens, ou, si l'on veut, de son ordre (*la noblesse*), qui le députa à la métropole. Il emmena avec lui en France ses deux fils, plaça l'aîné dans le pensionnat d'Autun, et le plus jeune à l'école militaire de Brienne, dont la protection de M. de Marbœuf, premier gouverneur français de la Corse, lui avait ouvert l'accès.

C'est de cette époque qu'il devient intéressant pour l'historien, de connaître toutes les circonstances de la vie de Napoléon Bonaparte, d'observer le lever de cet astre qui doit éclipser toutes les splendeurs et dominer toutes les sommités du siècle. C'est dans l'examen approfondi des penchans de leur enfance, a-t-on dit, qu'il faut aller rechercher la maturité des grands hommes. Ceci se trouve vrai, surtout par rapport à Napoléon.

Il n'a point, à proprement parler, de camarades; il ne s'amuse point des jeux de l'enfance: on dirait qu'il les juge au-dessous de lui. Il fuit le plus souvent la société de ses condisciples, ne communique qu'avec ses maîtres, et pourtant n'est ni méchant, ni sombre : c'est le caractère de la dissimulation, qui, ne s'exerçant que sur des objets grands et légitimes, est moins un défaut qu'une qualité dans le chef d'un état.

A l'écart des autres enfans, il n'est pas solitaire: il est dans la société de ses livres, ou plutôt d'un livre. Quel est-il? on y lit *Plutarque* : c'était la lecture favorite de Charles XII, du grand Frédéric; c'est le pronostic de cet amour de la gloire, de cette héroïque audace qui doit jeter l'Europe dans la stupeur de l'admiration, de cette gigantesque magnanimité, que son incompréhensible engoûment pour les grandes aristocraties doit seule un jour ravaler.

Ses succès ne sont pas de ceux qui fixent le plus

l'attention commune ; ses progrès dans les arts agréables et dans les langues sont peu rapides ; un seul objet attire à lui toute l'ardeur de cet esprit d'une activité prodigieuse : les mathématiques.... Son génie militaire est dévoilé.

Plus tard, étant déjà à l'école militaire de Paris, Napoléon se présente à la confirmation. Le prélat chargé de cette cérémonie religieuse s'étonne de l'entendre appeler d'un nom qui ne se lit pas dans le calendrier. Il le témoigne au jeune élève, qui lui répond sans hésiter : « Ce n'est pas une raison, il y a une foule de saints, et seulement 365 jours dans l'année. » Cette réponse peut faire présager cette imperturbable présence d'esprit, dont l'histoire de sa vie offre tant d'exemples.

Cependant ce caractère, dont la clef nous a été donnée depuis par des événemens à jamais mémorables, était, pour tous ceux qui étaient à portée de l'observer, une énigme inexplicable, et que pourtant chacun tentait d'expliquer. Tous le trouvaient extraordinaire, mais les jugemens divers reproduisaient les nuances des divers esprits.

Son grand oncle, l'archidiacre Lucien, l'avait de bonne heure pénétré. « Tu es, disait-il à Jo-
» seph, en montrant Napoléon; tu es l'aîné de la
» famille, mais en voilà le chef: ne l'oublie ja-
» mais. » Son père, Charles, ne pensait pas moins favorablement de lui.

Un de ses professeurs rejetait, sur le caractère national, l'originalité de cet enfant, mais n'en concevait pas moins les plus hautes espérances. *Corse de nation et de caractère*, disait-il dans l'une de ses notes; *ce jeune homme ira loin, s'il est favorisé par les circonstances.*

M. de Kéralio, inspecteur des écoles militaires, le désigna, en 1783, pour passer à l'école militaire de Paris. Comme on lui objectait qu'il n'était guère fort que sur les mathématiques: « Je sais ce que je fais, répondit-il, je passe ici par-dessus la règle, j'aperçois une étincelle qu'on ne saurait trop cultiver. »

Une note, écrite dans le même temps, probablement par un de ses professeurs ou par le directeur de l'école, contient sur sa moralité, des détails satisfaisans. « C'est, y dit-on, entr'autres choses,
» un caractère soumis, honnête et reconnaissant;
» conduite très-régulière... assez faible dans les
» arts d'agrément et dans le latin, n'a fini que sa
» quatrième..... s'est toujours distingué par son
» application aux mathématiques.... ce sera un
» excellent marin. »

Le professeur de mathématiques, le père Patrault, ne l'appelait jamais que son *premier mathématicien*.

Un seul homme, le lourd professeur d'allemand, Bauer, qui ne concevait pas qu'on pût avoir de l'esprit et n'être pas assidu à ses leçons, s'inscrivait contre la prévision générale; selon lui, Napoléon ne *devait rien savoir;* il n'était qu'une *bête;* mais c'était le jugement porté sur l'auteur du Contrat social par le greffier Masseron (1).

Napoléon ne resta que peu de temps à l'école militaire de Paris. Au mois d'août 1785, l'examinateur Laplace (le célèbre académicien) le jugea capable d'en sortir; et il fut envoyé comme lieutenant d'artillerie en second au régiment de La Fère, alors en garnison à Valence. Quelques troubles survenus dans la ville de Lyon y appelèrent le bataillon dont il faisait partie. Ce bataillon reçut l'ordre ensuite de se rendre à Douai en Flandre, et revint après à Auxonne, en Bourgogne, sans que le jeune lieutenant s'en fût séparé.

Il nous semble que c'est vers cette époque qu'il faut placer un fait assez peu connu. L'Académie de Lyon avait mis au concours cette question posée par Raynal : *Quels sont les principes et les institutions à inculquer aux hommes pour les rendre le plus heureux possible?* C'était, tout entière, la question agitée postérieurement par la ré-

_____

(1) Masseron, greffier de ville, avait pris J.-J. Rousseau comme expéditionnaire dans ses bureaux. Le jeune Genevois apportant peu d'ardeur à une occupation aussi peu attrayante par elle-même qu'incompatible avec son genre d'esprit, Masseron lui reprochait tous les jours son engourdissement, sa *bêtise;* «c'était un *âne,* disait-il, qui ne ferait jamais rien.»

volution. Napoléon concourut, sous le voile de l'anonyme, et se vit adjuger le prix. Au reste, le mémoire qu'il envoya à l'Académie, était, dit le comte de Las-Cases qui tient ces détails de lui-même, tout à fait dans les idées du temps : *Être heureux*, y était-il dit, *c'est jouir complétement de la vie, de la manière la plus conforme à notre conformation morale et physique*. Le complément de cette idée devait être que la jouissance de la plus entière liberté était nécessaire au bonheur, puisqu'elle seule peut faire *jouir complétement de la vie, de la manière la plus conforme*, etc. Quelle perte que celle de ce mémoire ! quel dommage qu'on ne puisse comparer les pensées du jeune lieutenant avec les maximes et surtout les actes du souverain !

Cette perte irréparable fut due à l'adulation d'un courtisan. Talleyrand, dont le nom se rattache par un lien odieux à l'époque de nos grands revers, et qui pourtant fut favorable à la contre-révolution, moins par conformité d'opinion que par circonstance, et surtout par intérêt, Talleyrand fut instruit de l'existence de cette pièce. Il n'eut rien de plus pressé que d'ordonner des recherches dans les archives de l'Académie de Lyon, et aussitôt qu'on lui eût exhumé ce qu'il désirait, il accourut tout joyeux auprès de Napoléon, qui, après avoir lu le mémoire qu'on lui présentait, le jeta au feu, sans doute parce qu'il contenait des sentimens qu'il avait depuis long-temps abjurés. Par cet acte, il venait de se juger.

« Comme on ne s'avise jamais de tout, disait plaisamment l'Empereur à la personne à laquelle il communiquait cette anecdote, Talleyrand ne s'était pas donné le temps d'en faire prendre copie. »

C'est à peu près vers le même temps qu'il composa une histoire de la Corse. Il la communiqua à Raynal avec lequel son mémoire l'avait mis en relation. L'auteur de l'*Histoire philosophique* donna des éloges à son travail, et l'engagea à le publier. « J'étais tout de feu alors, dit Napoléon ; je brûlais de patriotisme, de liberté ; *le républicanisme s'exhalait par tous mes pores.* »

Enfin, ce temps semble avoir été l'époque littéraire de Napoléon. Il fit imprimer à Dôle, au nombre de cent exemplaires seulement, et à ses frais, une *lettre à Matteo Buttafoco*, député de la Corse aux états généraux. Napoléon y expose, avec une fine ironie, les turpitudes politiques de cet homme qui avait trahi les intérêts de la Corse, et s'était mis à la solde de M. de Choiseul. Le club patriotique d'Ajaccio vota l'impression de cet opuscule, et adressa, par l'organe de son président, des félicitations à l'auteur.

L'imprimeur de Dôle donne des détails fort curieux sur la position de Napoléon à cette époque. Son intérieur n'annonçait rien moins que l'opulence. Un mauvais lit, sans rideaux; une table chargée de papiers, de livres; deux chaises formaient tout son ameublement. Un cabinet voisin contenait un matelas, qu'occupait son frère Louis, dont il dirigeait alors l'éducation mathématique : il paraît que les secours paternels, qui, jusqu'alors, l'avaient entretenu dans une grande aisance, commençaient, par les malheurs de la guerre, qui avaient presque sans relâche pesé sur sa famille, à devenir moins abondans. Cependant sa pauvreté n'allait pas jusqu'à l'indigence, et n'altérait point d'ailleurs la confiance qu'on avait en sa probité; l'aumônier de son régiment, dont la charge avait été supprimée, venait de faire choix de son domicile, pour y déposer les vases sacrés.

Pendant le temps qu'on imprima sa brochure, il fit à pied, presque tous les jours, le voyage d'Auxonne à Dôle (4 lieues de poste.) Il partait dès l'aube du jour, et était ordinairement de retour avant midi.

Il allait livrer aux presses d'où était sortie sa lettre à M. Buttacó, son Histoire de Corse, qui eût pu former deux volumes, lorsqu'un changement de grade et de régiment l'obligea de quitter Auxonne (en 1791). D'autres conjectures se présentèrent ensuite, et le projet de publier cet ouvrage fut abandonné.

Qui, si la publication en avait eu lieu, connaît les modifications que pouvait subir la fortune de cet homme prodigieux? Est-il impossible que les palmes d'Apollon ne l'eussent ravi à la carrière des combats?... Loin des prestiges de la puissance, dans le calme de la méditation, ne pouvait-il pas devenir publiciste distingué, comme il fut guerrier extraordinaire?.. Cependant, nous l'avouons, nous ne le pensons pas. Sa vocation militaire était trop marquée. La pente irrésistible de son génie l'eût toujours entraîné vers l'accomplissement de ses hauts destins.

Quoiqu'il en soit, Napoléon nous apprend lui-même qu'à cette époque, il pensait fortement, était des plus instruits, et de la logique la plus serrée. « Il avait immensément lu, profondément » médité, et a peut-être perdu depuis. »

D'après ce que nous venons de dire, on devine aisément que Napoléon embrassa avec enthousiasme la cause des réformateurs, au moment de la révolution. Il s'en montra le partisan et l'appui fidèle, jusqu'à son retour de l'Égypte. Nous pensons même qu'il fut, comme il le dit lui-même républicain de cœur et par conviction. Il est faux du moins, et en outre invraisemblable, qu'il ait pu hésiter un moment entre la pensée de l'émigration et la détermination de rester en France.

Napoléon venait d'être élevé au grade de capitaine, dans le régiment d'artillerie de Grenoble, alors en garnison à Valence. C'était vers cette ville qu'il avait été dirigé à sa sortie de l'école;

c'est encore là qu'il fut envoyé après sa seconde promotion.

La révolution était dans l'esprit des soldats de ce régiment, mais la majorité des officiers s'y montrait opposée. Ils émigrèrent. Napoléon, et trois autres capitaines, Gouvion, Vaubois et Galbo-Dufour, qui, dans la même carrière, parcoururent un espace bien différent, demeurèrent à la tête de la troupe dont ils partageaient les opinions.

Napoléon, profitant d'un semestre, était allé visiter le sol natal. Paoli, qu'il alla voir, l'accueillit comme le fils d'un ancien ami, et lui fit donner, au commencement de 1793, le commandement d'une petite expédition destinée à agir au nord de la Sardaigne, pendant que l'amiral Truguet attaquerait Cagliari. Ce premier essai du plus grand guerrier des temps modernes ne fut pas heureux. La fortune, qui devait l'élever si haut, semblait vouloir lier sa colossale destinée entre deux revers. Cependant, ce froid accueil, fait à son privilégié de dix-huit années, était loin encore du terrible adieu qu'elle lui réservait à Waterloo.

Napoléon parvint à ramener heureusement sa petite armée à Bonifacio. Le courage et l'habileté qu'il avait montrés dans cette circonstance, attirèrent sur lui l'attention des soldats. Ce fut là le point de départ de cette réputation militaire, dont rien désormais ne devait borner l'étendue.

Le génie pénétrant de Paoli ne pouvait demeurer long-temps sans l'apprécier. Il le regardait comme un futur grand-homme; il disait à qui voulait l'entendre : « Vous voyez ce jeune homme, eh bien ! c'est un homme de l'histoire de Plutarque. » Il était donc tout naturel qu'il employât toute son inflence pour l'attacher à la cause de l'indépendance de sa patrie : mais Napoléon, soit qu'il trouvât son ambition trop resserrée dans la Corse; soit qu'il fût convaincu de l'impossibilité de résister aux forces supérieures de la France, dont les événemens du 10 août, qui s'étaient passés sous ses yeux, lui avaient fait concevoir l'idée la plus gigantesque; soit enfin qu'il crût que le bonheur de sa patrie tenait à son union avec le pays auquel il devait son éducation, résista à toutes les instances du vieux général. Il regardait, du reste, l'état de crise où alors se trouvait la nouvelle république, comme passager. *Tout ce qui est violent*, disait-il, *ne peut pas durer.* Mais les efforts de Napoléon furent vains pour soutenir en Corse l'autorité de la France contre Paoli et ceux de ses compatriotes qui avaient appelé le secours des armes anglaises. Sa famille, obligée de fuir, abandonna sa maison au pillage et à la dévastation. Nice en Provence devint pour elle le lieu de refuge; et Napoléon, après l'y avoir mise en sûreté, se préparait à rejoindre son régiment, lorsqu'il fut requis par le commandant en chef de l'artillerie, pour l'armée d'Italie, le général Dugua, qui, après avoir éprouvé son habileté dans les opérations les plus délicates, le députa, comme négociateur, aux chefs des insurgés de Marseille. Ceux-ci, par l'occupation d'Avignon, coupaient la communication de l'armée d'Italie avec ses derrières. Napoléon vint à bout de persuader aux chefs marseillais qu'ils ne devaient pas s'exposer au ressentiment de cette armée, en gênant ses opérations. Il obtint le libre passage des convois et de toute autre chose à son usage. C'est cette négociation qui donna lieu au *Souper de Beaucaire*, brochure piquante où il déposa, sous la forme du dialogue, la somme des argumens qu'il avait employés pour convaincre les insurgés. Imprimée d'abord à Marseille, en 1793, l'édition s'en épuisa sans beaucoup de sensation; mais lorsqu'elle fut reproduite en 1821, après la mort de son illustre auteur, on la rechercha avec avidité.

Cependant Toulon, à la suite de la révolte qui avait eu pour cause ou pour prétexte la violation de la représentation nationale, au 31 mai, ouvrit son port et ses murs aux flottes et aux troupes étrangères. Le drapeau blanc y fut arboré. On proclama le règne de Louis XVII; et un mélange d'Anglais, de Napolitains, de Sardes, d'Espagnols, formant une force totale de 14,000 hommes, menaçait, aussitôt qu'il aurait reçu des renforts, d'envahir les belles contrées de la Provence, que la guerre civile déchirait déjà.

Carteaux, qui venait de terminer heureusement son expédition contre Marseille, s'approcha aussitôt du point central des forces ennemies, avec 8,000 hommes (les deux tiers des troupes soumises à ses ordres). Le général Lapoype accourut d'un autre côté, à la réquisition des représentans Fréron et Barras, avec une division de 6,000 combattans détachés de l'armée d'Italie; ce qui formait, avec la petite armée du général Carteaux, une masse égale en nombre à celle de l'ennemi. Mais ces deux armées étaient séparées et indépendantes l'une de l'autre; et les batteries destinées à faire le siége, insuffisantes par leur nombre et inutiles par leur organisation.

Tel est l'état dans lequel Napoléon trouva les choses, lorsqu'il arriva, dans les premiers jours de septembre, avec des pouvoirs du comité de salut public, pour prendre le commandement de l'artillerie de siége. Il était alors chef de bataillon.

Napoléon eut bientôt cent pièces de gros calibre, le reste de l'artillerie nécessaire, et un certain nombre d'officiers de cette arme, qu'il appela des lieux les plus voisins.

L'amour propre et l'impéritie des chefs, tant militaires que civils, auxquels les opérations étaient préalablement soumises, lui suscitèrent beaucoup d'obstacles. Cependant, secondé par le député Gasparin, chaud républicain, ancien capitaine de dragons, et qui, d'ailleurs, était, par son esprit distingué, capable d'apprécier les talens du jeune commandant, il parvint à faire adopter au conseil un plan d'attaque qui consistait :

A s'emparer du fort Murgrave, que les Anglais avaient élevé sur la hauteur du Caire, et qu'ils avaient surnommé le Petit-Gibraltar, à cause de la force qu'ils lui avaient déjà donnée, et que leurs travaux augmentaient chaque jour;

A placer à chaque extrémité des deux promontoires de l'Eguillette et de Balaguier, dont on s'emparerait, sans coup férir, après la prise du fort Murgrave, des batteries qui lanceraient leurs boulets dans la grande et la petite rade, et contraindraient la flotte ennemie à l'abandonner.

Par ce moyen, Toulon se trouvait bloqué par mer aussi bien que par terre. Les alliés seraient forcés de l'évacuer, en détruisant la flotte, les magasins, l'arsenal, toutes les ressources militaires qu'ils ne pourraient emporter, à moins qu'ils n'aimassent mieux se rendre, au bout de quinze jours, à discrétion.

Tout arriva, comme Napoléon l'avait prédit.

La prise du fort Murgrave entraîna celle des redoutes de l'Eguillette et de Balaguier; les deux rades furent battues avec vigueur; et l'ennemi ne vit d'autre parti à prendre que de s'embarquer précipitamment, détruisant tout ce qu'il pouvait de ressources de guerre ou maritimes, et emmenant avec lui 14,000 Toulonnais, qui redoutaient la vengeance de la Convention.

Cependant une partie de notre marine échappa à la destruction. La sublime inspiration de la liberté annoblit le crime même : 8 à 900 galériens sentent sa flamme électriser leur cœur, repoussent les incendiaires, neutralisent leurs ravages, et reprennent leurs fers !

L'intrépide Dugommier, qui, quelque temps avant l'attaque, était venu prendre le commandement du siége, ne pouvait tarir sur les louanges du jeune commandant d'artillerie ; il lui avait dit, après la prise du Petit-Gibraltar : « Allez vous reposer ; nous venons de prendre Toulon, vous pourrez y coucher demain ; » et ce qui avait été dit, fut exécuté ponctuellement.

Une circonstance que nous ne devons pas omettre, parce qu'elle fait honneur au caractère du jeune officier, c'est que les représentans lui offrirent la place du général Dugommier, qu'ils accusaient de lenteur, et que, par un motif de délicatesse, il refusa.

Le vieux général le recommanda fortement au comité de salut public ; mais il est invraisemblable qu'il lui ait écrit, comme le prétend Napoléon, ces propres mots : *Si on était ingrat envers lui (Napoléon), il s'avancerait tout seul.* C'eût été bien mal e servir. Une recommandation de cette nature était une menace et n'eût abouti sans doute qu'à lui ouvrir la route de l'échafaud.

Napoléon avait pris une part des plus actives à toutes les attaques préliminaires qui avaient eu lieu, tant de la part des assiégés que des républicains. Il avait reçu deux blessures, une au front, l'autre au mollet, avait eu trois chevaux tués sous lui, et avait fait prisonnier, de sa propre main, le commandant en chef des forces anglaises, le général O-Hara.

Il était en tournée pour réarmer les côtes de la Méditerranée, lorsqu'il apprit, dans le courant de février 1794, sa nomination au grade de général de brigade, en récompense des services qu'il avait rendus.

Il prit ensuite le commandement en chef de l'artillerie à l'armée d'Italie, que commandait le général Dumorbion.

Dans un conseil où se trouva Masséna, alors général, on résolut de procéder à l'ouverture de la campagne, d'après un plan que le commandant de l'artillerie avait donné.

Le résultat fut l'occupation de toute la chaîne supérieure des Alpes maritimes, deux places fortes (Oneille et Saergio), 3 à 4,000 hommes, et 60 à 70 pièces de canon, tombés en notre pouvoir. Napoléon, qui avait le commandement immédiat de l'une des brigades, culbuta une division autrichienne sur les hauteurs de Sainte-Agata.

Cependant, la position de l'armée française sur la crête des Alpes était désavantageuse sous plusieurs rapports. Napoléon proposa d'étendre sa droite et de se rapprocher de Gênes, en s'emparant des hauteurs de Saint-Jacques, de Montenotte et de Vado. L'exécution de ce plan occasionna la victoire de Cairo, où les Autrichiens perdirent leurs magasins, et 1000 hommes tués ou prisonniers. Elle nous mit en outre en position de donner la main au peuple de Gênes, partisan enthousiaste de notre cause, si le cas échéait.

La réputation de Napoléon fut dès-lors fixée, sinon dans le public, au moins parmi les généraux et les représentans, qui furent témoins de ses dispositions. Robespierre jeune surtout, en mission alors auprès de l'armée d'Italie, se prit d'enthousiasme pour le jeune général. Il fit tout ce qu'il put pour le déterminer à le suivre à Paris, et à se mettre sous sa protection, mais en vain. C'était quelque temps avant le 9 thermidor. « Si je n'eusse inflexiblement refusé, dit Napoléon, en parlant de cette circonstance, qui sait où pouvait me conduire un premier pas, et quelles autres destinées m'attendaient! » On pourrait ajouter : Et attendaient la France!

Cependant cette faveur que lui témoignait le le frère d'un homme qu'une majorité sa complice, et dont plusieurs membres mêmes avaient dépassé ses excès, allait pousser sous la hache, pour, ainsi que le pense Napoléon, en faire son bouc émissaire, faillit à lui devenir funeste après le 9 thermidor.

Il fut mandé à la barre comme terroriste, après l'avoir été quelque temps auparavant comme contre-révolutionnaire ; mais le besoin qu'on avait de ses talens, fit que, cette fois-ci comme la première, on ne donna nulle suite à l'accusation.

Napoléon, après avoir pris les mesures convenables pour assurer le résultat de la victoire de Cairo, en établissant des batteries sur les promontoires depuis Vado jusqu'au Var, partit pour inspecter celles qui garnissaient les côtes de la Provence. Il eut le bonheur d'y appaiser plusieurs insurrections, que les partisans de la Montagne fomentaient contre le parti qui les avait vaincus.

Pendant ce temps, un changement s'opérait dans le personnel de l'armée. Le capitaine Aubry, chargé du travail relatif à la réintégration dans leur grade de plusieurs généraux que le malheur du temps en avait privés, avait porté Napoléon sur le tableau des généraux d'infanterie, en attendant qu'il se trouvât une vacance dans l'arme à laquelle on l'enlevait, tandis que lui-même, qui n'avait pas vu le feu depuis la révolution, avait pris rang d'un trait de plume parmi les généraux de division, inspecteurs d'artillerie. Napoléon, à cette nouvelle, court à Paris, se présente chez Aubry, lui expose sa répugnance à quitter son arme. Aubry lui objecte sa jeunesse (il n'avait que 25 ans.) « On vieillit vite sur le champ de bataille; et j'en arrive », lui répondit-il; et il fit accepter sa démission.

Il n'y avait que huit jours qu'il l'avait donnée, lorsque le directoire, alarmé des échecs ou plutôt du découragement de Kellermann, qui avait pris à son départ le commandement de l'armée d'Italie, le requiert pour donner des renseignemens sur la position où il avait laissé cette armée. Bientôt il fut attaché, dans son ancien grade, à la direction des opérations militaires. Il demeurait, depuis trois mois, à ce poste, lorsque le 13 vendémiaire arriva.

On sait que la Convention avait décrété qu'au lieu d'un renouvellement intégral qui devait avoir lieu par la constitution de l'an III, le tiers seulement de ses membres serait soumis à une réélection; et que les royalistes, sous le masque du républicanisme, et le prétexte d'une usurpation de pouvoirs de la part de la Convention, entraînèrent les sections de Paris à s'armer contre cette assemblée. Les députés qui avaient été en mission à l'armée d'Italie, lui conseillèrent de confier sa défense à Napoléon; on l'agréa.

Cependant le vainqueur de Toulon hésita quelque temps à accepter cette commission délicate. C'était la guerre civile à laquelle il allait présider. Le résultat n'en pouvait être que funeste; mais, d'un autre côté « si la Convention succombait,

» que deviendraient les grandes vérités de la révo-
» lution? La défaite de la Convention ceindrait le
» front de l'étranger et scellerait la honte et l'es-
» clavage de la patrie. »

D'ailleurs, si « Paris était las de son gouverne-
» ment, la totalité des armées, la grande majorité
» des départemens, les paysans sur tout, lui de-
» meuraient parfaitement attachés. » Il accepta.

Napoléon n'avait nominativement que le commandement en second sous Barras; mais Barras
n'était que l'homme de paille; Napoléon devait
tout diriger. Le lendemain matin, 13 vendémiaire,
il fit ses dispositions. La Convention n'avait pu
mettre à sa disposition qu'une armée de 7,500
hommes, dont 1,500 ardens républicains, dits *patriotes de 89*, qu'on tenait à l'écart depuis le 9 thermidor, et 36 pièces de canon. Les faubourgs demeuraient neutres. La seule section des Quinze-Vingts
fournit 250 hommes à la Convention.

De leur côté, les sections avaient à opposer une
masse de 40,000 hommes bien armés, qu'excitaient, au nom de la modération que tous voulaient,
et au nom de la république qu'ils ne voulaient pas,
les contrerévolutionnaires Laharpe, Vaublanc,
Lacretelle jeune, etc. A deux heures de l'après-midi,
leurs colonnes prirent position sur différens points
autour du lieu où se tenait l'assemblée, près du
Louvre, à St-Roch, dans l'hôtel de Noailles, au
Théâtre français. A quatre heures un quart, ils

commencèrent le feu. Les canonniers de la Convention firent alors une décharge terrible. Les 1,500 patriotes de 89 se battirent avec la plus grande valeur; ils électrisèrent le reste de la troupe. A 6 heures, tout était fini.

Dans cette journée, la France n'eut pas à déplorer une perte de plus de 200 hommes, tués dans l'un et l'autre parti. On le doit au général des troupes conventionnelles, qui ordonna qu'on ne tirât plus qu'à poudre, lorsque le succès ne fut plus douteux.

Le lendemain, Napoléon fut nommé général en chef de l'armée de l'intérieur par acclamation. Il s'occupa dès lors de réorganiser la garde nationale, celle du corps législatif, et de former la garde directoriale, puissant auxiliaire qu'il préparait pour l'avenir à son usurpation ambitieuse, mais alors sans y songer.

C'est à cette époque que nous devons placer une circonstance qui influa puissamment sur le sort de Napoléon, et malheureusement aussi sur celui de la France : nous voulons dire la connaissance qu'il fit de madame de Beauharnais.

Son fils, le jeune Eugène, depuis si illustré, vint redemander au général en chef l'épée de son père, mort victime des proscriptions de 1793, qui lui avait été enlevée dans le désarmement presque universel que la Convention fit exécuter. A la vue de l'épée paternelle, cet enfant ne put retenir ses pleurs. Napoléon avait l'âme naturellement grande, le motif de ces larmes lui parut beau : il combla de caresses ce fils privé d'un père auquel il devait succéder.

La mère d'Eugène, soit reconnaissance, soit calcul et confiance en ses charmes, vint remercier Napoléon ; il fut enchanté de ses grâces, de son esprit. En peu de temps, l'intimité s'établit entre eux : leur union fut bientôt arrêtée, par l'intermission de Barras.

Joséphine Tascher de la Pagerie, née à la Martinique en 1763, avait été amenée bien jeune en France, pour y épouser le fils de l'ancien gouverneur général des Antilles, M. le marquis de Beauharnais. Sa beauté, et surtout ses grâces la rendaient un objet d'admiration. Elle parut souvent à la cour, où elle réunit tous les suffrages, et fut l'objet de soins distingués, dont elle ne conserva que trop la mémoire.

Mais Joséphine, que son malheur a rendue depuis si populaire, était ce qu'on nommait autrefois une femme de cour, coquette et dépensière à l'excès. Napoléon l'appelait la *Déesse de la toilette*. Sur le trône même, l'abondance impériale ne pouvait suffire à alimenter son luxe. Les mémoires de l'impératrice n'étaient pas même exactement acquittés.

Joséphine avait un bon cœur, on ne peut le nier ; elle avait des qualités, mais non des vertus ; sa bonté renfermait trop de faiblesse. Gâtée par la fréquentation des cours, elle en avait les mœurs. Elle y avait contracté une sorte de tolérance pernicieuse, non pas cette tolérance philosophique qui pardonne l'erreur, mais cette tolérance qui fait voir d'un œil indifférent le triomphe de l'injustice, qui encourage le vice et tue la vertu. Elle compatissait au sort de ceux qu'on avait dépouillés d'odieux priviléges. Elle n'avait même pas assez de force pour haïr les abus.

En effet n'étaient-ils pas bien à plaindre de n'avoir plus d'hommes à flétrir par une livrée, ces comtes, ces marquis, naguère si brillans !

Une femme, même comme il faut, n'aurait pas alors osé charger sa tête de quelques cent mille francs de diamans, dont la valeur rendrait heureuses tant de familles : pauvres gens !

A cette cause, qu'elle s'imaginait avoir de haïr le nouveau régime, s'en joignait cependant une plus plausible, la mort de son époux, véritable patriote, que n'avait pas épargné, malgré son républicanisme, la hache de la terreur. Elle même ne s'y était soustraite qu'avec peine.

Mme Beauharnais recevait pêle-mêle les partisans de l'ancien et du nouvel ordre de choses, quoiqu'elle penchât certainement vers les premiers ; mais la faiblesse de son caractère l'eût empêchée d'exclure les autres, quand bien même son amour propre ne s'y serait pas opposé. D'ailleurs, elle voulait avoir une cour à tout prix. Peut-être avait-elle lieu de croire complices du meurtre de son époux, quelques-uns de ceux qui la composaient: n'importe, il est des âmes dans lesquelles l'indignation ne peut pas entrer.

Quand tous les puissans du jour étaient retirés, et qu'il ne restait plus que des privilégiés, tels que MM. de Montesquieu, le duc de Nivernais et autres; alors on se formait en club aristocratique; on regardait si les portes étaient bien fermées, et l'on se disait : « Causons de l'ancienne cour: faisons un tour à Versailles. » D'abord, on s'abandonnait sans contrainte à ses espérances et à ses regrets. Puis, les plus illustres républicains servaient d'aliment à la conversation expirante, c'est-à-dire, à la médisance. On profitait de l'horreur qu'inspiraient les sanglans excès de quelques-uns d'entre eux, pour envelopper, dans une même réprobation, tout leur système. Le ridicule, se glissant à l'abri de l'indignation, attaquait jusqu'à leurs vertus.

On riait de leurs manières bourgeoises, de leur dégradante économie, de leur mise simple, inélégante; on tournait en ridicule jusqu'au désintéressement. Et ce qu'il y a de particulier, c'est que c'était aux hommes les plus probes qu'on semblait en vouloir davantage. Les âmes vénales, les concussionnaires, semblaient des frères de l'ancienne cour : on les ménageait. Un Carnot, un Rolland, cessaient d'être des hommes honnêtes, et n'étaient plus que des *niais*.

Ces *niais* étaient des hommes simples sans doute.

Leur table, cependant, ne s'enrichissait pas de la privation publique; leur mise ne coûtait que bien peu de chose au peuple : mais combien d'habits de bure dans le manteau d'un Empereur ou d'un Roi !....

C'est donc dans l'antre de la contre-révolution que Napoléon se vit entraîner par une syrène; c'est à la femme que nous venons de dépeindre, que va s'unir le plus extraordinaire citoyen de la France. Quelle conquête pour le privilège ! Quelle perte pour l'humanité !....

Cependant les vœux des troupes et la confiance du directoire appelaient Napoléon au commandement en chef de l'armée d'Italie, qui, depuis qu'il n'y était plus, n'avait presque fait que péricliter. Les pompes de l'hymen venaient de le préparer aux fêtes de la victoire. Le 14 mars 1796, il partit.

Quel faix lui imposait déjà sa destinée ! Il n'a que 25 ans, rien d'ailleurs de ce qui éblouit à la première vue le vulgaire, la taille colossale, les formes athlétiques.... au contraire, son organisation est frêle, son teint pâle, maladif; il traîne une perpétuelle convalescence (1) : la nature qui

---

(1) Une maladie de peau, qu'il avait contractée au siége de Toulon, en saisissant le refouloir d'un canonnier qui venait d'être tué, pour charger sa pièce, et qu'une guérison imparfaite avait fait rentrer, rendit long-temps sa santé chance-

lui a prodigué le génie, semble s'être trompée d'enveloppe. Cependant, il a à justifier la préférence qui lui a été donnée sur les autres généraux de l'armée. Il est bien vrai qu'il est précédé par une grande renommée : mais, eux aussi, ils ne sont pas déshérités de la gloire; ils ont ou vieilli dans le feu des batailles, ou fait dès l'abord des pas de géant dans une jeune carrière. Il tâchera de leur être supérieur par l'intégrité, par des mœurs austères. Serrurier, Augereau, Masséna, Laharpe, doivent être ses lieutenans.

Arrivé au quartier général, à Nice, il trouve l'armée sans vivres assurés, presque sans vêtemens. Le service de l'artillerie, celui des ambulances sont désorganisés ; l'ordre, l'administration, les transports, il a tout à créer. Cependant le moral des soldats est excellent. Presque tous sont sortis des classes aisées. Plus des deux tiers ont de l'instruction ; beaucoup, de l'éducation. « Oh, disait Napoléon, dans le temps de son malheur, au souvenir de cette valeureuse jeunesse, oh, si toutes mes armées eussent été semblables ! »

On parlait de reculer : Napoléon ordonne qu'on avance. Il passe immédiatement de l'ordre défen-

---

lante. Ce n'est qu'aux Tuileries qu'il fut guéri par de nombreux vésicatoires, que lui appliqua Corvisart. « Ce ne fut, dit-il, qu'à trente-six ans que je commençai à prendre de l'embonpoint; auparavant, j'étais un vrai parchemin. »

sif à l'ordre offensif, et cela sans secousse. Il n'y a qu'un homme de plus, et tout semble changé dans l'armée. Il n'agit pas conformément aux idées de tous, mais tous ont en lui la plus grande confiance. « Soldats, leur dit-il, vous êtes nus, mal nourris.... Je veux vous conduire dans les plus fertiles plaines du monde. De riches provinces, de grandes villes seront en votre pouvoir. Vous y trouverez honneurs, gloire, richesses. Soldats d'Italie, manqueriez-vous de courage? »

Des accens unanimes d'enthousiasme répondent aux accens du jeune général.

Il a résolu que l'armée pénétrerait en Piémont par le col de Cadibone, et s'appuierait sur Gênes.

Beaulieu a 60,000 hommes, Autrichiens, Napolitains ou Sardes à opposer à 33,000 Français. Il conçoit l'espoir de les couper, et fait avancer à cet effet son centre, aux ordres de Dargenteau, vers Montenotte; mais ce général doit subir le premier l'épreuve de ce système de concentration qui coûtera désormais tant d'armées à sa patrie. Tandis qu'il ne peut être secouru ni de la droite ni de la gauche de l'armée confédérée, il est enveloppé, battu, dispersé par les divisions françaises qui se sont réunies en une masse unique; 2,000 prisonniers, 4 canons, 5 drapeaux sont le prix que le génie fait remporter à la valeur.

Deux jours après (14 avril 1796), le succès est plus complet encore contre presque toutes les divide l'armée ennemie, réunies sur Millésimo et Dégo. Quinze drapeaux, 30 canons, 60 caissons, 6,000 prisonniers, dont deux généraux, furent le fruit de cette victoire. Le lendemain 15, une division autrichienne, qui n'avait pu joindre à temps Beaulieu, vint se faire battre à Dégo.

Le résultat de la victoire de Millésimo fut de séparer les deux armées autrichiennes et sardes, qui songèrent alors à couvrir, l'une Milan, l'autre Turin.

Cependant l'armée piémontaise, chassée de Céva où elle s'était retranchée, ne tarde pas à être attaquée à Mondovi; elle y est battue, comme à Millésimo, comme à Céva : et de nouveaux trophées sont conquis par nos soldats.

Nos succès se continuent; Fossano est emporté: la place forte de Cherasco nous offre les ressources de ses magasins d'artillerie. L'armée venait de passer subitement d'une extrême disette à une extrême abondance; le bruit de ses succès attirait tout ce qu'il y avait de soldats dans les pays voisins; elle présentait l'état le plus florissant. Napoléon, dans une proclamation, récapitule ses exploits en peu de mots. « Soldats, dit-il, vous
» avez remporté, en 15 jours, six victoires, pris
» 21 drapeaux, 55 pièces de canon, 15 000 pri-
» sonniers, tué ou blessé plus de 10,000 hommes...
» Vous avez gagné des batailles sans canon, passé
» des rivières sans ponts, fait des marches forcées

« sans souliers, bivouaqué sans eau-de-vie et
» souvent sans pain. Les phalanges républicaines,
» les soldats de la liberté étaient seuls capables de
» souffrir ce que vous avez souffert; grâce vous
» soient rendues, soldats!.... » Il disait aux Italiens :
» Peuples d'Italie! l'armée française vient rom-
» pre vos chaînes : le peuple français est l'ami de
» tous les peuples..... Nous n'en voulons qu'aux
» tyrans qui vous asservissent. »

Cependant la cour de Turin effrayée sollicita et obtint une armistice, pour la garantie duquel elle abandona les places de Céva, Coni et Tortone. Les troupes de l'armée des Alpes purent alors venir accroître en partie la force de celle d'Italie. La ligne de communication avec la France fut abrégée de près de moitié. Une artillerie nombreuse fut remise en nos mains. Murat, alors colonel, fut choisi pour porter au directoire une copie de cet armistice et 21 drapeaux.

Le 15 mai, on conclut à Paris un traité définitif qui ne laissait au roi de Sardaigne d'autres points fortifiés que Turin et le fort de Bard.

Dans cette campagne, on avait réellement, comme c'était le but de Napoléon, suppléé au nombre par la rapidité des marches, à l'artillerie, par la nature des manœuvres, et dans quelques occasions, au manque de cavalerie, par la nature des positions.

Beaulieu espérait défendre le passage du Pô,

au-delà du quel il s'était retiré. Mais il apprend que Napoléon vient de passer ce fleuve à Plaisance, tandis que, trompé par ses manœuvres, il l'attend devant Valenza.

Cependant le duc de Parme vient de se soumettre au vainqueur, qui lui impose, entre autres tributs, une contribution d'objets d'arts. Parmi les tableaux, se trouvait la *Communion de St-Jérôme* de............. le duc offrait 2 millions pour le conserver. « Non, dit Napoléon; honoré de la con- » fiance nationale, je n'ai pas besoin de millions; » tous vos trésors ne valent pas la gloire d'offrir à » ma patrie un chef-d'œuvre du Dominicain. »

Le musée de Paris va s'enrichir de tout ce que le sol classique des arts a produit de plus précieux. A la demande du général en chef, un comité d'artistes a été attaché à l'armée : il recueille plusieurs chefs-d'œuvre à Modène; Modène, dont le ministre ne peut concevoir le désintéressement du chef de l'armée française, qui a refusé de s'approprier 4 millions sur la somme exigée par le directoire. Il doit plus tard dédaigner 7 millions que lui offriront les oligarques de Venise. Qu'est ce que l'or pour un cœur épris de la gloire? N'a-t-il pas d'ailleurs à donner l'exemple de l'intégrité?

Cependant l'armée française avait précédé, par le combat de Fombio, à la bataille de Lodi. A Lodi, une forte colonne de grenadiers, saisissant un moment favorable, s'élance avec la rapidité de la foudre, traverse, sans perte sensible, un pont sillonné par l'artillerie autrichienne, s'en empare, et rejette sur Créma l'ennemi étrangement affaibli. Le général en chef voulait se précipiter à la tête de la colonne, mais le bouillant Lannes l'a devancé.

Napoléon s'isole après une aussi éclatante victoire, pour questionner les prisonniers ennemis. Soit amour-propre, soit vue d'utilité, il veut savoir ce qu'ils pensent de leur défaite et de ses succès. Il s'adresse à un vieil officier hongrois : « Cela va » très-mal, lui répond celui-ci ; il n'y a plus moyen » d'y rien comprendre. Nous avons affaire à un » jeune général, qui est tantôt devant nous, tantôt » sur notre queue, tantôt sur nos flancs.... pour ma » part, je suis tout consolé d'avoir fini. »

« Vendémiaire et même Montenotte ne me portèrent pas à me croire un homme supérieur, disait depuis Napoléon ; ce n'est qu'après Lodi qu'il me vint dans l'idée que je pouvais bien devenir un *acteur décisif* sur notre scène politique. »

Après Lodi, les vieux soldats, pleins d'enthousiasme, s'avisèrent de grader leur jeune général. Ils le firent caporal. De là ce nom de *petit caporal*, depuis si populaire. Après la bataille de Castiglione, il fut fait sergent.

L'armée française était entrée à Crémone. Elle était maîtresse du Milanais. Le général en chef entre enfin dans la capitale, aux acclamations d'un peuple immense. Dès lors, les belles Italiennes deviennent autant de Circé, qui déploient tous leurs charmes et s'efforcent à l'envi d'enchaîner le vainqueur. Mais comme il a repoussé la contagion des richesses, il saura résister à un entraînement non moins dangereux peut-être. La France est pour lui le mât préservateur. Le patriotisme et la gloire sont les liens qui l'y tiennent fixé. Leur noble prestige forme autour de ses yeux, un atmosphère qui ne lui laisse plus voir que « ses braves, la France » et la postérité. »

A peine maître de Milan, le général en chef dit à son armée : « Soldats, vous vous êtes précipités » comme un torrent du haut de l'Apennin. Vous » avez culbuté, dispersé tout ce qui s'opposait à votre » marche.... L'armée qui vous menaçait, ne trouve » plus de barrière qui la rassure contre votre cou- » rage.... Vos pères, vos mères, vos épouses, vos » sœurs, vos amantes, se réjouissent de vos succès, » et se vantent de vous appartenir.... Oui, soldats, » vous avez beaucoup fait, mais ne vous reste-t-il » donc plus rien à faire?... La postérité nous repro- » chera-t-elle d'avoir trouvé Capoue dans la Lom- » bardie? Partons.... Nous avons encore des ennemis » à soumettre, des injures à venger.... Rétablir le ca- » pitole.... réveiller le peuple romain engourdi par » plusieurs siècles d'esclavage, tel sera le fruit de

» vos victoires.... Vous rentrerez alors dans vos
» foyers; et vos concitoyens diront en vous mon-
» trant : *Il était de l'armée d'Italie !* »

C'était par de telles paroles qu'il savait faire des héros.

Cependant il avait offert au directoire d'aller planter l'étendard national sur les montagnes du Tyrol, de descendre ensuite au sein de la Bavière, y dicter les conditions de la paix à la cour autrichienne ; mais soit défiance déjà du jeune général, soit manque de confiance en sa fortune, le directoire juge à propos de restreindre ce plan d'opérations. Il parle même de diviser le commandement de l'armée; Napoléon lui écrit : « Si vous
» rompez l'unité de la pensée militaire, je vous le
» dis avec douleur, vous aurez perdu la plus belle
» occasion d'imposer des lois à l'Italie. » Et il conserve le suprême commandement.

Déjà les gardes nationales ont été organisées, les fonctionnaires remplacés, dans la Lombardie. La citadelle de Milan est investie ; et il n'y a que sept jours d'écoulés, depuis que cette ville est en notre pouvoir ! Rien ne s'oppose plus à ce que l'armée marche à la poursuite de l'ennemi. Une insurrection dont le foyer est à Pavie, et qui en peu de temps a envahi une grande étendue, ne retarde pas même sa marche; tant est grande la rapidité avec laquelle elle est comprimée! Les Autrichiens battus à Borghetto, défendent à peine le passage du Mincio devant une colonne de grenadiers, qui leur paraissent armés encore des foudres de Lodi. Une division qui manque de surprendre le général en chef, paie cher cet honneur. L'armée occupe Vérone, investit Mantoue : là s'arrête le torrent. Il faut que les murailles de cette place, la plus forte de l'Italie, s'abaissent, avant que les Français marchent à de nouvelles entreprises. Le directoire voudrait bien qu'on révolutionnât Naples, Rome, la Toscane; mais ce plan paraît impraticable au général en chef. Le roi de Naples demande un armistice qu'il obtient. Cependant quelques points de l'Italie offrent encore des dispositions hostiles. La cour de Rome intriguait, armait; l'occupation de Bologne et de Ferrare, où les Français sont accueillis avec un délirant enthousiasme, la force à implorer un armistice. Dans cette occasion, on voit un cardinal, envoyé sur parole dans la patrie de Régulus, refuser de rentrer au camp des Français, parce qu'il a été dégagé, par un bref exprès du saint père, de la sainteté du serment. Livourne est ensuite ravie à l'influence anglaise ; le château de Milan capitule; des paysans insurgés éprouvent nos braves à Lugo; enfin tout obéit. Beaucoup sont soumis par la crainte, beaucoup aussi affectionnent notre cause. Cependant le général en chef retourne à Milan, et prépare tout pour conjurer l'orage qui, des sommets du Tyrol, va fondre sur le sol italien.

Le maréchal Wurmser, détaché de l'armée du Haut-Rhin, s'avance à la tête de 30,000 hommes. L'armée ennemie va former en Italie une masse de 80,000 combattans. Les ennemis de la France ont proclamé sa défaite et leur triomphe.

Trop de confiance en ses forces doit perdre Wurmser : sûr de vaincre, il ne cherche qu'à rendre décisive sa victoire. Il divise son armée, forte de 70,000 hommes, en trois corps, avec l'intention de cerner les Français autour de Mantoue. Mais Napoléon l'a deviné. Sur-le-champ, il prend une grande résolution, et lève le siége de Mantoue. Les tranchées, l'équipage du siège sont abandonnés. Toutes les troupes françaises sont désormais disponibles. Napoléon appelle à son aide le système de concentration auquel il a dû de si éclatans succès. Avec 30,000 combattans seulement, mais réunis, contre 80,000, mais séparés, il attaquera sur tous les points, avec des forces supérieures. Trois armées ennemies seront successivement écrasées.

Cependant on combat à Salo, on combat à Lonato, toujours à l'avantage des Français; mais ce n'est qu'un faible prélude de la victoire qui, le 3 août, doit au même lieu couronner les dispositions du génie militaire, de celle qui doit, trois jours après, à Castiglione, laisser dans nos mains d'innombrables trophées, et terminer cette fameuse campagne de *cinq jours*, qui fixera, dans l'Europe, la réputation du général en chef de l'armée française d'Italie. Wurmser, si présomptueux, il y a peu de jours, n'a plus à retirer, dans les gorges du Tyrol, que des débris.

Cependant il en allait bientôt redescendre avec des renforts, pour essayer de secourir Mantoue qu'on avait de nouveau investie. Napoléon qui l'a pénétré, prend aussitôt l'offensive ; et une troisième campagne, signalée principalement par les batailles de Roveredo, de Bassano, de St.-Georges, vient rehausser la gloire et confirmer les avantages des deux précédentes. Une partie des débris de l'armée autrichienne s'enfonce dans le Frioul et dans le Tyrol. Le reste, ayant Wurmser à sa tête, parvient à se jeter dans Mantoue.

Des succès si prompts, si complets, étaient dus sur-tout aux savantes manœuvres du général en chef, et à la rapidité de ses marches. Au reste, il ne s'épargne pas les fatigues; il paie de sa personne comme de son génie. A Céréa, il est sur le point d'être pris ; à Cismone, séparé de ses bagages, exténué de faim et de fatigue, il partage la ration de pain d'un soldat.

La première nouvelle que la cour d'Autriche recevait des armées qu'elle envoyait en Italie, était toujours celle de leur destruction. Néanmoins inépuisable dans ses ressources, comme implacable dans sa haine, elle fait partir encore des forces nombreuses sous le commandement du maréchal Alvinzi.

L'armée française, toujours excellente, mais affaiblie par ses succès même, ne se renforçait que de faibles recrues contre des masses sans cesse renaissantes. Cet état de choses l'inquiétait. Dans cette nouvelle campagne, la victoire a d'abord couronné ses armes sur les rives de la Brenta; mais les échecs successifs, essuyés par la division Vaubois que l'ennemi chassait de position en position depuis le Tyrol, ont ébranlé sa confiance. Napoléon s'en aperçoit. Il juge qu'il est urgent de relever son moral qui fléchit. Les troupes de Vaubois se réunissent, par ses ordres, sur le plateau de Rivoli; il leur dit:

« Soldats, je ne suis pas content de vous.... Vous
» vous êtes abandonnés à une terreur panique.
» Vous vous êtes laissé chasser de positions où
» une poignée de braves pouvait arrêter une ar-
» mée. Soldats de la 39ᵉ et de la 85ᵉ, vous n'êtes
» pas des soldats français! Général chef d'état
» major, faites écrire sur leurs drapeaux : *Ils ne*
» *sont plus de l'armée d'Italie!* »

A ces mots, une muette consternation descend dans les rangs. La 39ᵉ et la 85ᵉ avaient conquis naguère leur part de gloire; elles renfermaient dans leur sein beaucoup de braves qui avaient reçu de la patrie des armes d'honneur. Elles, ployées sous le faix de l'ignominie!.... Des larmes échappent à de vieux soldats, d'abord silencieuses; puis un murmure plaintif succède.... et mille voix, à travers les sanglots, portent simultanément à l'oreille du général en chef ces paroles distinctes : « Mets-nous à » l'avant-garde, et tu verras si nous ne sommes » pas encore de l'armée d'Italie! » Effectivement, à quelques jours de là, ces troupes firent des prodiges, et lavèrent une honte passagère dans des flots de sang ennemi.

Cependant l'échec éprouvé à Caldiéro vint imprimer plus fortement dans les âmes le sentiment de l'infériorité de nos forces. Les soldats se demandaient « d'où venait qu'on ne leur envoyait pas de puissans renforts; à quoi aboutirait une nouvelle victoire, si l'inaction des armées du Nord, laissait refluer successivement sur eux toutes les forces ennemies, et remettait sans cesse à l'incertitude du lendemain, ce que les armes avaient décidé la veille ». Telle était la substance des plaintes qui parvenaient à Napoléon. Sa position était critique, mais son génie restait.

D'abord, comme ce fut depuis sa constante coutume, et comme c'avait été celle d'Alexandre, il ne leur demande plus qu'une victoire, qu'il leur fait envisager comme le terme de leurs travaux. « L'Italie, la paix générale sont, dit-il, dans Mantoue. » Il leur peint, comme exemple, le dévoûment de ces blessés qui accourent sous les drapeaux de toutes parts, leurs plaies saignantes encore, au premier bruit de nos revers. Puis il songe à tirer de lui-même un moyen plus sûr de les rendre à la conscience de leurs forces, qui les a abandonnés.

Tout le monde était persuadé de la nécessité de la retraite. Elle s'opérait. Les Italiens, désormais identifiés à notre cause, suivaient, d'un œil contristé, les mouvemens rétrogrades de cette armée jusqu'alors constamment victorieuse, quand tout à coup une manœuvre inattendue de son chef la lance de l'autre côté de l'Adige et la porte sur les derrières de l'ennemi, qui, ayant Vérone et Kilmaine en tête, et engagé dans un marais coupé par trois digues, ne pourra faire un usage simultané de toutes ses forces et sera partiellement battu. La confiance renaît dans le cœur des soldats, qui pénètrent et admirent l'intention de leur général. Alors a lieu la fameuse bataille d'Arcole, formée de trois victoires, qui décide du sort de la quatrième campagne et de la domination de l'Italie.

Napoléon n'échappa que par miracle à la mitraille ennemie, au devant de laquelle il se précipita plusieurs fois sur le pont d'Arcole, qui en était sillonné. Le colonel Muiron, son aide de camp, lui sauva la vie aux dépens de la sienne. Ses grenadiers s'élancèrent sous un feu terrible, pour l'arracher du milieu des ennemis. Belliard, Lannes et surtout Augereau furent sublimes.

Ce fut *un chant de l'Iliade*, devait dire le captif de Sainte-Hélène, au souvenir de cette héroïque mêlée. Une charge de 25 cavaliers, faite à propos au son de plusieurs trompettes, décida du succès de la troisième journée.

Cependant, l'ennemi, assemblant de nouvelles forces, allait ouvrir une cinquième campagne. L'armée d'Alvinzi se trouvait, au commencement de 1797, forte de 72,000 hommes, et formait, avec la garnison de Mantoue, une masse de près de 100,000 combattans ; mais la fortune de l'Autriche vient encore échouer devant nos armes, d'abord à Rivoli (le 15 janvier), où les dispositions de Napoléon réduisent à l'inaction une partie de ses divisions qui sont ensuite successivement écrasées ou prises ; puis à la Favorite, sous les murs mêmes de Mantoue, qui capitule enfin le 2 février.

Le vainqueur se montre digne de la victoire, par sa générosité envers le vaincu. Maître des conditions, il n'en dicte que d'équitables, d'indulgentes même. Il ne place point sa gloire dans l'humiliation de Wurmser.

Une conduite si modérée lui gagne tous les cœurs généreux ; mais le parti monacal n'en est point touché. L'esprit de corps, cet égoïsme collectif, nourrit son inimitié contre nos braves, soutiens d'une cause qui s'annonce comme le fléau de l'usurpation religieuse. Une trame d'empoisonnement est ourdie contre leur chef, au sein de la Romagne, où il se prépare à porter ses phalanges victorieuses. Nouveau Fabricius, Wurmser qui l'apprend, lui dépêche un aide de camp pour l'en prévenir.

Les soldats du pape n'ont jamais passé pour des troupes bien redoutables. En vain le cardinal qui les dirige, fait dire aux Français que s'ils avancent, il commandera le feu. Cette terrible menace fait sourire les vainqueurs d'Arcole. En deux échauffourées, ils en ont fini avec l'armée de son éminence. Cependant on avait mis tout en œuvre pour soulever *la guerre sainte*, les prières, les missions, les indulgences : les martyrs saignaient; les madones pleuraient. Napoléon fit justice de quelques unes de ces jongleries. Les prisonniers, renvoyés dans leur famille au moment où ils s'attendaient à être fusillés, opérèrent dans les esprits une révolution favorable aux Français, que leur chef disait d'ailleurs amis de la religion, de l'ordre *et du pauvre peuple*. On s'enthousiasma d'eux. Le pape, que le directoire voudrait réduire à l'humilité première des disciples de Jésus-Christ, doit au général en chef, qui, dans ce cas, prévoit la guerre avec Naples, la conservation de la plus grande partie de son territoire; en revanche, ses trésors viennent enrichir nos caisses. Les gardes nationales de Bologne et de Ferrare, villes désormais indépendantes, suffiront pour le contenir.

Cependant le directoire envoyait à l'armée d'Italie, en cas d'un nouveau débordement de la puissance autrichienne, de nombreux renforts.

Napoléon peut désormais disposer de 60,000 hommes. L'archiduc Charles, qui vient de vaincre dans le Nord, s'avance de son côté, avec la confiance que donnent un succès récent et une armée de 90,000 combattans. Mais le général français, fidèle à son système, l'attaque, le bat (le 10 mars) sur le Tagliamento, le poursuit, le chasse à travers les Alpes Carniques et Juliennes; et, en moins de trois semaines, en position de menacer Vienne, fait, à cet archiduc, des propositions de paix qu'il élude, mais est obligé de reproduire à peu de jours de-là, après de nouveaux échecs. Alors est signé (le 7 avril) un armistice qui ouvre les conférences de Léoben.

Ce fut dans cette circonstance que les commissaires autrichiens, les généraux Bellegarde et Marfeld, parlèrent de fixer les limites qu'occuperaient les divisions des généraux Bernadotte et Joubert. « Bernadotte et Joubert, dit Berthier! où
» pensez-vous qu'ils soient? — Mais... si nos divi-
» sions venant du Rhin n'ont pas arrêté celui-ci
» (il les avait écrasées), à Fiume.... à Inspruck.
» — Eh bien, pas du tout; ils sont ici, leurs corps
» échelonnés sur la route. » Les commissaires demeuraient muets d'étonnement. Ils n'en revenaient pas. C'était le cas de renouveler l'expression des

cardinaux du conseil du pape : *Les Français ne marchent pas, ils courent.*

Les conférences de Léoben, où l'on convint des préliminaires de la paix, offrirent quelques particularités qu'on ne remarqua pas alors, mais sur lesquelles les événemens postérieurs reportèrent depuis l'attention.

Napoléon prit sur lui de signer ces préliminaires, prétextant du retard que mettait à arriver le plénipotentiaire français, et dépassant ses pouvoirs dans cette circonstance, comme il l'avait déjà fait dans beaucoup d'autres.

Il évacua le territoire ennemi, avant que d'être certain de la ratification du traité par le directoire, disant qu'il n'avait pas la volonté de s'y refuser ; mais, dans le fait, le mettant hors d'état de le pouvoir, quand bien même il l'aurait voulu.

Enfin, l'empereur d'Autriche lui ayant fait offrir une souveraineté de 250,000 âmes en Allemagne, après la paix définitive, pour le mettre, disait-il, à l'abri de l'ingratitude républicaine, il lui fit répondre qu'il s'en remettait au peuple français seul des récompenses dues à ses services, et « avec cet appui, dit-il au plénipotentiaire qui lui faisait cette ouverture, croyez, monsieur, que mon ambition sera satisfaite. »

On remarque en outre que, dès ce temps, il usait de ménagement envers le clergé ; employait, vis-à-vis du pape, les épithètes et les formes ultramontaines, et en outre, protégeait l'aristocratie, depuis que Joséphine l'avait réconcilié avec les aristocrates, comme il le disait.

Relativement au directoire, il est bien vrai que Napoléon avait eu à s'en plaindre ; les deux armées de Sambre-Meuse et du Rhin étaient demeurées inactives, malgré que leur coopération eût été sollicitée et promise ; et on avait fini par lui écrire qu'il ne devait plus compter sur elles ; ce qui, au reste, ne légitimerait pas la moindre infraction commise par ressentiment.

Ainsi, par la convention de Léoben, furent terminées les six fameuses campagnes d'Italie. Elles n'en forment réellement qu'une, à ne considérer que le temps qui y fut employé ; elles se graveront en caractères gigantesques dans l'histoire.

Cent cinquante mille prisonniers, 177 drapeaux, 600 pièces d'artillerie, ornant nos monumens, garnissant nos arsenaux ; 200 millions en tableaux, déposés au musée ; près de la moitié en numéraire, versée au trésor public ; des avantages politiques et territoriaux, que la paix définitive doit confirmer à Campo-Formio : tels sont les principaux trophées de notre armée, tel est le fruit du courage de nos soldats et du génie de leur chef.

C'est dans une de ces campagnes (nous ne pouvons préciser laquelle, mais nous présumons que ce fut à Arcole) que Napoléon fut atteint, au-dessous du genou gauche, d'un coup de bayonnette qui faillit nécessiter l'amputation. Il eut toujours pour habitude, lorsqu'il fut blessé, de le cacher à ses soldats, alors pour ne pas les décourager, dans la suite pour fortifier aussi peut-être l'opinion populaire qui le faisait invulnérable : il connaissait quelle était, sur l'esprit du vulgaire, l'influence du merveilleux ; et la campagne d'Egypte prouvera qu'il savait la mettre à profit.

Cependant, l'oligarchie vénitienne, abusée par le faux bruit de nos défaites, avait organisé, contre les Français restés en Italie, l'assassinat et l'insurrection. Dans le Véronais, les paysans fanatisés avaient renouvelé les vêpres siciliennes. L'approche de l'armée française, qui revenait à marches forcées, jeta dans la consternation le sénat de Venise. Il se démit du pouvoir, et l'abandonna au parti démocratique, qui se préparait à le lui arracher. Ainsi, le triomphe de notre cause se trouva opéré, sans qu'on eût même employé les armes.

Alors surgirent les élémens de liberté qui, depuis long-temps, fermentaient dans Gênes ; et elle se constitua démocratiquement sous le nom de *République ligurienne*.

D'un autre côté, les habitans de la Valteline venaient de secouer le joug des Grisons auxquels ils étaient asservis, et avaient, ainsi que leurs oppresseurs, réclamé l'arbitrage de Napoléon. Enfin, tous les petits états qui voulaient se modifier ou se conserver, accréditaient des députés auprès de

XII.

lui, pour en solliciter la sanction des nouvelles formes qu'ils avaient adoptées, ou la confirmation de celles qu'ils avaient anciennement.

Tout ce concours de députés, de ministres, (on remarquait ceux d'Autriche, de Naples, et des cantons suisses), l'agitation que produisait une multitude de négociations ou principales ou secondaires, donnaient à son quartier général, établi à Montebello, château voisin de Milan, l'apparence d'une cour; et les Italiens lui en donnaient le nom. Joséphine qui en faisait les honneurs, était au comble de ses vœux.

Cependant les royalistes levaient la tête à Paris. Ils s'étaient glissés dans la législature, et menaçaient d'une imminente destruction le système républicain, que la pusillanimité du directoire paraissait inhabile à préserver. Pichegru, vendu au prétendant, avait la présidence du conseil des cinq-cents; et des républicains sincères, mais modérés, marchaient, sans le savoir, avec lui, au rétablissement de la royauté. Le général en chef de l'armée d'Italie que l'on avait désespéré d'acheter (car on n'avait pas de quoi payer sa gloire et peut-être aussi le sacrifice de ses vues), était, dans plusieurs journaux, l'objet des attaques les moins mesurées; la plupart de ses opérations étaient critiquées avec amertume. L'armée s'indignait; et lui-même, irrité des menées dont il pénétrait le but, l'excita par une proclamation, dans laquelle, à l'occasion du 14 juillet, il vouait à sa haine, les ennemis de la république et de la *constitution de l'an III*, qu'un peu plus tard il devait détruire. C'était donner l'impulsion à des sentimens déjà existans. Des adresses énergiques furent signées par tous les corps. Les armées du Rhin suivirent cet exemple; les sentimens conformes dans l'immense majorité du peuple éclatèrent, et les conspirateurs furent perdus. On fit alors à Napoléon (sans doute une partie du directoire) une proposition qu'on devait renouveler avant son départ pour l'Egypte: celle de l'aider à saisir les rênes du gouvernement. Il se trouva trop peu populaire encore, et la révolution lui parut trop jeune; mais craignant qu'un autre ne s'empressât d'agréer ce qu'il refusait, il envoya, pour le remplacer à Paris, le général Augereau, dont l'intrépidité devait être d'une grande utilité dans la conjoncture où l'on se trouvait, mais dont la capacité était au-dessous d'une entreprise de haute ambition.

Augereau, à son arrivée à Paris, fut investi du commandement de la 17e division militaire. Le 18 fructidor (4 septembre 1797), il fit arrêter deux directeurs, cinquante membres des conseils, et 150 autres individus, que, dès le lendemain, l'on condamna tous à la déportation. Napoléon n'approuva pas en totalité cette rigueur. Il aurait désiré qu'elle ne tombât que sur Pichegru et quelques autres, dont la trahison demeurait prouvée. Ces événemens eurent du moins cet avantage qu'ils hâtèrent la conclusion de la paix qu'avait différée jusqu'alors (de la part des Autrichiens), l'espoir d'une contre-révolution imminente. Cependant le plénipotentiaire de l'empereur, le comte de Cobentzel, semblait prendre à tâche de perpétuer les difficultés ; mais Napoléon voulait en finir. Irrité de toutes les divagations diplomatiques, il saisit un cabaret de porcelaine, que le comte avait reçu en don de l'impératrice Catherine, et le lance contre le parquet, en disant : « Je briserai votre monarchie, comme je brise » cette porcelaine. » Ce n'est pas le général de l'armée d'Italie qui agit ainsi, c'est l'Empereur.

Il vient d'arracher, pour ainsi dire, au ministre autrichien la signature du traité de paix ; mais la même raison qui a décidé la cour d'Autriche à conclure, fait que le directoire ne le veut plus. Napoléon tranchera cette difficulté, comme la première, avec de l'audace : il signera. Il faudra toujours bien que le directoire ratifie ; l'opinion l'y contraindra.

C'est dans cette circonstance que le rédacteur faisant précéder le traité d'un article où l'Autriche reconnaissait la république française, Napoléon lui dit : « Effacez, effacez ; la république française » est comme le soleil ; est aveugle celui qui ne la » voit. Le peuple français est maître chez lui. Il a

« fait une république ; peut-être demain sera-t-il
» une aristocratie, après-demain une monarchie. »
Quelle prévoyance !

Par la paix de Campo-Formio, la France conserve la Belgique, et acquiert Mayence et les îles Ioniennes. La république cisalpine est reconnue état indépendant ; mais l'Autriche, en retour, accroît ses possessions de l'état de Venise : ce qui n'obtient pas, à beaucoup près, l'assentiment général. Le parti démocratique, s'écrie-t-on (le directoire surtout, qui n'avait pas voulu la paix à cette condition), y est sacrifié ; mais Napoléon répondait que, dans l'état où étaient les choses, il ne croyait pas la paix achetée trop cher à ce prix. D'ailleurs, son adage favori était déjà que « ce
» n'est pas aux incidens à gouverner la politique ;
» mais bien à la politique à gouverner les inci-
» dens : » maxime désastreuse, en ce que, dans l'application, il arrive trop souvent de mettre les principes à la place des incidens.

Après un court séjour à Milan pour y régler les affaires de son armée et de la république cisalpine, et ensuite à Rastadt où se devait conclure la convention relative à l'évacuation de Mayence, Napoléon partit pour Paris, où il arriva incognito. Depuis long-temps, l'hommage rendu à ses succès avait préparé les peuples, les Parisiens surtout, à lui faire une réception magnifique. A chaque nouvelle victoire, les conseils prononçaient qu'il avait bien mérité de la patrie Un membre avait proposé de lui décerner une récompense digne des beaux jours de Rome, le surnom d'*Italique*. Sa modestie contraria l'empressement général. Cependant la municipalité décréta que la rue Chantereine, où il était descendu, s'appellerait désormais rue de la Victoire. Le conseil des cinq-cents proposa sans fruit, il est vrai, de lui donner un hôtel à Paris, et le château de Chambord. Enfin l'Institut (classe de mécanique) l'appela dans son sein : de là, les dénominations de *géomètre des batailles*, de *mécanicien de la victoire*, que lui donnaient les romantiques du jour, et dans lesquelles il y avait plus d'enthousiasme que de sens.

Napoléon ne reste que peu de temps aux fêtes d'apparat qui lui sont données ; il ne paraît que bien rarement en public, reçoit peu de monde, travaille beaucoup, et médite dès lors un projet d'invasion en Égypte, renouvelé du ministère de Louis XV, et dont le directoire et lui ont eu simultanément l'idée.

L'expédition d'Égypte a trois buts avoués : établir dans cette contrée et en Syrie une colonie française qui, sans esclaves, puisse nous tenir lieu des Antilles ; en faire comme une place d'armes d'où l'on pourra partir pour soumettre ou révolutionner l'Inde ; enfin, ouvrir à notre commerce un débouché immense. Mais le but secret du directoire est d'éloigner un guerrier dont la popularité l'inquiète, et celui de Napoléon, d'essayer de fonder, dans l'Orient, un empire, en attendant que, dans tous les cas, la nation française mûrisse pour le joug.

Pour couvrir l'intention des préparatifs qu'il va diriger, Napoléon échange le titre de général en chef de l'armée d'Italie contre le commandement des troupes qui garnissent les côtes de l'Océan, et qu'on croit généralement destinées à agir en Irlande et en Angleterre. Au reste, sur le récit des armemens qui se préparent dans les ports de l'Italie et de la Provence, l'amirauté anglaise a prévu, dans les instructions qu'elle donne à ses lieutenans, tous les cas: celui d'une navigation au Brésil, à Constantinople, dans la mer Noire, enfin à toute autre destination présumable, excepté à la vraie. L'Egypte semble effacée de son souvenir.

Vu la difficulté de correspondre, le chef de l'expédition s'est fait donner carte blanche, bien inutilement, ce nous semble. Au point où il en est avec le directoire, il peut bien la prendre sans la demander.

Enfin, il appareille de Toulon dans la nuit du 19 mai, sans que Nelson, chargé d'observer ce port, en ait connaissance, parce que, cette même nuit, il a été forcé, par un coup de vent, de relâcher aux îles Saint-Pierre. On est déjà en pleine mer, que personne, excepté quelques chefs, ne connaît encore le but de l'expédition. Tel est l'ascendant du génie de Napoléon sur les troupes, que lui seul peut-être pouvait alors les déterminer à se livrer au caprice des mers, sans destination connue. Il est bien vrai qu'à son arrivée à Toulon, il leur a, dans un ordre du jour, éloquent comme de coutume, laissé entrevoir qu'ils sont destinés à combattre sur une terre lointaine, vers laquelle ils auront peut-être à se frayer par les armes un passage sanglant; mais ces insinuations vagues sont loin de lever totalement le voile qui couvre leur avenir.

Le 9 juin, l'escadre française paraît à la vue de Malte; et le 11, l'antique chevalerie de cette île a terminé sa caduque existence.

Napoléon organise la nouvelle administration qui doit la régir, y laisse une garnison de 4,000 hommes, et remet, le 19, à la voile pour Alexandrie; mais, apprenant qu'une escadre anglaise vogue dans les parages qu'il sillonne, il ordonne de manœuvrer sur le cap d'Azé, au pied duquel il jette l'ancre le 29. Heureuse inspiration! Au moment même, Nelson paraissait devant Alexandrie; mais, ayant su qu'on n'y avait pas eu connaissance de l'escadre française, il repart immédiatement pour courir à sa recherche : c'était ce que Napoléon demandait. Il se dirige à pleines voiles vers le port que vient d'abandonner le contre-amiral anglais; et ses vaisseaux vont déposer, sur la plage égyptienne, une armée de 30,000 combattans, tous ayant, selon l'expression de leur chef, reçu le *baptême du feu*, la plupart vétérans de l'armée d'Italie, héros de Millésimo, d'Arcole, de Lodi.

Napoléon atteint enfin de ses regards ce sol antique que, de loin, il embrassait, dans sa pensée, comme une conquête réservée à sa bravoure et à son génie. Déjà, il met le pied dans l'embarcation qui va le lui faire toucher. Tout à coup on signale l'apparition d'une voile. Est-elle ennemie ? C'est ce que l'éloignement ne permet pas de bien distinguer encore. Cependant le débarquement n'est pas opéré. Dans l'anxiété qui l'agite, il s'écrie : « O fortune ! m'abandonnerais-tu ?... » Mais bientôt le bâtiment qui produit tant d'alarmes, déploie en s'approchant, aux yeux, les couleurs françaises : c'est la frégate *la Justice*, arrivant de Malte, où elle avait été laissée au départ de l'escadre.

Napoléon a dû préparer ses troupes au spectacle tout nouveau que vont leur offrir le sol, la religion, les coutumes, la manière de vivre et de combattre des peuples qu'elles viennent subjuguer. Il ne leur recommande pas la valeur (ce serait superflu); mais il leur conseille la prudence, la patience, la modération. On remarque, dans sa proclamation, cette phrase : *Nous réussirons dans toutes nos entreprises; les destins sont pour nous.* Ici s'offre la première trace de ce fatalisme qu'on croira être en lui le fruit d'une aveugle croyance, mais qui n'est qu'un moyen de sa politique pour inspirer à ses soldats le mépris de la vie, ou, tout au moins, des précautions qui tendent à la conserver. Il est d'ailleurs naturel qu'il fasse aux siens l'insinuation de ce dogme, au moment où il va avoir à combattre des peuples dont il est le principal nerf dans les combats.

Alexandrie ferme ses portes, et paraît déterminée à une vigoureuse résistance; mais elle ne tient pas à un assaut. Napoléon, maître de ses murs, cherche à rassurer la conscience religieuse des habitans que la malveillance a alarmés. Entre autres choses, il leur dit :

« Peuples de l'Egypte, on vous dira que je viens pour détruire votre religion, ne le croyez pas : répondez que je viens vous restituer vos droits, punir les usurpateurs, et que je respecte, plus que les Mamelucks, Dieu, son prophète et le koran.

».... Y a-t-il une belle terre? elle appartient aux Mamelucks. Y a-t-il une belle esclave, un beau cheval, une belle maison? tout cela appartient aux Mamelucks.

» Si l'Egypte est leur ferme, qu'ils montrent le bail que Dieu leur en a fait....

» Cadis, scheiks, imans, dites au peuple que nous sommes aussi de vrais Musulmans. N'est-ce pas nous qui avons détruit les chevaliers de Malte, parce que ces insensés croyaient que Dieu voulait qu'ils fissent la guerre aux Musulmans?....

» Trois fois heureux ceux qui seront avec nous!

ils prospéreront dans leur fortune et dans leurs biens. Heureux ceux qui seront neutres! ils auront le temps de nous connaître, et ils se rangeront avec nous. »

C'est bien la manière orientale: telle est la force de sa volonté, qu'elle ploie à tout son génie.

Cependant Napoléon a toujours su profiter du succès. Il ne restera pas oisif dans les murs de sa conquête. Déjà il est en route pour le Caire. Il n'y a que quelques jours qu'il a touché le sol égyptien; et déjà la supériorité des armes françaises est dans le cœur de ses soldats comme dans celui de leurs ennemis; il les pousse, les chasse, les atteint et les bat à Chebbreys, six jours après son départ d'Alexandrie, le 14 juillet. Là, pour la première fois, la cavalerie des Mamelucks déploie, aux yeux de toute l'armée, son luxe oriental et son étonnante agilité.

L'armée enfin arrivait à la vue des pyramides; et le Caire, que leur immensité domine, allait être le prix de la patience, non moins que du courage. Cette patience, il faut l'avouer, semblait à son terme. L'aspect de ces plaines de sable, les fatigues, les marches forcées, la soif, les privations de tout genre, des habitudes toutes nouvelles, une toute autre nature, affectaient, d'une manière sombre, le moral de nos soldats dont l'imagination avait toujours présentes les délices de l'Italie. On en vit, poussés par le désespoir, se précipiter tout armés dans le Nil. Des généraux distingués, tels que Lannes, Murat, jetaient avec rage leurs chapeaux bordés sur le sable, et les foulaient aux pieds à la vue de l'armée.

On alla jusqu'à parler d'enlever les drapeaux, et de retourner à Alexandrie. Napoléon, instruit de tous ces propos, feignait de les ignorer; mais enfin, un jour, il se précipite dans un groupe de généraux qui passaient pour les plus contraires à l'expédition, et, apostrophant vivement l'un d'entr'eux, remarquable par sa haute taille : « Vous » avez, lui dit-il, tenu des propos séditieux; pre- » nez garde que je ne remplisse mon devoir : vos » cinq pieds dix pouces ne vous empêcheront pas » d'être fusillé dans deux heures. » Cette menace fit effet.

Le 21, on arrive tout près d'Embabeh et des pyramides, en présence de l'armée ennemie, forte d'environ 60,000 hommes, dont 10,000 Mamelucks et Arabes, avec leurs esclaves, et 20,000 fantassins, retranchés dans un camp garni de quarante pièces de canon. En un clin d'œil, Napoléon eut jugé la position des Mamelucks, et formé son plan d'attaque. Convaincu que leurs pièces sont sans affûts, et par conséquent ne sont pas mobiles, il en conclut qu'elles ne leur seront d'aucun usage, car le combat aura lieu hors de leur portée. Il aura lieu avec les Arabes et les Mamelucks seulement; car l'infanterie égyptienne n'osera pas se hasarder, hors de son camp, contre notre redoutable infanterie ; et quand ceux-ci seront vaincus, les retranchemens, qui ne sont qu'ébauchés, n'arrêteront pas nos soldats.

Napoléon, qui va commander à ses troupes les mouvemens nécessaires à l'exécution de son plan, étend le bras vers les pyramides, et leur adresse ces immortelles paroles : *Soldats! songez que du haut de ces monumens, quarante siècles vous contemplent!*

Cette courte exhortation qui, sur des hommes ignorans, eût été sans effet, est comprise par une armée d'élite, par les vétérans de l'Italie ; elle assure le succès.

En vain le chef de l'armée ennemie, Mourah-Bey, qui a deviné l'intention de Napoléon, se précipite à la tête des Mamelucks, pour attaquer ses bataillons dans leur marche; la valeur impétueuse, mais désordonnée, de ces barbares, vient expirer impuissante, sous le feu meurtrier de nos redoutables carrés.

Mourah-Bey se trouve, avec 2,500 chevaux, coupé du camp, qui presqu'aussitôt est forcé ; la déroute devient complète ; et de cette armée de 60,000 hommes, il ne reste, après quelques heures, que de faibles débris : à deux jours de là, le Caire ouvre ses portes au vainqueur.

Les Égyptiens, dont l'imagination toute barbare a d'avance mesuré la taille de Napoléon à la hauteur de sa renommée, hésitent à reconnaître, dans un homme dont la stature n'égale pas celle du moindre de leurs Mamelucks, le chef de l'armée française. Comment un si petit homme, que l'admiration qu'ils en ont conçue leur a fait déjà fait surnommer le Sulthan-Kebir (Sultan grand), a-t-il pu accomplir des faits si prodigieux? Il s'offre à leurs regards, frêle, maigre, maladif, tel, en un mot, qu'il apparut à l'Italie, quand il eut franchi les Alpes pour en opérer la conquête; seulement il a grandi de six campagnes aux yeux des soldats.

Napoléon, qui est entré le 25, au Caire, en repart presque immédiatement, pour suivre Ibrahim-Bey, qui s'est retiré dans la direction de la Syrie, tandis que le brave Desaix pousse Mourah-Bey vers la Haute-Égypte. Il vient enfin de rejeter les troupes qu'il a en tête dans le désert, au-delà de Salehyeh, qui en forme la limite du côté de l'Égypte, après un combat opiniâtre, dans lequel la plupart des officiers mêmes ont été contraints de se battre, corps à corps, avec les Mamelucks; et déjà il est en route pour revenir au Caire, quand il apprend la destruction de la flotte française devant Aboukir.

Il se trouve donc, contre son gré, dans la situation où s'est mis volontairement Fernand Cortez: ce désastre l'affecte vivement. Ce n'est pas tant une voie de retraite, en cas de revers, qu'il regrette dans la perte de la flotte, qu'un moyen de transporter son artillerie et ses troupes même en Syrie. Nelson, en vainquant l'amiral Brueys, nous a ravi Saint-Jean-d'Acre.

Néanmoins il comprime son émotion, sachant combien la manière dont il accueillera cette nouvelle, doit influer sur l'esprit des siens; et l'âme remplie des grands modèles de Plutarque, il s'écrie : « Nous n'avons plus de flotte; eh bien! il » faut rester dans ces contrées, ou en sortir grands » comme les anciens. »

De retour au Caire, il s'attache à s'y concilier l'esprit des habitans, et surtout des ministres de la religion; il assiste à leurs cérémonies, à leurs fêtes : celle que l'on consacre au débordement du Nil, celle dont l'anniversaire de la naissance du prophète a marqué le jour, le voient étaler, avec profusion, la magnificence orientale; enfin, il se met si bien dans l'esprit des scheiks, il a pour eux tant d'égards, les comble de tant de présens, qu'ils consentent à prêcher au peuple, que le koran n'est point un empêchement à ce qu'on s'oblige à obéir fidèlement au chef de l'armée française. Il n'est pas vrai qu'il ait acheté cet immense avantage au prix d'une apostasie, même feinte. Il donne, à la vérité, à penser aux scheiks qu'il pourrait bien se convertir avec son armée; et il n'a tenu qu'à lui que cela fût, car les soldats, en qui l'esprit du temps avait extirpé l'esprit religieux, n'y eussent vu qu'une plaisanterie, surtout le synode des grands scheiks ayant décidé que la circoncision et l'abstinence du vin n'étaient pas absolument indispensables, pourvu qu'on les remplaçât par de bonnes œuvres. Au reste, les scheiks faisaient entrevoir les plus grands avantages : la souveraineté de l'Egypte, une armée de plus de cent mille auxiliaires....... « Mais, dit » Napoléon, il m'eût fallu, au moins, jusqu'à » l'Euphrate...... Le changement de religion, » inexcusable pour les intérêts privés, peut se com- » prendre peut-être par l'immensité des résultats » politiques..... Je prenais l'Europe à revers; la » vieille civilisation européenne demeurait cernée; » et qui eût songé alors à inquiéter le cours des » destinées de notre France, et celui de la régéné- » ration du siècle?... qui eût osé l'entreprendre? » qui eût pu y parvenir?... »

Au reste, non-seulement il s'était concilié l'affection des scheiks par les égards et les bienfaits dont il les comblait; mais il s'était attiré leur vénération par une équité peu commune sous le ciel du despotisme. Comme Desaix, ils l'eussent appelé *le Juste*, s'ils ne l'avaient déjà surnommé *le Grand*.

Un jour, on vient dire en leur présence, au sultan Kébir, qu'un paysan égyptien a été tué, dans un village, par des Arabes d'une tribu qui lui en était alliée. Aussitôt il donne des ordres sévères contre les meurtriers, et entre dans une grande colère. Un des scheiks, étonné qu'il fît tant de bruit pour une chose qui, dans le pays, en faisait communément si peu, lui demande si le paysan qu'on a tué était son cousin (expression usitée chez les Egyptiens.)« Bien mieux que cela, reprend « vivement Napoléon, tous ceux que je gouverne « sont mes enfans. » Tous les scheiks, s'inclinant alors, s'écrient : »Oh ! c'est beau ; tu as parlé comme » le prophète. »

Parmi les vaincus, il se trouva des poètes qui chantèrent *les Braves de l'Occident et le Favori de la Victoire*. L'Egyte eut ses Brazier.

Il est vrai que le Favori de la Victoire a droit aux éloges, pour l'activité qu'il met à organiser l'administration, même la civilisation de sa conquête. Une municipalité est donnée au Caire, sous le nom de divan; et ce bienfait est étendu à toutes les villes de la domination française. Le lendemain de la fête du prophète (21 août), la commission de savans attachée à l'expédition d'Egypte se forme en Institut égyptien, dont Napoléon lui-même a la présidence. Dès ce moment, physiciens, astronomes, géographes, ingénieurs, antiquaires, naturalistes, dessinateurs, mécaniciens surtout, s'occupent à l'envi de la régénération scientifique et industrielle de cette vieille contrée. En quelques semaines, le Caire a changé de face. Les arts de l'Europe y fleurissent. On y voit un observatoire, une bibliothèque publique, un jardin botanique, des manufactures d'armes, de poudres, de draps, enfin un théâtre, un simulacre du Tivoli de Paris, tout, jusqu'à ce qu'on peut appeler le luxe de la civilisation. Les journaux, qui en sont la sauvegarde, naissent chaque jour, et circulent au sein de la barbarie doublement vaincue.

Un mois après l'époque de cet utile établissement, on célèbre la fête de la fondation de la république. Au milieu des hymnes de liberté, dont nos soldats font retentir le domaine silencieux de la servitude, leur chef fait entendre ce discours, qui récapitule et leurs exploits et les titres de sa propre gloire :

» .... Il y a cinq ans, l'indépendance du peuple
» français était menacée ; mais vous prîtes Toulon,
» ce fut le présage de la ruine de vos ennemis. Un
» an après, vous battiez les Autrichiens à Dégo ;
» l'année suivante, vous étiez sur le sommet des
» Alpes ; vous luttiez contre Mantoue, il y a deux
» ans, et vous remportiez la célèbre victoire de
» Saint-Georges ; l'an passé, vous étiez aux sources
» de la Drave et de l'Isonzo, de retour de l'Alle-
» magne. Qui eût dit alors que vous seriez au-
» jourd'hui sur les bords du Nil, au centre de
» l'ancien continent ?... Soldats, votre destinée est
» belle !... »

Un mois après cette fête, le Caire allait devenir le théâtre d'une catastrophe terrible.

Le système des impôts, dont on a étendu le

niveau sur cette vaste capitale, y a semé le germe du mécontentement. Les esclaves souffrent qu'on leur ôte, ils ne consentent pas à donner. Des bruits sourds de guerre entre le gouvernement français et la Porte, qui réveillent dans le cœur des barbares le ressort religieux, le secours faible de quelques Arabes, introduits furtivement au Caire, ont fait fermenter ce germe; et, le mécontentement, se recrutant et se concertant dans l'ombre, éclate en insurrection, le 22 septembre, en l'absence du général en chef, qui, heureusement, n'est pas éloigné. A son arrivée, que hâte le son du canon d'alarme, il trouve le commandant de la place, le général Dupuy, assassiné; on égorge les Français dans les rues, dans les maisons. Son activité, celle de ses officiers, ont bientôt comprimé la rebellion sur plusieurs points; mais elle s'est concentrée dans la grande mosquée. Là, elle résiste à toutes les sommations, aux menaces comme à la clémence. Alors, la bombe meurtrière est dirigée sur l'asile des révoltés, du pied de la citadelle; et par un heureux hasard, quelques coups de tonnerre viennent mêler leur terreur à celle de nos foudres. Aux yeux de l'ignorance, ils témoignent de l'intelligence du ciel avec le chef de l'armée française. La superstition, plus que notre feu peut-être, fait tomber le glaive des mains qu'elle-même a armées. Mais la soumission tardive est repoussée par le vainqueur. «Vous avez com-

» mencé, dit-il; c'est à moi de finir, » et il ne contremande point la mort. Cependant, le sort vient de lui offrir l'occasion d'établir sa domination sur une autre base que sur celle des armes : trop habile pour la laisser échapper, sa vengeance finira avant que le ciel cesse de seconder sa fortune. De cette manière, on croira qu'il lui aura commandé.

Après cela, on ne doit pas être étonné de le voir jouer le rôle d'inspiré, de l'entendre dire dans une proclamation : « Je pourrais demander à chacun » de vous compte des sentimens les plus secrets de » son cœur; car je sais tout, même ce que vous » n'avez dit à personne. » Et qui pourrait le contredire ? N'a-t-il pas aussi son miracle, dont l'atmosphère s'est chargé?

A de pareils traits, on reconnaît un génie essentiellement dominateur. Né à la Mecque, et dans le VIIe siècle, il pouvait être le *prophète du vrai Dieu*. En quelque temps, en quelque lieu qu'il eût vu le jour, un tel homme était fait pour commander. Son élévation ne pouvait avoir à redouter que deux obstacles: celui de l'oppression féodale, et celui d'une constitution bien assise. Or, la révolution avait renversé le premier, sans avoir encore pu solidement élever le second.

La puissance des armes a consolidé sa conquête; le commerce doit avoir aussi la sienne. Le 27 décembre, Napoléon est à Suez, avec plusieurs membres de l'institut d'Égypte, particulièrement des ingénieurs. Un canal a dû jadis unir la mer Rouge à la Méditerranée (1). Il en a reconnu les traces qui sillonnent un espace de quatre lieues. Les travaux demeurent interrompus depuis trente siècles; il les fera reprendre. Son projet va plus loin encore : il unira, s'il en a le temps, le Nil à la première de ces deux mers. Il en coûtera dix-huit millions à l'Egypte; mais elle acquièrera un commerce immense. C'est ainsi qu'il prélude, en Asie, à ces glorieux monumens dont ses trésors doivent couvrir l'Europe, comme d'autant de témoins matériels de son pouvoir.

Dans une excursion aux environs de Suez, Napoléon a traversé le Jourdain à pied sec; mais, à son retour, surpris par la nuit, il s'égare dans le lit rocailleux du fleuve, que remplit la marée montante, et court risque d'être submergé, comme autrefois Pharaon : ce qui n'eût pas manqué de fournir un texte magnifique à tous les prédicateurs de la chrétienté. En effet, la similitude eût paru parfaite; et l'accroissement *miraculeusement* périodique d'un fleuve eut infailliblement été, dans un sens inverse, pour les ultramontains, ce que l'imminence d'un orage avait été pour les habitans du Caire. Pauvre esprit humain!

Cependant la présence du chef de l'armée fran-

---

(1) On assure que le pacha d'Egypte actuel (Méhémet-Ali) s'occupe de mettre ce projet à exécution.

çaise avait attiré un grand concours à Suez. Les peuples de ces contrées orientales semblaient le regarder comme le conquérant de l'Asie. Les chrétiens, les juifs, qui sont en grand nombre dans la Syrie, l'appelaient de tous leurs vœux. Les cénobites du mont Sinaï venaient réclamer sa protection, et lui faisaient inscrire son nom sur le livre de leurs garanties, à la suite de ceux d'Ibrahim, de Saladin et d'Aly. Enfin, le grand schérif de la Mecque l'appelait, dans une réponse qu'il n'avait pas dédaigné de faire à une lettre très-respectueuse, le *protecteur de la Kaaba*; et, par un rapprochement assez bizarre, il recevait presqu'en même temps du pape une missive, dans laquelle sa sainteté lui donnait le titre de son *très-cher fils*.

D'un autre côté, le bruit de nos victoires avait pénétré dans l'Inde. Le fameux Tippoo-Saïb avait envoyé, il y avait peu de temps, un agent à Suez; et Napoléon devait bientôt lui écrire, pour lui promettre une coopération prochaine et puissante contre la puissance anglaise. En Afrique, la terreur a gagné Alger; son dey, épouvanté, dit à notre consul : « Mais s'il prenait envie à ton sultan » de nous venir visiter, quelle serait notre garan- » tie? car il a vaincu les Mamelucks. »

Cependant la Porte, abandonnée par l'insouciance du directoire à l'influence anglaise, se prépare à devenir l'ennemie des Français en Égypte. Deux armées turques s'assemblent, l'une à Rhodes, l'autre en Syrie. Enfin, Napoléon apprend, dans le voyage de Suez, qu'un détachement de celle de Syrie, dont Djezzar vient d'être nommé séraskier, s'est emparé du fort d'El-Arisch, regardé comme une des clefs de l'Égypte. Il hâte son retour au Caire, et fait les préparatifs d'une expédition en Syrie. Il doit repartir bientôt de cette capitale; mais auparavant, il veut se concilier l'esprit des habitans, en leur rendant leur divan, qui, depuis leur rébellion, a été remplacé par un gouvernement militaire. Il écrit en outre au directoire, le jour même de son départ: « Si, dans « le courant de mars, le rapport du citoyen « Hamelin (récemment arrivé avec une lettre du « consul d'Ancône) se confirmait, et que la France « fût en guerre contre les rois, je passerais en « France. » Il fallait qu'il comptât sur un triomphe bien rapide. C'était le 10 février qu'il écrivait ainsi.

Le fort d'El-Arisch ne l'a retenu que deux jours. Le 22, il a franchi le seuil de l'Asie. Il combat et vainc le lendemain à Gaza; et, le 7 mars, un assaut lui livre Jaffa. Mieux vaudrait pour l'humanité et pour sa gloire qu'il n'y fut jamais entré!

Les détracteurs de cette gloire iront long-temps lui chercher une tache sanglante dans les ruines de Jaffa. Ils diront que 5000 prisonniers furent massacrés après la victoire. Pour nous, nous dirons les faits et leurs excuses, et le blâme qui leur surgit.

Quoiqu'ici le nombre des victimes ne change rien à la moralité de l'action, la vérité nous oblige à dire que ces prisonniers n'excédaient pas le nombre de 1500. Si Napoléon, dans une proclamation, les porte lui-même à 5000, c'est pour inspirer plus de terreur.

Pris déjà dans Gaza, et dirigés sur Bagdad, sous la promesse de ne plus combattre désormais les Français, ils s'étaient jetés dans Jaffa, et avaient, par l'accroissement des forces qu'ils fournirent à la garnison, nécessité un assaut meurtrier. Les assiégés de Jaffa avaient en outre coupé la tête à un de nos parlementaires.

Un général doit se regarder comme le père de ses soldats. Si Napoléon laissait la vie à ces Turcs, n'ayant pas de moyens de les garder, ils pouvaient se jeter dans Saint-Jean-d'Acre, tuer encore beaucoup de monde, et même compromettre le salut de l'armée. Ces raisons, sorties de la bouche de Napoléon même, tendent bien à établir qu'il est, pour un général, d'horribles positions où la cruauté devient un droit et même en quelque sorte un devoir; mais elles ne prouvent pas assez que telle était la sienne après la prise de Jaffa.

Détournons notre attention d'un événement que nous devons déplorer, pour la ramener sur une scène bien différente. Des maisons de Jaffa, s'élance un ennemi jusqu'alors inconnu à nos soldats, ennemi terrible contre lequel leurs armes sont impuissantes : la peste, avec ses symptômes horribles et ses résultats funestes, a pénétré dans les pores de quelques uns et dans l'imagination de tous. La terreur qu'elle inspire, devient en quelque sorte son auxiliaire : elle hâte, elle assure l'effet de ses coups, et écarte ceux dont l'art peut lui opposer quelque résistance. C'est alors que Napoléon se montre véritablement le père de son armée. Il entre dans l'hôpital où sont déposés les pestiférés; il cherche à calmer leurs craintes trop fondées; il veut leur persuader que ce n'est pas de la peste qu'ils sont atteints; et pour y mieux parvenir, il touche ces bubons sur lesquels les médecins osent à peine arrêter leurs regards, ces plaies qui communiquent la mort et la mort horrible, et leur dit : « Vous voyez bien que ce » n'est rien; » dévoûment héroïque, qui rend aux soldats l'espoir et commande aux médecins le devoir! Napoléon prouve que son courage ne se borne pas à de la valeur.

Le 14 mars, l'armée se met en mouvement sur Saint-Jean-d'Acre. C'était un spectacle vraiment étrange pour nos soldats, que leur marche depuis leur entrée dans le désert. Ces pelotons d'agiles ennemis, différant par le costume, l'armure, la couleur; une manière de vivre inusitée; l'eau, si dédaignée naguère, devenue le premier besoin;

ce tableau mouvant et varié des caravanes; la forme bizarre du dromadaire, image de l'esclavage, fléchissant humblement le genou à l'ordre du maître qu'il sert: tout cela, plus fortement prononcé encore qu'en Égypte, faisait aussi sur les cœurs une impression plus vive. La nature prenait, dans ces climats, un aspect magique, qui faisait presque croire à une perpétuelle illusion.

Au reste, la chaleur était telle qu'à peine le général en chef obtenait, de l'amour de ses soldats, un débris de porte, pour s'en garantir quelques instans. Il s'interdit même le plus souvent ce faible soulagement. Il croit devoir à ses troupes l'exemple de la patience; il se rappelle avoir dit à l'une de ses divisions égarées dans le désert, au départ d'El-Arisch, et prête à mourir, autant de désespoir que de soif, au moment où il l'atteignait, suivi d'abondantes provisions : « Quand tout cela eût tardé encore davantage, serait-ce une raison pour manquer de courage? Non, soldats; apprenez à mourir avec honneur. »

Le 18, on arrive à la vue de Saint-Jean-d'Acre; le 20, la tranchée est ouverte. Mais des officiers européens, dont le principal est un des anciens condisciples du chef de l'armée française, en dirigeront la résistance. Les Turcs, autant par terreur que par courage, seront braves: le sang des fusillés de Jaffa sans doute a germé dans leur cœur; plusieurs assauts seront livrés sans résultat décisif.

Cependant des nuées d'auxiliaires sont accourues des divers pachaliks; il devient urgent de rejeter au delà du Jourdain cette armée de barbares. La plus grande partie de nos troupes quitte le siége pour quelques jours, et prélude, par les combats de Canaan, de Nazareth, de Saffat, au brillant fait d'armes qui doit à jamais illustrer cette campagne, dans les champs du Mont-Thabor.

L'armée victorieuse peut revenir, après cette bataille, pour hâter le siége. Enfin, le 7 mai, sa valeur la rend, quelques instans, maîtresse de la place; mais un renfort de 12,000 hommes vient d'arriver à l'ennemi ; sa supériorité numérique devient accablante : la retraite est résolue.

Dans la proclamation qui en instruit l'armée, il n'est question que de ses succès : son général la félicite d'avoir *nourri la guerre pendant trois mois dans le cœur de la Syrie.* On dirait qu'il n'a pas eu d'autre but : c'est qu'il sait calculer l'effet moral d'une retraite forcée, sur une armée habituellement victorieuse, et qu'il tient à persuader que la sienne n'est pas la suite d'un échec.

Cependant cet échec contrariait infiniment ses projets. « S'il eût pu s'établir dans St.-Jean-d'Acre, » il fondait, en Orient, un empire, et la France » était laissée à d'autres destinées..... Il volait à « Damas, à Alep, sur l'Euphrate. Les chrétiens de » la Syrie, ceux même de l'Arménie l'eussent renforcé. Les populations allaient être ébranlées.....

» Les débris des Mamelucks, les Arabes du désert
» de l'Egypte, les Druses du Liban, les Mutualis
» ou Mahométans opprimés de la secte d'Aly,
» pouvaient se réunir à l'armée maîtresse de la
» Syrie, et la commotion se communiquait à toute
» l'Arabie. Les provinces de l'empire ottoman, qui
» parlent arabe, appelaient un grand changement,
» et attendaient un homme avec des chances heu-
» reuses; il pouvait se trouver sur l'Euphrate, au
» milieu de l'été, avec 100,000 auxiliaires, et
« une réserve de 25,000 Français qu'il eût suc-
» cessivement fait venir d'Egypte... .... Il aurait
» atteint Constantinople et les Indes, et changé la
» face du monde (1). »

Néanmoins, dans le cas d'un non-succès, dont il prévoyait la possibilité, il avait résolu, avant que de partir pour l'expédition, d'être de retour en Egypte dans la saison des débarquemens, et même, probablement, de passer ensuite en France, seul ou avec ses troupes, selon les conjonctures où sa conquête allait se trouver. Des insurrections y avaient éclaté, mais étaient alors comprimées. Un Arabe, qui était parvenu à persuader à plusieurs milliers de fanatiques, qu'il était l'ange Elmodi, fut passé par les armes avec quinze cents de ses dupes : châtiment terrible, que l'humanité ré-

---

(1) Substance des révélations de Napoléon, d'après Montholon et Las-Cases.

prouve, et que l'on croit légitime, parce qu'envers les peuples conquis il est trop souvent usité.

Cependant ils ne peuvent être considérés au fond comme rebelles, car la soumission qu'on leur impose ne les engage pas; bien plus, il n'y a pas même entr'eux et leurs conquérans réciprocité de droits, car la défense du foyer donne des droits sacrés, et la conquête n'en donne aucun.

Arguerait-on, dans le cas dont il s'agit, pour justifier de déplorables rigueurs, du fanatisme des victimes? Mais est-ce bien à la raison à l'imiter, dans ses féroces vengeances? des cruautés par lesquelles ils nous ont provoqués peut-être? Mais ils n'étaient que barbares; et c'est notre présence qui leur a fourni l'occasion de devenir cruels. Ils ne nous avaient pas appelés dans leurs déserts, nous que, comme peuple même, ils ne connaissaient pas.

Les malades ont été évacués vers le Caire, et les chevaux des généraux eux-mêmes ont été livrés à ceux qui doivent les conduire; personne ne s'y est refusé, car le chef a donné l'exemple. Malheureusement, il reste dans Jaffa quelques pestiférés, que les médecins ont déclaré n'être pas transportables, et avoir à peine vingt-quatre heures à vivre. Cependant le temps presse : ces infortunés demandent, à grands cris de l'opium; ils craignent les tortures que les Turcs font souffrir à leurs prisonniers. Une voix (on croit que ce fut celle du général en chef) s'élève pour demander si ce ne serait pas être humain que de condescendre à leurs vœux. Néanmoins, on prend un parti qui concilie tout : il restera une arrière-garde de 500 hommes, qui ne les quittera que lorsqu'ils auront tous rendu le dernier soupir. Au départ de cette arrière-garde, hâté par l'approche d'un ennemi nombreux, deux de ces infortunés vivent encore, et tombent entre les mains des Anglais. Leur récit, recueilli par la calomnie qui le dénature, donne alors naissance à l'accusation d'empoisonnement, que devait long temps nourrir contre Napoléon une perfide malveillance, mais qui, ne reposant sur aucun fondement, est aujourd'hui tombée dans un universel mépris.

Napoléon fit son entrée au Caire, le 14 juin, précédé des trophées de la campagne, et dans l'appareil militaire d'un vainqueur. Les habitans de cette grande ville s'étaient laissé persuader qu'il avait péri, avec toute son armée, devant Saint-Jean-d'Acre. Ce fut donc à la fois pour eux comme une résurrection et un triomphe, concours le plus propre à frapper des imaginations orientales. Mais bientôt une armée de Turcs l'appelle sur la plage d'Aboukir ; il est donc contraint de se séparer d'eux encore. Avant que de partir, il leur dit, en leur parlant des troupes qu'il va combattre : «Mon » intention est de les attaquer, de tuer tous ceux » qui ne voudront pas se rendre, et de laisser la

» vie aux autres, pour les mener en triomphe au
» Caire; ce sera un beau spectacle pour la ville... »
Et effectivement, trois semaines ne seront pas
écoulées, que le chef de l'armée ennemie, Mustapha-Pacha, tout son état-major, et les débris d'une
armée de 20,000 hommes entreront prisonniers
au Caire. Que doivent penser des peuples ignorans, d'un homme qui exécute de telles choses,
après les avoir prédites? Quand ils se rappellent
en outre qu'il a dit : « Y aurait-il un homme assez
» aveugle, pour ne pas voir que le destin lui-
» même dirige toutes mes opérations ? Et ailleurs:
» Tout ce que j'entreprends doit réussir ! » il ne
leur reste plus qu'à le croire et à l'admirer.

La bataille d'Aboukir, qui vient d'anéantir l'armée turque, a consolidé notre domination en
Égypte. Son administration est organisée; elle
n'offre plus d'ennemis à vaincre; et l'armée pourra
se recruter, comme elle l'a fait déjà, d'esclaves,
en attendant des renforts. Napoléon la laissera dans
cet état florissant, car des lettres du comte de
Montgaillard, émigré que sa conscience politique
attache secrètement à la cause républicaine, du
ministre Roberjot, et plus tard de ses frères, lui
ont appris les désastres militaires de la France; et
le patriotisme ou l'ambition y appellent sa présence. Cependant, pour se procurer des nouvelles
plus récentes, il vole, le lendemain même de sa
victoire, à Alexandrie.

La peste dévastait alors cette ville. Là, comme à Jaffa, les médecins hésitent à donner les secours de leur art à ceux qui en sont atteints. Napoléon emploiera, pour les amener à l'exécution de leur devoir, son moyen habituel : la crainte de l'ignominie, ce knout des hommes civilisés, qui manque rarement de réveiller l'honneur dans les cœurs qui ne l'ont pas abjuré. Il ordonne de saisir celui qui a montré le moins de courage, et de le promener dans les rues avec un écriteau portant ces caractères : « Il n'est pas Français : il a peur de la » mort. »

Il retourne ensuite au Caire, où, en s'occupant des moyens de rendre sa conquête le moins attaquable possible pendant son absence, il attendra que deux frégates vénitiennes qui doivent le transporter en France avec une partie de son état-major, soient en état de partir. Enfin, il profite du moment que la croisière anglaise est allée s'approvisionner à Chypre, quitte le Caire le 18, et met à la voile d'Alexandrie, le 22, avec Berthier, Murat, Lannes, Andréossy, Monge, Denon, etc., après avoir envoyé à son armée, dont il laisse le commandement à l'un des généraux qu'il estime le plus, à Kléber, une proclamation dans laquelle il l'assure que son absence ne sera que momentanée.

C'est la frégate *la Muiron*, qui doit le transporter à travers l'écueil de nombreuses croisières.

Gantheaume qui la commande, observe que, durant la traversée, Napoléon lit alternativement et la bible et le koran, comme si sa croyance ébranlée balançait entre la morale de ces deux codes religieux.

Après avoir évité, en longeant les côtes d'Afrique, les flotilles dont les Anglais avaient semé la Méditerranée, et recueilli, à Ajaccio, les félicitations d'une patrie, fière déjà de l'avoir produit, Napoléon approchait des côtes de France; et l'esprit préoccupé sans doute du faix de responsabilité dont il songeait à charger sa fortune, paraissait étranger à tout ce qui l'environnait. Tout à coup, on signale une escadre qu'on croit anglaise : Gantheaume, effrayé, parle de manœuvrer pour retourner en Corse. « Non, non, dit d'un ton impérieux le moderne César, comme sortant de sa rêverie ; cela nous conduirait en Angleterre, et je veux arriver en France. » Le 9 octobre, il débarque à Fréjus, après une absence de près de dix-sept mois et une traversée de quarante-huit jours. Il fut, ainsi que sa suite, exempté de la quarantaine, par une exception qu'aucune admiration ne peut justifier.

Partout il fut accueilli avec enthousiasme. Sur la route, les paysans abandonnaient leurs travaux pour accourir le contempler. A Paris, il se vit circonvenu de tous les partis, qui, à l'envi, cherchaient à se le donner pour appui. Il ne répondit aux avances d'aucun, s'il faut l'en croire ; si nous ajoutons foi à d'autres témoignages, il aurait donné de l'espoir à tous.

Quoi qu'il en soit, il vécut très retiré d'abord. Il ne reçut guère habituellement que des membres de l'Institut, dont il portait le costume : soit que, pour préparer l'exécution de ses projets, il eût besoin de calme et de retraite ; soit qu'il calculât (ce que nous sommes portés à croire) que l'influence d'une grande réputation est d'autant plus puissante, que celui auquel elle s'attache est physiquement moins connu, chacun se le représentant sous les formes les plus nobles et les plus séduisantes ; ou bien encore que l'affection du peuple, et en général l'affection humaine, s'attache d'autant plus à celui qu'elle a choisi pour objet, que, par indifférence ou par modestie, il semble davantage en décliner l'hommage.

En vain les différens corps militaires de la capitale solliciteront de lui une revue ; il ne montrera que le moins possible au public le général en chef de l'armée d'Égypte ; il ne lui apparaîtra que sous la toge consulaire, et armé déjà du pouvoir.

Cependant, il avait fait, près des directeurs Moulins et Gohier, de vaines démarches pour les engager à le nommer à la place de Sieyes, qu'il haïssait et qui le lui rendait. Inflexibles, ces deux directeurs lui objectaient la barrière insurmontable d'un âge trop peu avancé. Enfin, son importunité, ses efforts pour leur persuader de ne pas s'attacher ainsi à *la lettre* de la constitution, éveillèrent leur défiance. Ils lui proposèrent le commandement d'une armée à son choix, et le pressèrent d'aller le prendre. Il demanda quelque temps pour rétablir sa santé, et ne reparut plus aux séances du Directoire.

Quatre partis divisaient la France, lorsque Napoléon arriva pour en changer les destins. Le directeur Sieyes, son collègue Roger-Ducos dont il disposait, étaient la tête d'un parti qui n'eût pas mieux demandé que d'acheter un peu de repos au prix de beaucoup de liberté. Tous ceux qui, n'ayant vu, dans la révolution, qu'un moyen d'élévation personnelle, désiraient conquérir un port à la fortune qu'ils avaient acquise, en formaient, pour ainsi dire, le cadre, que remplissait la foule des faibles, s'abritant, plutôt qu'elle ne marchait sous leur bannière. Beaucoup, comme Gohier et Moulins, voulaient de bonne foi, malgré ses imperfections, l'ordre de choses existant; d'autres encore, d'un républicanisme plus prononcé, désiraient le rétablissement, à peu de changemens près, de la constitution de 1793, mais, quoi qu'on en ait dit, sans terreur; enfin, le parti du prétendant mettait son appui dans le directeur Barras, qu'il s'était, dit-on, acquis par la corruption.

---

(1) « Sieyes n'est pas homme d'exécution, mais est capable de donner des avis utiles et lumineux dans les circonstances et les crises les plus sérieuses: Ducos est un homme doué

De ces quatre partis, le premier était nombreux, le second, faible ; le troisième, puissant et énergique ; le dernier, nul ou à peu près.

Napoléon ne peut s'attacher au second parti qui est tombé dans un trop grand discrédit. Il ne veut pas favoriser le second, car les républicains (qu'il appelle les jacobins) *ne s'affectionnent à aucun chef* (1) ; il ne veut pas favoriser davantage le dernier, qui ne le conduirait tout au plus qu'à renouveler le rôle de Monck (2), ce qui n'entre pas dans ses vues.

Il se décidera donc pour le premier. Le 8 brumaire (30 octobre), il s'engage à seconder Sieyes (*ce prêtre* qu'il voulait supplanter au directoire), dans le changement qu'il se propose d'apporter à la constitution existante. Le 15 du même mois (6 novembre), sont prises, entre ce directeur et lui, les mesures d'où doivent naître les événemens que nous allons voir se développer.

---

d'un caractère borné et facile ; Moulins, un patriote chaud et droit ; Gohier, un homme intègre et franc ; Barras, un homme prêt à tout vendre et à se vendre lui-même au plus offrant. (Narouton, d'après Montholon, Gourgaud, Las Cases.)

(1) Ce serait contre la nature du gouvernement républicain, qui permet de la reconnaissance envers les chefs, mais qui réserve tout l'attachement du citoyen pour sa patrie.

(2) Monck, parvenu à la plus grande puissance militaire, rétablit Charles II sur le trône de la Grande-Bretagne.

Le 18 brumaire, les membres du conseil des anciens s'assemblent dès sept heures du matin. Ils ont été convoqués à des intervalles inégaux, et progressivement : d'abord, ceux dont on est sûr ; ensuite, ceux qu'on espère séduire ; enfin, la masse des faibles, qui n'oseront pas se roidir contre l'impulsion une fois donnée ou suivie par les membres les plus énergiques ; ceux dont on aurait à redouter *l'audace*, n'ont pas été prévenus.

Quelque événement extraordinaire se prépare, ou se passe, ou a eu lieu : cette convocation à une heure inaccoutumée éveille une foule de conjectures. On désire savoir ; on se questionne réciproquement, le petit nombre de membres qui sont dans le secret de la conjuration, sans être entièrement dans celui du principal conjuré, apprennent aux arrivans, ou ce qu'ils en savent, ou ce qu'ils jugent à propos de leur en confier, d'après leur caractère et leur position. Enfin, Cornet monte à la tribune ; et son exorde est la condamnation formelle de ce que lui-même va concourir à exécuter. Il dit : « Dès que les représentans d'une » nation sont menacés dans leurs personnes ; dès » qu'ils ne jouissent plus, dans leurs délibérations, » de l'indépendance la plus absolue....., il n'y a » plus de liberté ; il n'y a plus de république. »

Ensuite, il dénonce vaguement une conspiration des jacobins, pour rétablir le règne de la terreur. « Si l'on ne se hâte de prévenir le danger qui menace la république, *l'embrâsement devient général.....; la patrie sera consumée.* »

Il en vient à demander un décret qui autorise la translation du corps législatif à Saint-Cloud, et un autre qui remette à Napoléon la garde de ce corps, et le commandement de la 17e division militaire, celle dont Paris est le chef-lieu. Ces deux décrets, moitié confiance, moitié surprise, sont accordés après une opposition très-vive.

Le voile du secret couvre encore, aux yeux du plus grand nombre, la cause qui nécessite des mesures aussi extraordinaires; car, à l'exception de quelques esprits crédules et faibles, personne n'a cru à la prétendue conspiration du jacobinisme; cependant le chef militaire, qui doit présider à leur exécution, est connu de tous.

Mais quels seront ses coopérateurs ?..... dans le directoire, on les connaît : Sieyes, Roger-Ducos son ombre; parmi les anciens, Regnier, Cornudet, Lemercier, Fargues; au conseil des cinq-cents, Lucien, Boulay, Chazal, Émile Gaudin; Cambacérès et Fouché, dans le ministère; en dehors de ces pouvoirs, Talleyrand.

Ses principaux instrumens militaires seront Lefebvre, Leclerc, Murat, Lannes, Moreau, Berthier.

La notification du décret qui les met sous le commandement de Napoléon, les trouve tous réunis chez ce général, qui, dès la veille, leur a adressé, ainsi qu'à un grand nombre d'autres officiers, des lettres d'invitation, sous prétexte qu'il devait partir pour un voyage de long cours à l'heure qu'il leur indiquait : chacun avait cru être seul, ou presque seul appelé.

Napoléon, après les avoir harangués, et s'être assuré qu'il peut compter sur eux, se dirige aussitôt vers le lieu des séances du conseil. Tous le suivent, la plupart avec enthousiasme. Un seul, qui, roi futur, doit rester néanmoins, jusqu'à la fin, fidèle à la république, le quitte en chemin, et court prévenir des dangers auxquels elle est exposée, ceux qui lui sont affectionnés. Les adjudans de la garde nationale ont reçu de Napoléon l'ordre de proclamer son autorité dans leurs quartiers respectifs.

Arrivé aux Tuileries, il passe en revue la troupe qui s'y est rassemblée; ensuite, il entre au conseil des anciens, auxquels il dit : « Ci-
» toyens représentans, vous êtes la sagesse de la
» nation; la république périssait, vous l'avez vu,
» et votre décret vient de la sauver. Malheur à
» ceux qui voudraient le trouble et le désordre! je
» les arrêterai, aidé du général Berthier, du général
» Lefebvre, de tous mes compagnons d'armes........
» Qu'on ne cherche pas, dans le passé, des exemples
» qui pourraient retarder votre marche. Rien, dans
» l'histoire, ne ressemble à la fin du xvIII^e siècle;
» rien, dans le xvIII^e siècle, ne ressemble au mo-
» ment actuel..... Nous voulons une république

» fondée sur la liberté civile, sur la représentation
» nationale. Nous l'aurons, je le jure.... Je le jure,
» en mon nom, et en celui de mes compagnons
» d'armes. »

Cependant l'intrigue marche par plus d'une voie. La veille, Napoléon, sans doute pour mieux l'enchaîner dans une sécurité trompeuse, s'est invité à dîner, pour le lendemain, chez Gohier, celui des membres du directoire, dont on a le plus à redouter les principes sévères et la fermeté. Le même jour, vers minuit, Joséphine, qui se mêle de politique cette fois au moins, lui a fait porter par son fils un billet où elle le prie de se rendre le lendemain, chez elle, à sept heures du matin, avec son épouse, pour une affaire *très-intéressante*. Gohier, soit soupçon, soit plutôt indifférence, ou que ses occupations le retinssent, laissa aller son épouse seule, ce qui parut excessivement contrarier Napoléon : il chargea celle-ci de lui écrire pour le presser de venir. Cette dame, effrayée du concours de gens armés qu'elle remarque, lui recommande tout le contraire. Cependant Joséphine lui confie que Napoléon va opérer un changement ; qu'il aurait désiré que le président du directoire fût un des membres du gouvernement qu'*il se propose d'établir*; et comme elle ne reçoit qu'une réponse noble et évasive à cette ouverture, elle revient à la charge quelques heures après ; elle envoie dire à madame Go...

que si son époux ne donne pas sa démission, elle ne répond pas qu'*elle pourra le sauver.*

Dans l'intervalle, Gohier, instruit de ce qui se passe, au lieu de chercher, dans l'énergie républicaine, les moyens d'opposer la force à la force, ne songe qu'à mettre la constitution sous l'égide légale, ce qui ne peut la préserver. Il a vu Moulins et Barras qui, comme lui, résolus de repousser le coup qui les menace, conviennent de se rendre immédiatement dans la salle de leurs séances; mais Barras n'y doit pas venir. Les conjurés ont pensé qu'ayant eu l'intention de conspirer pour son propre compte, il doit être facile à effrayer, et plus encore à séduire : Talleyrand est avec lui.

Moulins et Gohier, réduits par l'absence de leurs collégues, à l'incompétence, prennent la résolution d'aller les trouver aux Tuileries, où l'on dit qu'ils sont. Là, Napoléon et Sieyes lui-même répondent à leurs interpellations, qu'il n'y a plus de directoire. C'est alors que Gohier, se laissant emporter à l'indignation d'un homme de bien, reproche au général son invitation insidieuse.

Peu de temps avant eux, était arrivé Bottot, le secrétaire de Barras. Il paraît, qu'envoyé par son maître, avant que Talleyrand s'en fût emparé, il n'était pas autorisé à faire aux conjurés une soumission entière; car on entendit Napoléon lui dire avec véhémence : « Qu'a fait le directoire de cette » France que je lui avais laissée si brillante ? Je

» lui avais laissé la paix, j'ai retrouvé la guerre;
» je lui avais laissé des victoires, et j'ai retrouvé
« des lois spoliatrices, la misère. Qu'a-t-il fait de
» cent mille Français, tous mes compagnons de
» gloire ? Ils sont morts !...» Puis il avait terminé
par ces mots, qui contiennent tout entier le secret
du despotisme militaire qui allait s'appesantir sur
la France : *Nous ne voulons pas de gens plus patriotes que les braves qui ont été mutilés au service de la patrie.*

Moulins et Gohier, refusant obstinément leur démission, retournent au palais directorial (le Luxembourg) ; mais, ils n'y trouvent plus leur garde. Napoléon se charge de leur en donner une : Moreau doit répondre d'eux.

Prisonniers dans leur palais, en vain ils rédigent une double protestation qu'ils adressent aux conseils : elle ne parvient pas.

Pendant ce temps, Fouché, le ministre de leur police; Fouché, oratorien, terroriste, thermidorien; Fouché, dont le nom est devenu un opprobre; Fouché, le transfuge de tous les partis, le salarié de tous les pouvoirs, conspire : il conspire, par instinct de défection, sans avoir reçu aucune confidence, aussitôt qu'il a deviné les conspirateurs ; il conspire, en faveur de celui dont il doit un jour consommer la ruine. Par ses ordres, toutes les autorités, à l'exception des autorités complices, ont été mises en interdit.

Cependant, les événemens du 18 brumaire ne sont que préparatoires; c'est à Saint-Cloud, le lendemain, jour auquel se sont ajournés les conseils, que se doit décider la question vague encore, qui n'a été qu'agitée à Paris.

Le soir, à 7 heures, Napoléon, Sieyes, Roger-Ducos, une partie du conseil des anciens, le peu de conjurés qui existent dans celui des cinq-cents, s'assemblent pour convenir de ce qui sera fait le lendemain. Jusqu'alors d'accord pour entreprendre, tous les conjurés ne l'étaient pas sur ce qu'on ferait après le succès. Il circulait bien que Sieyes, auquel on attribuait la fureur de vouloir anéantir sans cesse pour sans cesse reconstituer, avait une constitution en portefeuille; mais quand on en vint à explication, il se trouva qu'elle ne se composait que de matériaux encore informes et non coordonnés. Quelques voix proposèrent alors de remplacer les trois directeurs démissionnaires ou détenus, par trois autres du nombre desquels serait Talleyrand; mais Napoléon dont ce n'était pas le compte, parce que son âge était un obstacle à son élection, les interrompit et dit : « Il n'y a plus de Directoire... ce n'est
» pas une révolution de sérail que la France at-
» tend de vous.... Qui dit révolution, dit change-
» ment : il faut nommer un gouvernement provi-
» soire, et mettre à la tête un homme qui ait la
» confiance de tous les Français; il faut *concentrer*

« *la puissance et en étendre encore les attribu-*
« *tions.* » Il fallait donc, selon Napoléon, changer la constitution : ce qui ne pouvait être l'œuvre d'une séance. En conséquence, on convint qu'on créerait trois consuls, Sieyes, Roger-Ducos et Napoléon, qui formeraient un pouvoir exécutif provisoire, et que les conseils s'ajourneraient au 1er ventôse suivant, après avoir nommé chacun une commission intermédiaire de 25 membres. Le résultat de cette séance surprit plus d'un conjuré : beaucoup auraient voulu pouvoir reculer.

Ainsi l'on créait trois dictateurs ; et on ouvrait à leur ambition, vers la stabilité de l'absolu pouvoir, une route sans obstacle. En effet, au lieu de suspendre simplement la constitution, on la détruisait.

Dans la matinée du 19, on répand avec profusion un écrit dans lequel on cherche à rassurer les républicains, sur l'abus que Napoléon pourrait faire du pouvoir qui lui est confié. On offre, comme garants de ses intentions, les discours qu'il a tenus récemment, comme si les discours passés avaient lié jamais un ambitieux en présence des tentations d'une complaisante fortune; on lui fait dire, au sujet de César et de Cromwel : « Mauvais rôles ! rôles usés ! indignes d'un homme de sens, *quand ils ne le seraient pas d'un homme de bien... Ce serait une pensée sacrilège*, que celle d'attenter au gouvernement représentatif, dans le siècle des lumières et de la liberté. Il n'y aurait qu'un fou qui voudrait, de gaîté de cœur, faire perdre la gageure de la république contre la royauté de l'Europe, après l'avoir soutenue avec quelque gloire et tant de périls. »

Cependant, la troupe environne Saint-Cloud, en sorte que les membres des deux conseils ne peuvent se rendre au lieu de leurs séances, qu'à travers des pelotons de soldats. Il leur est facile de voir qu'ils y seront comme assiégés. Ceux du conseil des cinq-cents, plus jeunes, et dans le cœur desquels les sentimens nobles sont moins usés, s'indignent et s'irritent. Obligés d'attendre dans le jardin que la salle de leurs délibérations soit prête, ils se forment en groupes, se sondent, s'encouragent réciproquement à la résistance. Bientôt tous, en tourbillons impétueux, vont s'agglomérer, et ensemble faire éclater un orage qui menacera de ruine la conjuration.

A deux heures, la séance s'ouvre, présidée par Lucien. Un conjuré, Emile Gaudin, prononce un discours déclamatoire, dans lequel il fait les mêmes dénonciations vagues, et fait apparaître les mêmes monstres que Cornet au conseil des anciens. Delbret avec dédain, et sans le réfuter, demande qu'on s'occupe d'abord du danger de la constitution. Des cris d'une approbation enthousiaste accueillent sa voix. Grandmaison propose alors de renouveler le serment de maintenir cette constitution et et de s'opposer au rétablissement de la tyrannie; les conjurés pâlissent : Gaudin, Boulay, Lucien lui-même, ne pouvant arrêter le torrent, le suivent. Tous les députés, sans exception, répondent approbativement à l'appel nominal qui leur est fait au sujet de la proposition de Grandmaison. Augereau vient alors trouver Napoléon, et lui parlant de ce qui se passe... « Vous voilà, lui dit-il, dans une jolie position !.. Augereau, répond Napoléon, souviens-toi d'Arcole : les affaires paraissaient bien plus désespérées. Dans une demi-heure, tu verras comme les choses tourneront. »

Néanmoins, l'effervescence est à son comble. De toutes parts on s'écrie : *Point de nouveau Cromwel ! Point de dictateur !* Des discours brûlans, inspirés par la circonstance, nourrissent et exaltent l'enthousiasme de la résistance. « De tels
» discours pouvaient se faire sentir sur les troupes.
» Tous les esprits étaient en suspens. Les zélés de-
» venaient neutres, les timides avaient changé de
» bannière : il n'y avait pas un instant à perdre.
» Napoléon entre au conseil des anciens, et se
» place vis-à-vis le président (c'était la barre) (1).

» Représentans du peuple, dit-il d'une voix
» forte, vous n'êtes point dans des circonstances
» ordinaires; vous êtes sur un volcan. Permettez-
» moi de vous parler avec la franchise d'un soldat...

---

(1) Gourgaud, *Mémoires de Napoléon*, tome 1.

» J'étais tranquille à Paris, lorsque je reçus le
» décret du conseil des anciens... A l'instant, j'ap-
» pelai, je trouvai mes frères d'armes ; nous vînmes
» vous offrir le bras de la nation, parce que vous en
» étiez la tête. Nos intentions furent pures, désin-
» téressées; et pour prix du dévoûment que nous
» avons montré hier, aujourd'hui déjà on nous
» abreuve de *calomnies..... on répand que je veux*
» *établir un gouvernement militaire.....*

» Il n'y a plus de Directoire. Quatre des membres
» qui en faisaient partie, ont donné leur démis-
» sion... Les dangers sont pressans..... Évitez de
» perdre deux choses pour lesquelles nous avons
» tant fait de sacrifices, la liberté et l'égalité !....

Linglet alors se lève et dit avec force : « Géné-
» ral, nous applaudissons à ce que vous dites :
» jurez donc, avec nous, obéissance à la constitu-
» tion de l'an III, qui peut seule maintenir la ré-
» blique ».

A cette interpellation inattendue, Napoléon est
déconcerté ; il hésite. Mais recouvrant bientôt
toute la présence de son esprit, il s'écrie avec véhémence : « La constitution de l'an III ! vous l'avez
» violée au 18 fructidor !.. (1) vous l'avez violée au
» 30 prairial !.. vous l'avez violée au 22 floréal !... »

---

(1) Auquel il a principalement contribué. Il n'est pas d'ailleurs inutile de remarquer que deux des plus ardens conjurés, Sieyes et Boulay, furent aussi les plus ardens à provoquer les déportations qui déshonorèrent cette journée.

et il termine en disant : « Aussitôt que les dangers
» qui m'ont fait confier des pouvoirs extraordi-
» naires seront passés, *j'abdiquerai ces pouvoirs* ».

Alors plusieurs voix s'élèvent pour demander qu'on spécifie ces dangers qui menacent la patrie. Un membre même ose dénoncer la conspiration où elle est réellement. Napoléon, contraint d'abandonner la voie bannale des accusations vagues, nomme enfin Moulins et Barras, qui, dit-il, «lui ont
» proposé de le mettre à la tête d'un parti tendant
» à renverser les hommes qui ont des idées libé-
» rales. » Cet aveu fait naître des interrogations plus pressantes encore ; il faut que le général s'explique, *que tout se passe à la face de la France*. Les meneurs mêmes qui croient à la vérité de ce qu'il vient de dire, l'y engagent. Cependant il n'ajoute aucune révélation à celle qu'il vient de faire. Il parle de la division qui règne au conseil des anciens, dont une partie voudrait former une convention des deux conseils et rétablir les échafauds, et il ajoute : « Si quelque orateur, payé par
» l'étranger, parlait de me mettre hors la loi, qu'il
» prenne garde de porter cet arrêt contre lui
» même! S'il parlait de me mettre hors la loi, j'en
» appelle à vous, mes braves compagnons d'armes;
» je m'en remettrai, mes vrais amis, à votre cou-
» rage et à *ma fortune* ».

Et il invoque, en outre, en faveur de la bonne foi qu'il a toujours montrée, le témoignage des grenadiers dont il aperçoit, dit-il, *les bayonnettes* à la porte de la salle ; donnant ainsi à entendre qu'elles sont une réserve à son éloquence.

Alors il quitte le conseil des anciens sans y avoir convaincu personne, mais après avoir effrayé la plupart de ceux que les meneurs n'avaient pu séduire.

Au moment où il entre dans celui des cinq-cents, accompagné de quatre grenadiers, l'effervescence n'a plus de bornes. *Des sabres ici!* s'écrie-t-on de toutes parts. Plus de deux cents membres s'élancent de leur siége, l'entourent et le repoussent. Bigonnet l'arrête en lui disant : *Que faites-vous, téméraire? Vous violez le sanctuaire des lois!.. Retirez vous!.—Est-ce donc pour cela que tu as vaincu, citoyen*, lui dit Destrem. La salle retentit des cris unanimes de *Point de dictateur! Hors la loi le nouveau Cromwel! Hors la loi!*

Bonaparte a trahi sa gloire, s'écrient plusieurs voix! D'autres avec force: « *Je le voue à l'horreur, à l'exécration des républicains !* »

Napoléon, pâle, défait, est entraîné hors de la salle par un piquet de grenadiers, qui s'y précipite au cri de *Sauvons notre général!*

Lucien cherche en vain à excuser son frère; on l'accuse d'être son complice: enfin, l'exaspération est telle, qu'on veut le contraindre à mettre aux voix sa mise hors la loi. Indigné à son tour, il quitte le fauteuil, sa toge même de représentant, et se précipite au milieu de la salle, d'où dix grenadiers envoyés par Napoléon, viennent l'enlever.

Alors il reprend les insignes de sa dignité; il monte à cheval à côté de celui-ci, harangue la troupe, déclare dissous le conseil des cinq-cents; accuse les membres qui le composent d'avoir essayé de l'assassiner, les appelle *les représentans du poignard*, ordonne de les expulser de la salle de leurs séances; et comme il remarque dans les soldats quelqu'hésitation encore, il tourne son épée contre son frère, et jure de la lui plonger dans le sein s'il trompait jamais l'espoir des républicains. Un chef de brigade de cavalerie monte à la tribune et dit : « Citoyens représentans, on ne répond plus » de la sûreté du conseil; je vous invite à vous re- » tirer. »

Alors Murat, à la tête d'une colonne serrée, entre au pas de charge dans la salle.

Si, au lieu des vociférations qui accueillirent les grenadiers à leur entrée, tous les membres du conseil fussent demeurés silencieusement à leur place, si le président seul, au milieu de ce calme imposant, se fût levé et eût dit : «Soldats, la nation » qui nous a envoyés ici, met hors la loi ceux qui » la trahissent... Répondez d'abord, êtes-vous les » soldats de Bonaparte ou les soldats de la nation ?» nous ne doutons pas que ces guerriers, qui tous avaient le respect des lois dans le cœur, n'eussent reculé devant une responsabilité si terrible. Mais le conseil n'employa que l'exaspération, que les cris, qui semblent une provocation et ne sont d'aucun secours contre les baïonnettes : la violence opéra sa dissolution.

Cependant, trente membres environ qui, dit l'un des conjurés, voulaient *tirer parti* des événemens de la journée, se rallièrent, et, sous la présidence de Lucien, se réunirent aux anciens qui venaient de décréter les résolutions arrêtées dans le conciliabule de la veille. Non seulement ils donnèrent à ces résolutions leur assentiment; mais encore, ils décrétèrent, sur la proposition de Lucien, des remercîmens aux troupes qui les avaient expulsés de la salle de leurs séances : il fut proclamé qu'elles avaient *bien mérité de la patrie*. Les trois consuls provisoires vinrent ensuite le 20, à deux heures du matin, devant le corps législatif ainsi mutilé, jurer *fidélité inviolable à la souveraineté du peuple, à la république française, une et indivisible, à la liberté, à l'égalité et au système représentatif.*

Par le même décret qui abrogeait la constitution de l'an III, cinquante-cinq députés furent exclus du conseil des anciens. Les membres des deux conseils, qui jusqu'alors avaient dû se borner à l'honneur de représenter la nation, *devinrent éligibles à toutes les fonctions*, telles que celles de ministres et agens diplomatiques. Ainsi le zèle de plusieurs eut sa récompense; la vénalité de beaucoup son espoir.

Ainsi finit la révolution du 18 brumaire, commencée par la fraude, consommée par la violence, et consolidée par la corruption.

Nul, quelque impartialité, quelque indulgence qu'il y apporte, ne lui peut donner son assentiment; l'historien lui doit sa réprobation.

Nous sommes loin de regarder comme exempt de tout défaut la forme du gouvernement qui existait alors, et encore moins de défendre la réunion des membres qui le composaient, et dont deux seulement n'étaient pas des concussionnaires; mais s'il fallait renverser ce gouvernement, était-ce par une conspiration militaire? était-ce avec des auxiliaires tels qu'étaient la plupart de ceux qu'on y employa?

Sans doute, parmi ces auxiliaires, il en fut de bien intentionnés, et qui depuis ont dû bien déplorer leur ouvrage; mais la plupart n'eurent, dans leur coopération, que des vues honteuses, que la perspective des emplois qui les attendaient. *Il est si doux*, comme ne rougit pas de le dire un des principaux acteurs de cette scène intéressée, *il est si doux de se voir entourer, solliciter, flatter; de pouvoir répandre des bienfaits sur sa famille et sur sse amis; de marcher vers la fortune et la grandeur...*

Et il ajoute, en parlant des hommes que Napoléon associa à sa puissance, que *les honneurs et les richesses ont été le fruit de leur asservissement extérieur.*

Et quant au chef principal de la conspiration, au profit duquel elle devait nécessairement tourner, nous dirons que sa conduite tout entière porta, dans cette journée, le cachet de la mauvaise foi.

Napoléon en impose, quand il suppose des conspirations de jacobins; il en impose quand il suppose la démission de Moulin; il en impose quand il prétend *qu'il était tranquille à Paris, lorsqu'il reçut le décret du conseil des anciens*, tandis que c'est lui qui l'a provoqué; il fait plus qu'en imposer quand il dit qu'il s'exprime alors *avec la franchise d'un soldat*.

Il calomnie, quand il assure que la majorité des cinq cents veut le retour de la terreur; il calomnie, quand il assure que ces députés, armés de poignards, ont voulu l'assassiner (car il sait bien qu'il est resté pressé par plus de deux cents d'entre eux assez de temps pour qu'ils l'eussent pu, s'ils l'avaient voulu); enfin, il calomnie, lors même que la calomnie n'est plus nécessaire; il calomnie après le succès, en disant en plein conseil à Provost, de la Mayenne, l'un des membres des cinq cents qui assistèrent à la séance nocturne du 19 au 20, que, d'après un *complot tramé par Jourdan et autres, et dont on n'a pas rougi de lui proposer l'exécution, il s'agissait de cerner le lieu de la séance, de noyer sur le champ dans la Seine trois cents députés, et d'étouffer ainsi tout genre d'opposition au gouvernement qu'on vou-*

lait établir. Il est vrai qu'il devait dire un jour de l'homme honorable qu'il essaie ici de flétrir : *C'est un vrai patriote : ceci est une réponse à bien des choses.* Ah! que ne fut-il patriote aussi!

Mais enfin, cette autorité, acquise par une voie illégale et violente, sera peut-être exercée dans un esprit conforme aux idées et aux intérêts de tous? On s'est trop pressé de fonder la république; il fallait avant fonder les mœurs; car les mœurs, les bonnes mœurs, sont essentiellement républicaines. Napoléon dirigera sans doute vers ce but l'influence qu'il a conquise, et la force que va lui donner la concentration du pouvoir en ses mains. La république sortira forte, et inattaquable peut-être, de l'école de la dictature? L'avenir l'apprendra.

A la première séance que tinrent les consuls, Napoléon entama d'abord l'objet dont on avait à s'occuper. « Mais, dit Sieyes, qu'est-ce qui présidera? — Vous voyez bien que c'est le général qui préside, répondit Ducos, dont la voix devait décider cette question? » Et dès ce moment, cet homme fut toujours de l'avis de Napoléon, comme il était avant toujours de celui de Sieyes.

Sieyes espérait qu'au moins Napoléon se bornerait à la direction de la partie militaire, et lui laisserait celle du gouvernement civil; mais quand il le vit raisonner législation, diplomatie, commerce, économie politique, avec une égale facilité, il sentit que son règne était fini, et dit, en rentrant chez lui le soir à quelques députés ou ministres : « Messieurs, vous vous êtes donné un maître; Bonaparte sait tout, veut tout et peut tout. »

Les premiers pas du nouveau gouvernement parurent rétrogrades et contre-révolutionnaires aux républicains. Il rendit un décret de déportation contre cinquante-neuf individus, la plupart députés, mais auxquels, par une combinaison dont l'intention trompa peu de monde, on avait joint quelques hommes que leurs excès avaient chargés d'une haine méritée. Néanmoins ce décret, tel qu'il était conçu, fut accueilli de l'opinion avec tant de réprobation, que les consuls reculèrent, et même essayèrent de persuader qu'il n'avait été que comminatoire.

Beaucoup de prêtres ressentaient encore les vibrations d'une persécution longue et active; on ne leur permit pas seulement de revenir dans leur patrie; on les y attira; on ne se contenta pas de tolérer, de protéger même le culte catholique, on le favorisa, on affecta de déprécier le système si simple des théophilantropes qui, du sein de la capitale, commençait à étendre ses racines sur le sol de la France entière. Enfin, Napoléon, par l'influence duquel tout se faisait, depuis que Roger-Ducos s'était rangé sous sa bannière, faisait charger d'un marbre somptueux la cendre de Pie VI, inhumé sans pompe dans la cathédrale de Valence : il abolissait le serment de haine à la royauté.

Ces mesures n'obtenaient pas toutes et à un égal degré l'assentiment général. Pour être justes envers tout le monde, celles même qu'on eût pu approuver, ne devaient pas être outrées. Les républicains disaient : « Bonaparte abaisse la barrière que nous avions élevée devant la barbarie. Des cérémonies sans but moral ou intelligible vont remplacer les fêtes si simples, si morales de la reconnaissance, des époux, des vieillards ; il étouffe, dès sa naissance, le système théophilantropique, non par amour du catholicisme (car l'Égypte dont il sort dépose de la sincérité de sa croyance), mais en haine des républicains, dont il est l'ouvrage. Les républicains lui sont odieux, à cause de leur courageuse résistance à son usurpation militaire ; il ne leur pardonne pas de l'avoir fait pâlir. »

Les uns disaient que son ambition le conduisait au pouvoir suprême ; d'autres, d'accord en cela avec les royalistes, le désignaient comme le Monck de notre révolution.

D'un autre côté, le rétablissement du culte catholique, auquel le plus grand nombre, le peuple des campagnes surtout demeurait attaché par sentiment ou par conviction ; l'abrogation de la loi des otages, de celle de l'emprunt forcé, qu'on remplaça par une loi moins favorable au peuple, il est vrai, mais moins arbitraire dans son exécution et généralement moins odieuse ; le rappel dans la patrie d'hommes généralement estimés, et que des jugemens rigoureux ou des époques redoutables avaient forcés de s'en éloigner, balançaient dans l'opinion les accusations et les plaintes des patriotes ardens. On aimait à reposer ses regards sur les premiers rayons de clémence qui perçaient après tant de jours orageux et sévères. On s'attendait aussi que l'administration de Napoléon (car déjà, dans le gouvernement, l'on n'apercevait que lui seul) reproduirait l'ère de nos grandes victoires : ce seul espoir eût suffi pour la populariser.

C'est pendant le consulat provisoire que fut prise, par vue d'économie, la résolution de laisser l'entretien de nos prisonniers, qui jusqu'alors avait été à notre charge, à celle du gouvernement anglais, et réciproquement. Le résultat de cette mesure, que sans doute on ne prévit pas alors, fut leur emprisonnement dans d'infects pontons.

Cependant, on travaillait activement à la constitution qui devait mettre un terme au provisoire de la nouvelle autorité. Quinze à seize membres au plus délibéraient ordinairement, et dans le secret, sur le code fondamental qui allait régir la France. Toute la partie législative, à quelques modifications près, fut due aux méditations de Sieyes. Quand on en fut venu à l'organisation de la puissance exécutive, Napoléon, dont on concevra facilement l'influence sur un aussi petit nombre de délibérans occultes, presque tous complices de l'infraction constitutionnelle qui avait fondé son élévation, se fit donner des pouvoirs tels, qu'ils dépassaient ceux d'un monarque constitutionnel. Aussi devait-il dire plus tard : « Mon règne a commencé du jour où je fus revêtu des fonctions de premier consul. » Effectivement les consuls qui lui furent adjoints secondairement, ne furent qu'une concession à l'opinion trop opposée encore à l'unité du pouvoir : mais ils n'avaient pas voix délibérative; leur opinion ne pouvait entraver la volonté du premier consul ; ils avaient seulement le privilège illusoire de consigner au procès-verbal leurs opinions sur les mesures qu'ils n'approuvaient pas.

Napoléon, nommé premier consul, c'est-à-dire souverain, ou à peu de chose près, pour dix ans, s'était fait donner le droit de nommer les deux seconds consuls; il choisit Cambacérès et Lebrun.

Le pouvoir législatif se divisait en quatre corps; les consuls qui proposaient et promulguaient la loi; le tribunat qui la discutait ; le corps législatif qui l'adoptait ou la rejetait, mais sans discussion; enfin, le sénat conservateur, qui la conservait.

Le 3 nivôse, le consulat et le sénat conservateur furent installés : le tribunat et le corps législatif ne le furent que le 11 (1er janvier).

Dès lors, Napoléon se trouve établi sur la voie du pouvoir suprême; c'est son but; il ne le perdra pas de vue; il emploiera, s'il le faut, les dix ans de consulat qui lui sont donnés pour l'atteindre;

mais il espère bien y parvenir avant. Toutefois, il marchera au triomphe de ses propres intérêts sous la bannière des intérêts publics ; il ne se juge pas encore assez fort *pour être ouvertement ambitieux pour son propre compte.* Il tournera la barrière des principes, n'osant pas l'attaquer de front.

« Les idées de Napoléon étaient fixées ; mais
» il lui fallait, pour les réaliser, le secours du
» temps et des événemens. Le consulat accoutu-
» mait à l'unité, et c'était un premier pas. Ce pas
» fait, Napoléon demeurait assez indifférent aux
» formes et dénominations des différens corps
» constitués.... La sagesse était de marcher à la
» journée, sans s'écarter *d'un point fixe*, étoile po-
» laire sur laquelle Napoléon va prendre sa direc-
» tion pour conduire la révolution au port où il
» veut la faire aborder (1). »

Et pour accoutumer à l'unité d'avantage encore, il séparera sa demeure de celle des deux autres consuls ; il ira habiter les Tuileries, le palais des anciens souverains : comme à Montebello, Joséphine y réunira une cour.

Il emploie des hommes d'opinions diverses, les royalistes même, de préférence peut-être aux sincères républicains. Il dit aux uns et aux autres : « J'ai ouvert un grand chemin : qui marchera
» droit sera protégé ; qui se jettera à droite ou à
» gauche sera puni. »

---

(1) Mémoires de Napoléon, publication de Gourgaud.

Cependant la situation militaire de la France attire ses regards : elle est loin d'être ce qu'elle était durant son séjour en Égypte. A son retour, il l'avait trouvée bien améliorée; nos armées étaient victorieuses; l'ordre s'y rétablissait.

Tel n'est pas, il est vrai, le tableau qu'offre Napoléon dans ses proclamations et dans ses rapports ; mais les républicains répondent à ses assertions alarmantes : « Une nation, comme la France, n'est jamais en danger tant qu'elle reste nation, c'est-à-dire, tant qu'elle est libre; elle renferme dans son sein tous les élémens et tous les moyens de sa conservation. Et quel Français conviendra que le destin, la gloire, la force de la patrie, dépendent du destin, de la gloire, de la force, et par conséquent aussi du bon plaisir d'un homme? qui ne répétera ces paroles, fruit, non pas d'une vaine jactance, mais d'un juste sentiment d'orgueil national, qu'un directeur adressa, au général en chef de l'armée d'Égypte, avant son départ : *La république n'en est pas à quelques généraux près; et il s'en trouverait une foule pour faire triompher la patrie, si jamais elle était en danger.* »

« Les talens militaires de Napoléon seront très-utiles aux intérêts de son pays, nous n'en disconvenons pas ; mais nécessaires à son salut, c'est ce que nous ne pouvons avouer. La France a vaincu en 1792, resserrée en d'étroites limites, presque sans armes, et sans autres chefs que les généraux nés de leur patriotisme et de leur courage. Elle a vaincu tout récemment dans les champs de Zurich : c'est-là qu'a fini réellement le danger de la patrie ; c'est à Masséna qu'en est la gloire. Ce n'est pas quand elle est victorieuse, quand son territoire est accru de la fertile et populeuse contrée qui s'étend de ses anciennes limites jusqu'au Rhin ; ce n'est pas, maîtresse de la Suisse et de la Hollande qu'elle peut avoir à redouter les débris d'une coalition.

» L'Italie est, il est vrai, à peu près perdue ; mais on peut la reconquérir ; et d'ailleurs le salut de la patrie ne tient pas à sa possession. »

» Mais Napoléon a intérêt à faire voir la France sur le bord du précipice ; car il semblera qu'il l'en aura retirée ; qu'il sera fort à propos venu à la tête des affaires pour la sauver ; et il parviendra à le faire croire, comme il arrive presque toujours, à force de le répéter sans presque de contradicteurs.

» Telle est sa tactique : c'est ainsi qu'il prétend avoir été appelé par le vœu public au faîte du pouvoir qu'il a violemment envahi, lorsque personne ne songeait à l'y élever. En effet, c'était à la tête des armées qu'on désirait généralement le voir, et non à la tête du gouvernement ; et si la patrie l'appela de ses vœux aux jours de sa détresse, ce n'était pas contre elle, mais contre l'ennemi. »

Cette opinion des républicains sur l'état où se trouvait alors la France vis-à-vis de ses ennemis, se trouve confirmée par l'aveu même de ceux qui furent, dans le temps le plus reculé, intéressés à la combattre. M. Regnaud de St.-Jean-d'Angely, l'un des coopérateurs les plus actifs du 18 brumaire, pour encourager la France, en 1814, à une courageuse résistance, cite, au nombre des époques qui la virent triompher de la coalition étrangère, celle de l'an VII, *quand la bataille de Zurich arrêta une nouvelle invasion de toute l'Europe.* La bataille de Marengo *acheva* seulement, selon lui, *de sauver la patrie.*

Napoléon veut donc élever la nation qu'il gouverne au plus haut point de gloire militaire; il essaiera de légitimer en quelque sorte son usurpation, en l'entourant d'une splendeur qu'on croira en être le fruit.

Toujours éloquent quand il s'adresse aux soldats, il dit à quelques bataillons qui, vaincus par la privation, avaient abandonné leurs positions : « Sont-ils » donc morts les braves de Castiglione, de Rivoli, de » Newmark ! ils eussent péri plutôt que de quitter » leurs drapeaux, et ils eussent ramené leurs jeunes camarades à l'honneur et au devoir.... » Il dit à tous : « Soldats ! ce ne sont plus nos frontières » qu'il faut défendre : ce sont les états ennemis » qu'il faut envahir. »

Les sentimens républicains des meilleurs généraux lui inspirent de l'effroi. Il les enlève aux armées qu'ils ont rendues victorieuses, et les remplace par des coopérateurs de l'expédition de St.-Cloud.

Lui-même ira en Italie renouveler ces journées de prodiges qui l'y ont rendu si illustre ; mais il y veut paraître subit et inattendu comme la foudre. Il franchira les Alpes comme l'aigle, fondra sur les derrières de l'ennemi qui, maître de Nice, menace la Provence, le coupera de l'Autriche, et dans une seule bataille, consommera la conquête de l'Italie. Mais pour qu'un si vaste dessein ait son exécution, il faut tenir secrets les préparatifs qui la précéderont, et le moyen qu'on y emploie est aussi extraordinaire que l'expédition elle-même. Le bruit se répand, le gouvernement annonce lui-même aux différens pouvoirs qu'une armée française va envahir l'Italie, et que cette armée doit se former sous les murs de Dijon. Dès-lors l'attention des nombreux espions de l'étranger se fixe vers cette ville, où se réunissent quelques milliers d'invalides et de conscrits dont l'ensemble devient la risée de l'Europe coalisée. Cependant, la véritable armée d'invasion, forte de trente-six mille hommes, s'approche du grand Saint-Bernard. Ses divisions se sont formées en route. Napoléon, revêtu par la constitution d'une magistrature purement civile, ne peut la commander en son nom ; mais Berthier qu'il en nomme général en chef ne sera dans le fait que son lieutenant. Le 17 mai, fut entrepris le fameux passage du Mont Saint-Bernard, dont la cime sembla, après un repos de vingt siècles, assister au réveil des légions d'Annibal. Il fallait trouver le moyen de faire passer l'artillerie sur ces crêtes ardues ou couronnées de neige et coupées de précipices, par des chemins en un mot dans lesquels des hommes eussent auparavant à peine osé se hasarder. Les canons furent démontés, traînés par nos soldats dans des troncs d'arbres creusés, et leurs affûts portés à dos de mulets. Le 20, le passage de l'armée entière était effectué.

Après avoir culbuté un faible parti autrichien, l'avant-garde de l'armée s'avançait dans une belle allée, croyant avoir franchi tous les obstacles, lorsque le canon du fort de Bard vint irriter sa valeur, mais vainement.

On trouve bien, sur la crête de l'une des deux montagnes que ce fort sépare, un sentier étroit par lequel pourraient s'écouler facilement l'infanterie et la cavalerie; mais l'artillerie ne peut avoir d'autre issue que la route que ses batteries balaient. Le retard d'un siége ferait manquer le but de la campagne. Tant de difficultés déjà vaincues l'auraient-elles été en vain?

Non; le génie de Napoléon ne rétrogradera pas devant un nouvel obstacle. Au milieu de la nuit, le chemin a été couvert de matelas et de fumier : les pièces cachées d'une couche de paille et de feuillages sont traînées à la bricole dans le plus grand silence, à une portée de fusil du fort; et déjà elles avaient contribué à plus d'une victoire, que le commandant ennemi les attendait encore à passer. L'armée française arriva à Milan le 2 juin, par une route tout entière jonchée de lauriers.

Le premier Consul ne devait pas tarder à en sortir, pour suivre son plan de campagne. Le 9, il arrive sur le champ de bataille de Montebello, au moment où le maréchal Lannes vient de remporter une victoire qui coûte à l'ennemi neuf mille hommes. La joie qu'on ressent de ce succès, est tempérée par la reddition de Gênes, que la famine a livrée aux Autrichiens, au moment où les ordres de leur général en chef Mélas les rappelaient sur le Pô.

Enfin, le 11, l'ennemi qu'on avait perdu de vue depuis deux jours, a accepté la bataille dans la plaine de Marengo. La supériorité numérique de de ses forces lui donne d'abord l'avantage ; et il le conserve assez long-temps pour que Mélas se retire avec la conviction que la victoire est à ses troupes, et qu'il ne reste plus qu'à poursuivre une armée battue ; mais les savantes manœuvres du premier Consul, qui s'élance aux premiers rangs, en s'écriant : « Soldats ! souvenez-vous que mon habitude est de coucher sur le champ de bataille ; » rétablissent bientôt le combat que l'arrivée de Desaix, avec sa division détachée de la veille en reconnaissance, fait promptement tourner à notre avantage. L'infortuné ! depuis trois jours seulement au sein de l'armée d'Italie, de retour de l'Egypte, il arrivait pour donner à sa patrie sa vie et peut-être la victoire. Frappé au cœur d'une balle, au moment où il commandait une charge décisive, sa mort ne fit qu'enflammer davantage le courage de ses soldats. Napoléon regretta en lui le guerrier le *plus digne de devenir son lieutenant* (1).

» Pourquoi ne m'est-il pas permis de pleurer ? » dit le premier Consul, en apprenant cet événement déplorable.

En peu d'heures, la déroute de l'ennemi est complète ; et Mélas, si confiant dans sa fortune il y a quelques instans, chef maintenant sans armée et sans retraite, n'a d'autre ressource que d'implorer un armistice qui remet les Français en possession de Gênes, du Piémont, des Légations et de la Lombardie.

Selon le récit de Napoléon, Desaix lui dit, à la vue du désordre qui régnait sur le champ de bataille : « Eh bien ! nos affaires vont bien mal. — Bien
» au contraire, répondit le premier Consul ; pour
» moi la bataille n'a jamais été douteuse. Tout ce
» que vous voyez en désordre, à droite, à gau-
» che ; marche pour se former sur votre queue...
» poussez en avant... vous n'avez plus qu'à recueil-
» lir le fruit de la victoire. »

Cependant, des amis de la gloire de Desaix ont prétendu qu'il n'avait dû qu'à l'inspiration de son seul génie, la charge qui décida du succès de cette mémorable journée.

---

(1) *Mémoires de Napoléon*, publication de Gourgaud.

Napoléon est rentré à Milan aux cris de *Viva el liberatore dell' Italia!* mais déjà il ne mérite plus ce beau nom de *libérateur*; déjà il a quitté la route de la vraie gloire; la noble passion de rendre les hommes heureux et libres a fait place, dans son cœur, au vain désir de les dominer; il rend à la république Cisalpine son existence, mais sans lui restituer son indépendance; il lui impose, sous le nom de *consulta*, un gouvernement provisoire, qui à son tour lui imposera une constitution nouvelle; et cette constitution qui fera, au premier Consul de la France, une part ample dans la distribution des pouvoirs; cette constitution, son ouvrage, rédigée sous son influence, il doit la modifier dans la suite, la tordre aux intérêts de son ambition, à chaque phase de son élévation, à chaque progression de son pouvoir; la liberté de l'Italie décroîtra à mesure qu'augmentera la puissance de son *libérateur*.

La république Ligurienne est organisée. Le Piémont reçoit aussi son gouvernement provisoire.

Le même homme qui avait dit aux ministres du culte mahométan : « Dites au peuple que nous
» sommes aussi de *vrais Musulmans*; n'est-ce pas
» nous qui avons détruit les chevaliers de Malte,
» parce que ces insensés croyaient que Dieu vou-
» lait qu'ils fissent la guerre aux Musulmans »;
disait alors aux Italiens, au milieu desquels les Autrichiens avaient amené des Anglais, des

Russes et même des Turcs : « Les Autrichiens
» se disent les défenseurs de votre religion, et
» ils vous amènent un régiment d'Anglais, de ces
» gens qui brûlent le pape une fois l'an ; des lé-
» gions de Russes, hérétiques et schismatiques,
» depuis le xve siècle ; et, pour couronner l'œu-
» vre, des Mahométans, race d'infidèles, tandis
» que *moi*, je suis *catholique*, j'ai combattu les
Turcs ; je suis *presqu'un croisé.* »

A peine dix jours se sont écoulés depuis la victoire de Marengo, et déjà Napoléon est en route
pour la France. Il a rempli son but, éloigné de la
patrie les dangers d'une invasion du côté des Alpes italiques, rajeuni sa gloire, semé de lauriers
les degrés du trône qu'il se propose de franchir,
et effacé, aux yeux du grand nombre, par l'éclat
de l'étonnante campagne qu'il vient de clore, les
traces de l'expédition moins glorieuse de Saint-
Cloud. Son retour si prompt, son absence à peine
remarquée, ne laisseront point aux républicains le
temps de renouer leur résistance, pour arrêter
dans son essor ou faire rétrograder sa marche ambitieuse, et feront d'ailleurs considérer, sous un aspect encore plus prodigieux, ces opérations d'une
conception presque surhumaine, qui viennent de
nous redonner l'Italie.

Le 3 juillet, les habitans de Paris ont appris
qu'il est arrivé dans leurs murs, après avoir re-

cueilli sur la route les témoignages de l'enthousiasme universel. Aussitôt ils affluent vers les Tuileries; les cours, le jardin, se remplissent. Les flots de la foule se pressent, se soulèvent au pied du pavillon qu'on suppose occupé par le vainqueur de l'Italie; il y est comme assiégé par l'admiration.

« Ce fut un bien beau jour. »

C'est vers ce temps qu'on doit placer les tentatives que firent successivement le prétendant et le comte d'Artois auprès du premier Consul, pour le déterminer à leur restituer une couronne qu'ils voyaient près de tomber en ses mains; une lettre du premier n'ayant obtenu qu'une réponse honnête, mais évasive, son frère espéra plus de succès d'une voie moins directe. Il envoya à Paris la duchesse de Guiche, femme également remarquable par son esprit et par sa beauté. Joséphine voulut bien se charger de transmettre à son époux les propositions qu'elle était chargée de faire: « Le premier Consul
» serait d'abord connétable et tout ce qui s'ensuit...
» on élèverait sur la place du Carrousel une haute
» et magnifique colonne sur laquelle serait la sta-
» tue de Bonaparte couronnant les Bourbons. — Et
» lui avez-vous répondu, dit Napoléon, que cette
» colonne aurait pour piédestal le cadavre du pre-
» mier Consul? » Il résolut de congédier sur le champ la belle négociatrice, qui reçut ordre de quitter Paris dans les vingt-quatre heures; et Jo-

séphine, soit crainte de trouver en elle une rivale, soit qu'elle eût déjà conçu (ce qui est très-probable) l'espoir de ceindre sa tête de la couronne souveraine, ne fit aucune instance pour lui obtenir un plus long délai.

Joséphine avait été élevée à l'école de la superstition ; elle croyait aux pressentimens, aux sorciers ; elle prétendait même qu'une bohémienne lui avait prédit, dans son enfance, qu'elle épouserait un homme qui s'éleverait avec elle au trône ; et souvent elle rappelait cette circonstance, soit calcul de l'ambition, pour diriger vers ce but l'esprit d'un époux avide de pouvoir, et qui (comme le prouvent plusieurs épisodes de sa vie) ne fut pas exempt de superstition ; soit qu'un hasard malheureux ait réellement produit cette prédiction, qui peut-être poussa, à l'anéantissement des libertés publiques, celui que son audace et l'admiration que ses talens avaient inspirée, en avaient rendu le dépositaire.

Cependant, il y a eu différentes versions sur les démarches tentées par le prétendant. Quelques personnes ont répandu que le premier Consul avait pris l'initiative des propositions ; qu'il lui avait fait offrir diverses compensations à un titre vain que jamais il ne pourrait réaliser, s'il voulait s'en démettre en sa faveur. Napoléon nie, sinon ces offres, du moins les conditions qu'on leur suppose ; c'est par pure générosité qu'il lui a fait offrir une forte pension, et même plus tard une résidence dans une des maisons royales de France à son choix. Mais il est palpable que l'acceptation d'une telle proposition eût entraîné la reconnaissance implicite de la légitimité de son pouvoir.

Cependant, la nouvelle de la conquête de l'Italie a exalté au plus haut point l'émulation de l'armée d'Allemagne, dont Moreau dirige les opérations. Brillante déjà de victoires, elle en remporte de nouvelles encore, et dicte aussi son armistice, au sein de la Bavière, un mois après celui qu'a vu signer l'Italie; mais sur le refus que fait la cour d'Autriche de le ratifier, elle marche à de nouveaux triomphes, et conclut enfin, le 22 septembre, une trêve plus solide qui ouvre les conférences de Lunéville. Par le traité qui sera signé dans cette ville, le 9 février 1801, la France ajoutera à ses acquisitions antérieures du côté de l'Allemagne, tout le territoire situé sur la rive gauche du Rhin depuis la Suisse jusqu'à la Hollande; et l'Autriche, outre qu'elle confirmera l'indépendance des républiques Ligurienne et Cisalpine déjà une fois sanctionnée, reconnaîtra celle des républiques Batave et Helvétique, dont Napoléon, qui maintenant les protège, ne tardera pas à devenir le plus redoutable ennemi.

Cependant, quelques républicains, voyant avec douleur l'édifice qu'ils avaient contribué à élever, près de crouler sous les coups d'une puissance usurpatrice, se décident à prévenir sa ruine par celle de l'ambitieux dictateur. Parmi eux, se distinguent Aréna, lieutenant-général, compatriote du premier Consul, frère de l'un des députés qui lui ont été le plus opposés au 18 brumaire.; et Céracchi, célèbre sculpteur, dont les murs de Rome ont vu s'élever l'enfance et se développer le talent rare. Céracchi, l'ami de Napoléon, tant qu'il a cru Napoléon l'ami de la liberté publique; Céracchi, dans son enthousiasme pour le libérateur de l'Italie, a mis sa gloire à reproduire ses traits, dans le marbre auquel son art sait donner la vie: mais il maudit son admiration et son ouvrage, aussitôt que son imagination exaltée a cru reconnaître, dans celui qui en fut l'objet, les dispositions d'un tyran. Extrême en tout, dans son ressentiment comme dans son affection, il ne respire bientôt plus que vengeance. Napoléon, gardé par l'exigence de ses occupations bien plus que par la défiance, remet de jour en jour à lui accorder une séance que depuis deux mois il sollicite, sous le prétexte d'une légère correction à faire au buste qu'a créé son ciseau, mais dans l'intention réelle de le poignarder. Son impatience ne lui permet pas d'attendre davantage. Il se cherche ou agrée des complices, pour parvenir plus promptement au but qu'il se propose. Le 10 octobre sera le jour, la salle de l'opéra le théâtre, où le moderne César tombera sous un concours de poignards. Mais avant l'exécution, le complot est éventé par les agens de la police; Napoléon ne s'en rend pas moins à sa loge au jour fixé. Il passe au milieu des conjurés, qui presque tous lui sont connus, et cherche à les pénétrer de ses regards. Quelques instans après, ils sont arrêtés par les soins du général Lannes, et leurs têtes roulent sur l'échafaud en holocauste au pouvoir qu'ils ont voulu renverser.

Mais c'était alors pour Napoléon l'époque des conspirations. En but au ressentiment des républicains dont il abandonnait la cause, il ne l'était pas moins à la haine des royalistes dont il refusait de satisfaire les prétentions. Depuis le commencement du consulat, on avait organisé contre sa vie sept tentatives, qui toutes avaient échoué, lorsque le 24 décembre en vit éclater une dont les auteurs mirent en défaut la vigilance de la police, jusqu'au moment de l'exécution.

Il était sept heures du soir: Napoléon se rendait en voiture à la salle de l'Opéra, où l'on donnait pour la première fois l'*Oratorio* de *la Création du monde*. Arraché avec peine au sommeil qu'il goûtait sur un canapé, à la suite d'une longue insomnie, il s'y était abandonné de nouveau, quand il en fut tiré par une explosion terrible. » Nous sommes minés ! » fut le cri qu'il proféra en se réveillant.

Néanmoins, la voiture continue de rouler avec rapidité; et le premier Consul, tranquillisé par l'arrivée presque immédiate de son épouse et de sa sœur (Mme Murat), qui suivaient à cinquante pas de distance, attend avec calme que Lannes vienne lui transmettre les renseignemens qu'il l'a chargé d'aller recueillir.

Lannes rapporte que l'explosion qu'on a entendue, a été produite par un tonneau semblable, pour la forme, à ceux qu'on a coutume d'employer à voiturer l'eau, mais cerclé en fer, et rempli de poudre et de mitraille ; qu'elle a éclaté entre la voiture du premier consul et celle de son épouse; qu'un homme de la queue de l'escorte a été renversé; qu'enfin quelques maisons de la rue Saint-Nicaise ont été endommagées, plusieurs personnes tuées, une trentaine blessées, mais qu'on n'a pu découvrir de quelle main le coup partait.

Napoléon n'hésita pas à l'attribuer aux républicains qu'il haïssait. Aussi fit-il dresser sur le champ une liste de déportation contre ceux qu'il soupçonnait de lui être le plus opposés.

Mais Fouché, le ministre de la police, que ses investigations avaient mis enfin sur la trace des vrais coupables, tous chouans et royalistes payés par l'étranger, vint, à quelques jours de l'événement, en instruire le premier Consul. Il eut d'abord de la peine à se faire entendre ; Napoléon lui ferma la bouche par des paroles de colère: les coupables n'étaient pas les royalistes ; c'étaient *les Jacobins, ses anciens amis*, à lui, Fouché : ce ne pouvait être d'autres. Le ministre courtisan convint que *ses anciens amis* étaient bien capables d'un attentat semblable; mais enfin, pour cette fois, ils avaient eu les royalistes pour complices, et même pour exécuteurs. On connaissait l'hôtel où ils avaient logé, le lieu où ils avaient préparé leur meurtrière machine (si justement appelée depuis *infernale*), les ouvriers qui y avaient été employés. Enfin, quelques-uns étaient arrêtés, et la vérité allait apparaître à la face de la France (1).

L'instruction prouva surabondamment que Fouché avait raison. Deux circonstances indépendantes du calcul des conspirateurs avaient seules sauvé la vie au premier Consul : l'ivresse de son cocher qui, au risque de se briser, s'était glissé, sans ralentir sa course, à travers les obstacles dont on avait embarrassé son passage; et l'humidité d'une journée pluvieuse qui, s'étant communiquée à la poudre, avait retardé l'explosion du fatal tonneau.

Napoléon fut bien forcé de convenir que c'était à messieurs les royalistes que les habitans de la rue Saint-Nicaise avaient l'obligation d'être sautés en l'air (2); mais il n'en persista pas moins dans la ré-

---

(1) Imolan, Saint-Réjan, ancien officier de marine, Carbon étaient les exécuteurs du complot. Les deux derniers seuls furent exécutés. Imolan, qui trouva le moyen de fuir, a pris depuis, à ce qu'on assure, l'habit religieux.

(2) C'est ainsi qu'on l'a fait s'exprimer assez légèrement, ce nous semble, sur ce funeste événement.

solution de déporter les malheureux républicains qu'il avait d'abord soupçonnés de ce crime, quoiqu'il fût manifeste qu'ils en étaient innocens. Il faut bien de la splendeur guerrière, pour couvrir la tache qu'imprime à la gloire d'un homme un acte d'un aussi déplorable arbitraire.

C'est peu de temps après cette odieuse mesure, que la France étonnée vit le gouvernement demander, pour remplacer la loi des ôtages et réprimer le brigandage de la chouannerie, le rétablissement des cours prévôtales, sous le nom nouveau de *tribunaux criminels spéciaux*. Il est juste de dire qu'il n'usa que modérément de l'arme inconstitutionnelle que le corps législatif, soit conviction, soit complaisance, mit en ses mains. Cependant, le projet de loi qui reproduisait cette juridiction barbare, ayant rencontré, dans le tribunat, une opposition énergique, l'existence de ce corps ne dut plus dès-lors être qu'impatiemment soufferte par le caractère absolu de Napoléon.

La nouvelle de plusieurs négociations favorables à la France vint éclaircir l'aspect sombre que ces événemens successifs avaient comme imprimé à la capitale. Outre les avantages qui résultaient du traité de Lunéville, signé le 9 février, et dont nous avons fait connaître les bases, la république s'accroissait en Italie du duché de Parme, par convention avec l'Espagne du 19 mars; et, le 28 du même mois, se faisait céder, par le roi de Naples, comme prix de la paix qu'elle accordait à sa prière, la principauté de Piombino, Porto-Longone, cette île d'Elbe, conquête inaperçue alors, mais qui, quatorze ans plus tard, devait recueillir les débris de la plus étonnante destinée.

Nous arrivons à un acte diversement apprécié, selon les doctrines, les passions et les intérêts divers : le concordat. Blâmé comme contre-révolutionnaire par beaucoup de républicains, et comme un pas rétrograde de notre civilisation par une minorité éclairée, il fut bien accueilli par le grand nombre, qui pourtant ne l'avait pas désiré.

Depuis que le dédain affecté du gouvernement pour le culte théophilantropique, et les attaques sourdes dont il le rendait l'objet, avaient comme anéanti cette institution de la république, ainsi que plus tard l'enseignement mutuel devait l'être par la répugnance prononcée d'un autre pouvoir, le catholicisme relevait une tête dominante. Il s'exerçait non-seulement avec protection, mais en quelque sorte avec privilége ; néanmoins il végétait encore plus qu'il ne florissait ; et ses ministres ne parvenaient qu'avec beaucoup de peine à rappeler au bercail quelques-unes des nombreuses ouailles qui, pendant un temps d'orages, s'en étaient écartées. Ils s'imaginèrent ou feignirent de s'imaginer que le peu de ferveur des peuples tenait à la scission opérée par la constitution civile de l'église de France. Le culte, selon eux, manquait de base ; c'était comme une tige séparée de son tronc, qu'une opinion forte (parce qu'elle était vieille) faisait voir encore à un très-grand nombre dans l'église de Rome; enfin, le clergé, tenace comme toutes les corporations, vaincu et non pas soumis par la France républicaine, gagna sa cause sous Napoléon, qui, en lui prêtant son appui, comptait bien en faire un instrument pour seconder ses desseins.

Après de longs débats, un concordat fut enfin signé entre la cour de Rome et la république, ou plutôt entre le pape et le premier Consul, par l'intervention du cardinal Fesch, oncle de ce dernier (1) le 15 juillet 1801.

Le corps religieux auquel Napoléon venait de rendre la vie, l'assaillit aussitôt des éclats d'une verbeuse reconnaissance. Les prélats, surtout, dépouillèrent la bible de ses noms de prédilection, pour en doter *l'homme de la religion*; et leur conduite ne se refusa pas d'abord à l'espoir qu'avaient donné leurs paroles. Leur dévoûment pour le restaurateur de leur opulence fut des plus obséquieux ; et il est même juste de l'avouer, ils y furent fidèles, jusqu'à ce qu'ils eurent aperçu, en arrière de lui, une perspective plus séduisante, l'espoir fondé d'obtenir plus.

---

(1) Fesch était né de l'ayeule maternelle de Napoléon, Mme. Ramolini, et d'un capitaine suisse qu'elle avait épousé en secondes noces.

Napoléon, avec son caractère et ses vues, dut, comme on le pense bien, s'applaudir du concordat, ainsi que d'un acte politique et avantageux à sa puissance ; quoique dans la suite, il dût dire qu'il n'avait *rien fait pour le clergé qu'il ne lui eût donné lieu de s'en repentir*. Il crut, d'ailleurs, avoir assez fait contre le danger de l'influence religieuse, à l'égard de laquelle l'esprit public, son nom et sa puissance le rassuraient aussi, suffisamment peut-être, en obtenant la reconnaissance formelle des libertés de l'église de France.

Mais la philosophie européenne, qui ne voyait pas par les yeux de son ambition, jugea tout différemment. « Napoléon, disait-elle, recule l'œuvre de la régénération du monde ; car, la morale religieuse en étant la base, c'était elle qu'il fallait réformer d'abord. Or, jamais homme ne fut placé pour cela dans une conjoncture plus avantageuse. » Et, en effet, lui-même devait convenir qu'il eût pu alors *choisir entre le catholicisme et le protestantisme*, et que même *les dispositions du moment poussaient toutes à celui-ci*... Ce ne fut qu'avec la plus grande peine qu'il parvint à faire adopter le concordat par son conseil d'état, au point, nous dit-il encore, que *plusieurs ne se rendirent qu'en complottant d'y échapper. Eh bien!* se disaient-ils l'un à l'autre, *faisons-nous protestans, cela ne nous regardera pas.*

D'un autre côté, les républicains dont l'œil ob-

servateur ne laissait inaperçu aucun des jalons que le premier Consul jetait sur la route du suprême pouvoir, s'attachèrent à chercher à ce pacte religieux des motifs intéressés, plus encore qu'à en préjuger les conséquences. Selon eux, « Napoléon avait été déterminé par un calcul d'ambition personnelle, bien plus que de politique générale. Il avait pour but, en rétablissant le catholicisme, de s'entourer d'un parti nombreux, dont il s'appuierait dans l'occasion pour s'élever au trône, en même temps qu'il donnait à son pouvoir une certaine consistance aux yeux de l'étranger »; et ajoutaient-ils encore, l'esprit toujours bercé des avantages d'une religion plus simple : « Le christianisme non modifié, est le seul culte qui aille bien à ses vues : c'est sous bien des rapports le plus favorable au pouvoir. » Napoléon semble avoir voulu étayer de son assentiment cette opinion, quand il a dit : « Né chez un peuple corrompu, as-
» sujéti, comprimé, le christianisme prêcha la
» soumission et l'obéissance, afin de désintéresser
» les souverains. »

Quelques républicains encore et beaucoup de royalistes, exagérés les uns dans leurs craintes, les autres dans leurs espérances, regardaient cet acte comme préparatoire au rétablissement des Bourbons.

D'autres plus clairvoyans, le jugèrent au contraire, un coup mortel porté, dans l'opinion des puissances continentales, à leurs prétentions.

Au reste, le concordat de 1801 produisit, sur certains hommes des plus illustres de l'Europe, une impression si fâcheuse, qu'il demeura dans leur esprit un grief irrémissible contre son auteur. Napoléon en essuya le blâme jusque dans l'éclat le plus imposant de sa puissance. A peine l'avait-il conclu, que Fox, dans une entrevue qu'il eut avec lui, lui reprocha de n'avoir pas au moins obtenu le mariage des prêtres, comme une modification juste, naturelle et politique tout à la fois. Sa réponse fût une excuse, et selon nous une excuse insuffisante, si l'on se reporte à l'époque où l'on se trouvait alors. « C'est avec de l'eau, répon-
» dit le premier Consul au ministre anglais, et
» non avec de l'huile, qu'on calme les volcans
» théologiques. J'aurais eu moins de peine à éta-
» blir la confession d'Ausbourg. » Nous verrons incessamment pourquoi il ne prit pas ce dernier parti.

Le célèbre Wielland avec lequel il s'entretint longuement à la cour de Weimar, lui fit aussi à cet égard quelques observations. Il lui demanda pourquoi il n'avait pas donné au culte public, lorsqu'il l'avait rétabli en France, une direction plus philosophique, et conforme aux progrès de la raison humaine. « Mon cher Wielland, lui ré-
» pondit l'Empereur, la religion n'est pas faite
» pour les philosophes; ils ne croient ni *en moi*,

» ni en mes prêtres. Quant à ceux qui croient, on
» ne saurait leur donner ou leur laisser trop de
» merveilles (1). Si je devais faire une religion
» pour les philosophes, elle serait toute opposée
» à celle des gens crédules. »

» L'homme a besoin du merveilleux, » devait-il
dire encore ailleurs, « il vaut mieux qu'il le trouve
» dans la religion que chez mademoiselle Lenor-
» mand (2). »

Et voilà, selon lui, ce qui le détermina à signer
le concordat, « malgré les iniquités et les fraudes
» des ministres de la religion, qui prêchent cons-
» tamment que leur royaume n'est pas de ce
» monde, et pourtant s'emparent de tout ce qu'ils
» peuvent. »

Mais nous trouvons à cet acte des motifs plus

---

(1) Nous ne voyons pas pourquoi. Ne serait-il pas avantageux, pour l'espèce humaine, que chacun pût être quelque
peu philosophe, ou, ce qui revient au même, éclairé ?

(2) «Fameuse diseuse de bonne aventure à Paris, qui a été
consultée par des rois et des empereurs, » comme de moins
célèbres l'étalent par la dernière classe. Faut-il donc ici faire
l'application du proverbe : *les extrêmes se touchent !* Heureusement, pour l'honneur de notre siècle, la cartomancie est
bornée maintenant à l'exploitation de deux classes. Elle est
bannie de cette classe moyenne, source et refuge de toutes les
capacités, qu'on pourrait appeler, en usant d'une locution de
Napoléon, *la colonne de granit* de la civilisation, colonne
contre laquelle se viendront toujours briser les efforts présomptueux des barbares.

plausibles et plus politiques : c'est encore Napoléon qui nous les fournit.

Et d'abord, en admettant la supposition, que nous regardons comme incontestable, qu'un culte est nécessaire dans toute organisation sociale, et en mettant de côté celui des théophilantropes, qui était ce qu'on pouvait imaginer de plus simple, mais auquel Napoléon ne pardonnait pas son berceau et peut-être aussi son esprit républicain, il ne restait plus qu'à choisir entre les cultes préexistans.

De ceux qui se pratiquent en France, il n'y avait que la religion réformée qu'il pût entreprendre de substituer au catholicisme. « Mais en proclamant le protestantisme, qu'eût-il obtenu ? Il eût créé deux grands partis à peu près égaux... Ces deux partis, en la déchirant, eussent annihilé la France, et l'eussent rendue l'esclave de l'Europe, *lorsqu'il avait l'ambition de l'en rendre maîtresse.* Avec le catholicisme, il arrivait bien plus sûrement à tous ses grands résultats. Dans l'intérieur, chez nous, le grand nombre absorbait le petit ; et il se promettait bien, d'ailleurs, de traiter celui-ci avec une telle égalité qu'il n'y aurait bientôt plus de motifs à connaître la différence. Au dehors, le catholicisme lui conservait le pape ; et avec son influence et nos forces, en Italie, il ne désespérait pas, tôt ou tard, par un moyen ou par un autre, de finir par avoir à lui la *direction de ce pape.* Dès lors, quelle influence ! quel levier d'opinion sur le reste du monde. » Telles sont les raisons d'ambition qui l'empêchèrent, non-seulement, « d'arborer la bannière protestante; » mais encore de créer un patriarche, comme c'était l'avis de beaucoup. Un patriarche n'aurait eu d'influence que sur la France; et sans parler des prévisions ambitieuses qui, comme on le voit, l'occupaient déjà, l'Italie, après avoir dû sa délivrance à ses armes, allait devenir, comme la république française, une conquête de son pouvoir.

Néanmoins il est juste de convenir qu'il était contraire par raison à *l'oisiveté abrutissante* des cloîtres. Jamais, sans doute, quelque long temps que se fût prolongée sa puissance, on n'eût vu se relever les réceptacles anti-sociaux, où s'engouffre sans échange le plus pur des fruits que le travail du peuple arrache à la terre; où les produits d'une active industrie vont, dans le silence, délecter les regards d'une ignare inutilité. « Il aurait toujours » permis un nombre de prêtres suffisant, mais pas » de moines » qu'il regardait en général comme *un déshonneur pour la race humaine* (1).

« Son système était qu'il n'y eût pas de religion prédominante. » C'était une conséquence nécessaire de *légale* liberté et de *légale* protection qu'il accor-

---

(1) Tous les passages imprimés en italique, ou placés entre guillemets, dont on n'indique pas la source, sont extraits des *Mémoires* ou de la conversation de Napoléon.

dait à tous les cultes. Entre les mots domination et égalité, il y a contradiction.

Cependant l'Egypte, au sein de laquelle, après le départ de Napoléon, notre armée s'était maintenue victorieuse, par les talens et l'activité de Kléber, avait commencé à nous échapper depuis que ce général était tombé sous un poignard musulman, le même jour, à la même heure que l'illustre Desaix était atteint du plomb mortel sur le champ de bataille de Marengo. Le premier Consul attribuait à l'incapacité militaire de Menou, auquel le commandement échut en dernier lieu, nos tardifs revers dans cette contrée, qui, selon lui, pouvait et devait demeurer à la France. Quoi qu'il en soit, ce fut le 30 août que nos troupes quittèrent par capitulation ce sol antique, sur lequel elles avaient combattu trois ans, sans fruit, mais non pas sans gloire.

Un traité de paix du 24 août venait de réconcilier la France avec la Bavière; un autre la réconcilia avec le Portugal, le 29 septembre; la mésintelligence qui avait existé jusqu'alors entre elle et la Russie, cessa le 8 octob. e; et le 9 du même mois, la Porte renonça de même, vis-à-vis de nous, à son attitude hostile; enfin, l'on espérait qu'une paix définitive, dont les préliminaires venaient d'être signés à Londres avec le gouvernement anglais, le premier octobre, ne tarderait pas à couronner l'œuvre de la pacification générale. On pensait assez généralement que Napoléon se servirait de l'enthousiasme qui en résulterait, comme d'un levier pour franchir le léger espace qui le séparait encore du trône d'une grande nation.

Mais il devait n'y arriver que progressivement; sa position et l'esprit public commandaient la prudence; néanmoins il allait faire à l'étranger, chez un peuple moins jaloux de la liberté, qui lui avait coûté moins à acquérir, et que d'ailleurs il lui avait procurée par ses victoires, l'essai d'un empiétement de puissance qu'il n'avait point osé tenter encore sur la république Française. Il convoqua à Lyon la *Consulta*, qu'il avait chargée de rédiger la constitution de la république Italienne. Cette constitution, à la discussion de laquelle il fut appelé, fut votée sous son influence, comme l'avait été la constitution française; et la première charge de la république reconstituée, lui fut décernée (8 janvier 1802) sous le titre de présidence. Ainsi, il atteignait, dans la forme comme dans le fond, l'unité du pouvoir, dont il avait voulu éviter l'apparence, lors de la création de trois consuls.

Le 7 mars vit éclore un acte qui aurait appris à la France qu'elle avait un maître, si déjà d'autres mesures arbitraires ne le lui avaient fait sentir. Le tribunat, du sein duquel s'élevaient des accens libres, fut mutilé, sous prétexte du renouvellement par cinquième, prescrit par la constitution; le premier Consul désigna les membres qui en seraient retranchés : ce furent les Daunou, les Benjamin Constant, les plus courageux défenseurs des libertés publiques ; et ce corps, désormais passif, et sans force pour défendre les droits du peuple, n'en conserva pas même assez pour protester contre son anéantissement, lorsqu'il plut au maître de le prononcer.

Enfin, Amiens vit conclure, à la satisfaction générale, le traité qui rétablissait la paix entre la république Française, l'Espagne, la république Batave et l'Angleterre ; reconnaissait le premier Consul comme chef du gouvernement de la France, et stipulait la restitution de toutes les conquêtes faites par l'Angleterre depuis dix ans sur ce gouvernement et ses alliés ; mais la politique fallacieuse de l'Angleterre devait refuser de l'exécuter.

Le jour convenu pour signer ce traité, le plénipotentiaire anglais, lord Cornwallis, ayant été retenu chez lui pour une cause impérieuse, reçut, dans l'intervalle, des dépêches de Londres, qui lui enjoignaient de ne conclure qu'à de nouvelles conditions ; mais ce ministre loyal n'en apporta pas moins le lendemain sa signature, au risque de s'attirer la disgrâce de son gouvernement, à laquelle il fut effectivement en but depuis.

Napoléon nous apprend que lord Withword, ambassadeur à Paris, lui fit dire, par l'entremise de Malouet, qu'on le reconnaîtrait roi de France, et qu'il lui serait en outre donné une somme de trente millions, s'il voulait céder Malte à l'Angleterre; mais qu'il répondit: « Si la nation française » ne m'élit pas roi, je n'emploierai jamais l'influence » anglaise pour le devenir. »

L'ivresse du public était telle que la nouvelle de nos désastres sur le sol lointain de Saint-Domingue se trouva presque insensible; elle seule peut-être garantit d'un échec la popularité de Napoléon. Cédant à l'avide importunité des colons auxquels une même patrie donnait des rapports naturels avec Joséphine (cette femme dont la funeste bonté, facile bien plus qu'éclairée, ne consistait guère qu'à sacrifier à des malheurs amis et privilégiés, des malheurs plus grands, plus réels, mais moins proches), le premier Consul avait, vers la fin de la précédente année, fait partir, sous les ordres de son beau-frère Leclerc, une expédition nombreuse dans l'intention de reconquérir la plus riche des Antilles. Heureusement pour l'humanité, cette expédition échoua complétement; mais malheureusement pour la France, elle échoua par la destruction des guerriers dont elle se glorifiait le plus, sacrifiés sans gloire, parce qu'il n'y en a point hors des voies de l'équité naturelle, parce qu'il n'y a que de la honte à combattre pour replacer les peuples sous un joug inique que leur courage a brisé. Néanmoins de nouveaux sacrifices devaient encore être faits. Rochambeau, le successeur de Leclerc qui avait cessé d'exister, reçut l'ordre de faire une guerre à mort à des hommes qui n'avaient eu d'autres torts envers nous que de vouloir conserver intacte cette liberté pour laquelle nous leur avions appris à combattre. Ce général s'acquitta trop bien de la rigoureuse mission qui lui fut confiée; dès-lors, la guerre devint une lutte d'extermination, qui n'aboutit qu'à faire dévorer tout ce qui restait de Français par une terre justement ennemie.

Leclerc avait dû faire embarquer tous les chefs des noirs pour la France où ils auraient été employés dans leurs grades; mais il avait jugé cette mesure superflue, et il n'y eut que le célèbre Toussaint Louverture qui, dans la suite, fut déporté de sa patrie, et vint terminer son existence, dans la nôtre, au sein de la captivité.

Napoléon regrette, politiquement, d'avoir entrepris cette expédition; mais c'est avec peine que nous le disons, il ne paraît pas qu'il ait jamais proféré, sous le point de vue moral, une seule parole de repentir sur cette guerre impie; et, disons-le même, parce que le devoir de l'historien est de tout dire, on l'a vu se complaire à croire que les infortunés qu'il voulait rendre à la servitude étaient, sous le rapport intellectuel, d'une nature bien inférieure à la nôtre; comme si cela même eût pû entraîner le droit de les opprimer. Insensé celui qui prétend à justifier de tels actes! il ne parvient qu'à les faire paraître encore plus odieux.

Mais notre tâche de réprobation n'est pas finie. Une autre expédition de de 3,500 hommes, descendue à la Guadeloupe, et aidée des forces qui s'y trouvaient, vint à bout, malgré la résistance la plus courageuse, de rattacher à la chaîne de l'esclavage la population noire de cette île.

Si les malheureux noirs n'obtenaient pas le regard compatissant d'une multitude distraite par le spectacle enivrant d'une pacification si long-tems et si justement désirée, il n'y avait du moins que quelques colons, barbares par intérêt, qui osassent s'applaudir de leur infortune; mais ceux en qui la joie de la patrie n'avait pas absorbé, même momentanément, les sentimens d'une généreuse humanité, leur répondaient tout d'une voix: « Barbares! vous osez mettre en balance l'intégrité de vos viles fortunes, et la liberté de toute une espèce d'hommes !..... d'un côté : une propriété inique, injustifiable; de l'autre, la propriété de soi-même, la plus sacrée, la plus incontestable de toutes les propriétés ! »

Il proféra une vérité grande, forte, profonde, sous une forme un peu trop énergique peut-être, celui qui a dit : *Périssent les colonies, plutôt qu'un principe !* Et en effet, qu'était-ce dire, sinon : « Hommes du pouvoir, renoncez aux avantages que vous retirez d'un sol lointain, si vous ne devez les obtenir qu'au prix du bonheur et des droits de l'humanité! Peuples, abstenez-vous de sucre, s'il ne peut vous arriver que teint du sang, empreigné des sueurs de l'homme esclave, sur une terre qui ne l'a point produit! Colons, résignez-vous à quelque diminution de vos colossales fortunes, et que des milliers de malheureux, vos frères, puissent, sous une hutte misérable, manger au moins le pain de l'homme libre! » Mais là, comme chez nous, on a opposé à la justice une résistance impie, et cette résistance a amené des excès coupables. Des blancs étaient venus dire à ces infortunés: soyez libres; et d'autres ensuite, que dis je, les mêmes, vinrent leur dire : d'où vient que vous avez fait usage de la liberté?...

Dans une mesure qui suivit de près la conclusion de la paix d'Amiens, on remarque encore, outre le calcul d'une politique personnelle, l'influence de Joséphine et des opinions, dont ses opinions, son penchant et ses goûts l'avaient naturellement entourée. Déjà Napoléon, élargissant la route ébauchée par le directoire, avait rouvert les portes de la France à cette classe d'émigrés, qui avaient moins fui la patrie et même ses institutions, qu'une proscription imminente. C'était un acte de justice: il en fit un d'indulgence, en rappelant, sous la simple condition qu'ils prêteraient serment de fidélité au gouvernement qui leur accordait son abri, ceux qui n'avaient pas craint des'armer contre cette même patrie. Jusque là, si la raison n'avait pas à applaudir, elle n'avait pas non plus à blâmer ; mais bientôt ils envahirent toutes les places ; les faveurs plurent sur eux, au préjudice des plus méritans; et dès-lors s'éleva contre Napoléon un juste sujet de reproche, sur lequel nous reviendrons.

A la suite de cette loi d'amnistie, le premier Consul proposa l'institution de la légion d'honneur. Quelque simple que dût être, dans son origine, cette récompense du mérite militaire et civil, elle s'éloignait, selon nous, de la voie républicaine; elle ne valait pas le don des armes d'honneur; c'était favoriser la vanité aux dépens d'un juste orgueil, échanger *l'être* contre le *paraître*. En effet, on ne se contenterait plus d'être vertueux ou brave; on voudrait pouvoir se le montrer constamment à la vue de tous, ou plutôt montrer un signe qui, une fois acquis par l'effort d'un moment, ou par un long intervalle d'ambitieuse hypocrisie, pourrait dispenser de l'être désormais.

D'autres, en outre, croyaient découvrir, dans cette institution, une arrière-pensée, ou du moins un premier pas rétrograde qui entraînerait infailliblement au rétablissement de ces décorations, de ces titres, depuis 1789, proscrits et odieux. Aussi, le tribunat, tout mutilé qu'il était, laissa-t-il éclater des accens de réprobation. Savoye-Rollin, Chauvelin, tous les deux remarqués, dans un temps plus rapproché, parmi les défenseurs des libertés populaires, la repoussèrent de leur vote et de leurs discours. » Sans doute, dit ce dernier, il faut effacer les distinctions nobiliaires, aux yeux de ceux qui les remarquent encore; mais, les effacer, et non les couvrir; les anéantir, et non les remplacer; les détruire par les principes, et non les combattre par d'autres préjugés.»

Napoléon n'était Consul que depuis trois mois, quand l'adulation du sénat, interprétant l'arrêté vague du tribunat, *qu'il lui serait donné un gage éclatant de la reconnaissance nationale*, prorogea de dix années son pouvoir. Mais sous le voile d'un feint scrupule, qui ne lui aurait pas permis d'accepter, si l'acte qui l'avait réélu n'avait obtenu le suffrage du peuple; le premier Consul fit offrir à sa sanction, par ses deux consuls secondaires, la décision du sénat, modifiée ainsi qu'il suit : *Napoléon sera-t-il consul à vie ?* Un nombre de plus de trois millions de signatures s'étant prononcé pour l'affirmative, Napoléon n'eut plus qu'à se résigner au *nouveau sacrifice* que le vœu du peuple lui *commandait*.

Cependant, le sénat, se mettant audacieusement à la place de la nation, décide que le sénatus-consulte, qui modifie la constitution de l'an VIII, pour la mettre en harmonie avec la prorogation de la suprême magistrature, ne sera pas soumis à l'acceptation du peuple : *la garantie des droits de la société, plaçant absolument l'exercice de la sou-*

veraineté du peuple dans le sénat, le lien, le moi personnel de la nation.

Or, il n'est pas sans intérêt de savoir comment le sénat avait été formé. La moitié de ses membres avaient été élus par les deux consuls secondaires, réunis aux deux consuls provisoires, sortant de charge au moment où fut promulguée la constitution de l'an VIII. Cette première moitié nomma l'autre, en sorte que le sénat tout entier se trouvait être de la nomination de Napoléon, dont les consuls dépendaient. Cette manière inouïe de choisir les conservateurs des droits d'une nation, pouvait faire préjuger ce qu'on avait à en attendre, et indisposa tous les hommes publics, qui ne prostituaient pas la dignité nationale et personnelle. Le célèbre Ducis refusa de siéger au sein d'une assemblée ainsi formée.

Aussi, ce sénat à jamais flétri se rendit avec empressement l'instrument de toutes les volontés oppressives du maître qui l'avait créé, jusqu'à ce que, comme tout ce qui est vénal, des intérêts plus grands ou plus assurés le déterminassent à favoriser un autre pouvoir. La corruption détruit seule l'effet de la corruption. Or, la corruption agit par deux leviers sur le cœur de l'homme : le désir d'acquérir et celui de conserver (1).

---

(1) C'est ce qui semble avoir échappé à tous les gouvernemens qui ont établi un cens d'imposition pour l'éligibilité:

Déjà avait commencé le régime de ces trop fameux sénatus-consultes, véritables billets à ordre du despotisme qu'acquitteront successivement toutes les libertés de la France. C'est un grand malheur pour une nation que de conserver les formes représentatives, quand il n'y a plus de représentation. Le despotisme pur, comme en Turquie, est de beaucoup préférable. En effet, le despotisme est, de sa nature, jaloux de l'autorité. Il punit presque toujours, quand il le connaît, l'abus qu'en font ses agens, comme un empiètement sur ce qu'il nomme ses droits. Quelqu'injuste qu'il soit, son injustice ne s'étend pas toujours à tous; elle ne pèse guère que sur ses entours ; et le peuple vit quelquefois tranquille, à l'abri du rempart que lui font les courtisans. Mais il en est tout autrement dans un pays où l'esprit du despote passe dans les lois : depuis le premier officier d'une province jusqu'au garde champêtre, il n'est pas un

---

Ces deux sentimens ont une égale force, une égale influence; et il serait même facile de prouver, si c'en était ici le lieu, que le dernier est celui qui, dans un homme public, a le plus de contrepoids. La cupidité corrompt le pauvre ; la peur de perdre, qui n'est qu'une cupidité réfléchie, corrompt le riche. Tous deux sont mus par un même motif, tendent à un but semblable ; seulement ils n'ont pas le même point de départ. Mais, c'est l'énergie de la pauvreté que les gouvernemens redoutent, et non pas sa vénalité; car ils l'achèteraient. Ils savent bien que personne, dans l'état, ne peut lutter avec eux, de moyens de corruption.

seul agent du pouvoir qui né les presure, pour en faire jaillir l'oppression (1).

Le 4 septembre, les attributions du département de la police furent réunies à celles du grand juge, ministre de la justice, institué par sénatus-consulte du 4 août. Ainsi, Fouché, dont la complaisance à dresser les listes de déportation de *ses anciens amis* n'avait pu encore gagner la confiance de Napoléon, se trouva disgracié.

La paix signée à Amiens était impopulaire en Angleterre; les ministres anglais, se voyant étayés de l'opinion nationale, demandèrent plusieurs modifications aux conditions qui y avaient été stipulées, d'autant plus volontiers que leur assentiment à ces conditions leur avait été comme arraché. Ils chargèrent leur ambassadeur de présenter au premier Consul un *ultimatum*, par lequel ils exigeaient l'occupation par l'Angleterre, durant dix années, des îles de Malte et de Lampadosa, et l'évacuation de la Hollande. Une telle demande fut repoussée avec indignation. Alors un embargo fut mis sur les vaisseaux français et hollandais dans tous les ports de la Grande-Bretagne; et le premier Consul, par représailles, fit arrêter tous les Anglais qui se trouvèrent sur le territoire de la France, à l'époque où la guerre fut déclarée,

---

(1) Ce passage est en partie extrait d'une brochure publiée par l'auteur de cette *Vie*, sous le titre de *Cri du peuple*.

(le 22 mai). En deux jours, l'électorat de Hanovre fut soumis à nos armes; et toute l'armée anglaise forte de 18,000 hommes, qui devait le défendre, ne put se garantir elle-même et devint prisonnière de nos soldats. Cependant, vers la fin de juillet, au retour d'un voyage au sein de la Belgique, pendant lequel il avait arrêté la construction d'un canal pour unir le Rhin, la Meuse et l'Escaut, le premier Consul, témoignant un désir de paix que nous jugeons sincère, fit offrir la médiation de la Russie au gouvernement anglais qui la refusa. Dès lors, on abandonna l'idée d'une prochaine réconciliation.

« Sans la rupture de la paix d'Amiens, devait dire Napoléon, j'allais me donner uniquement à l'administration de la France; j'eusse fait la conquête morale de l'Europe, comme j'ai été sur le point de l'accomplir par les armes. » La France fut donc alors bien malheureuse; car, pour *accomplir la conquête morale* de l'Europe, nous supposons qu'il eût dû nécessairement sortir de la voie illibérale, dans laquelle il marchait.

Serait-ce à cette rupture, à laquelle son vœu ne concourut certainement point, que la France dut le malheur de le voir au contraire s'y engager davantage, en dénaturant, sous prétexte de le réorganiser, le corps législatif, qui, malgré son attitude inoffensive, passive même, ne lui semblait pas sans doute, au gré de son ombrageux despotisme, dans une assez basse abjection?

Le 27 octobre, on sut que la cession de la Louisiane, faite par la France aux États-Unis, faisait entrer au trésor une somme de soixante millions.

Cependant, après la rupture de la paix d'Amiens, avait commencé ce système de blocus continental, comme toutes les entreprises extraordinaires si diversement jugé; impraticable, selon le plus grand nombre; mortel au commerce de l'Angleterre, et d'une exécution très-possible, selon son auteur.

Alors aussi, le premier Consul porta une attention particulière à l'armée dite des côtes d'Angleterre, qu'on s'imagina toujours, en France, mais à tort, n'être pas destinée à une attaque sérieuse. Les prames, peniches, bateaux plats, et autres petites embarcations armées, qui devaient transporter nos soldats sur le sol britannique, avaient, plusieurs fois déjà, depuis le milieu de 1801, bravé le choc de diverses divisions de la flotte ennemie. Dans une tournée maritime qu'il fit au mois de novembre, Napoléon fut témoin, devant Boulogne, d'un engagement de notre flotille, dans lequel la supériorité anglaise échoua de nouveau.

L'année 1804 s'ouvre sous les auspices les plus effrayans pour le premier Consul. Soixante assassins sont réunis à Paris, dans l'intention de le *terrasser* (c'est l'expression de l'aveu qu'ils doivent faire). La plupart ont été vomis sur la falaise de Béville, par la haine anglaise. Le gouvernement il est vrai, ignore ce fait; mais des rapports alarmans ont éveillé sa sollicitude; des conciliabules de mécontens se tiennent dans la capitale; il le sait. Cependant, il erre dans un labyrinthe de suspicions vagues; il voit l'ombre du glaive qui menace de le frapper, et la main qui le tient se cache à sa vue; les conspirateurs, le but précis de la conspiration, ses moyens, le lieu, l'époque où elle éclatera: tout demeure sous un voile impénétrable; et la police s'agite dans les ténèbres d'une effrayante anxiété. Enfin un homme suspect, dont un jugement découvre la culpabilité, rompt le silence en présence du supplice. Un vaste complot menaçait les jours du premier Consul et l'indépendance de la France. Ses chefs, alors à Paris, sont Georges Cadoudal chouan déterminé, fils d'un meûnier, et Pichegru, que la patrie a déjà rejeté de son sein comme traître, et sur qui pèse l'accusation horrible d'avoir vendu le sang et l'honneur de l'armée dont le commandement lui était confié, à la politique étrangère.

La révélation d'un autre conjuré (Bouvet de Lozier) compromet Moreau; Moreau, le front brillant encore des palmes d'Hohenlinden; Moreau, opposé par esprit national à l'Angleterre, par principes aux titres, par sentiment à l'émigration, et l'un des hommes les moins faits pour se ranger jamais sous la bannière de l'étranger et du privilège, mais qui, d'un caractère faible, dut tous ses malheurs à celui d'avoir reçu pour épouse, de la main de Joséphine, une créole, comme elle, insatiable de luxe, vaine, intrigante et ambitieuse (1).

Moreau nourrissait, depuis long-temps, des dispositions hostiles contre Napoléon. Leur gloire se choquait, quoiqu'inégale. En vain celui-ci, qui le savait, avait essayé de se le concilier par des procédés d'une bienveillance affectée; soit haine de son ambition, soit jalousie de son pouvoir, le vainqueur d'Hohenlinden avait reçu froidement toutes ses prévenances. Alors le premier Consul avait dit: « Qu'il se casse la tête contre les piliers des Tuile-
» ries! je m'en lave les mains. » Cependant, au premier indice de sa trahison, il s'arrêta devant sa popularité militaire, et douta même; mais la véracité des révélations se trouvant confirmée sur plusieurs points, il le jugea sous le coup d'une présomption assez forte pour motiver aux yeux de tous son arrestation.

Pichegru est arrêté le 28 février, Georges le 9 mars.

Tandis que les accusés et leurs nombreux complices attendent un jugement, et la plupart le supplice auquel plusieurs seront soustraits par la clémence, un seul (Pichegru), par le suicide; l'arrestation, le jugement précipité, et l'exécution non

---

(1) J'engageai Moreau à l'épouser sur la prière de Joséphine, qui l'aimait parce qu'elle était créole. (*Napoléon d'après O'Méara.*)

moins prompte d'un Bourbon soulèvent une grande rumeur dans l'Europe.

Le 15 mars, le duc d'Enghien, jeune prince de beaucoup d'espérance, à ce qu'on assure, fut enlevé, par ordre du premier Consul, au sein du duché de Bade, à quelques lieues des frontières de France, en deçà desquelles, à la vérité, il s'était montré deux fois. Rapidement transporté à Vincennes, il y est jugé, dès le 20, par un conseil de guerre. Condamné à l'unanimité à la peine capitale, comme coupable d'intelligence avec les ennemis de la France, dans l'intérieur et à l'étranger, et en outre complice de la conspiration dirigée contre la vie du premier Consul, on l'exécute presque immédiatement, précipitation que rien ne saurait excuser. Écoutons maintenant Napoléon parler de cet acte au moins rigoureux.

« J'étais seul un jour... on accourt m'apprendre une trame nouvelle; on me démontre avec chaleur qu'il est temps de mettre un terme à de si horribles attentats... que le duc d'Enghien avait paru à Strasbourg... qu'on croyait même qu'il était venu jusqu'à Paris; qu'il devait pénétrer par l'est, au moment de l'explosion, tandis que le duc de Berry débarquerait de l'ouest.... « Mais s'il en est « ainsi, m'écriai-je, il faut s'en saisir... » Tout avait été prévu d'avance.... Il n'y eut qu'à signer; et le sort du prince se trouva décidé ».

Cependant, à ces excuses qui semblent avoir

pour but de rejeter sur ses conseillers l'odieux de la mort du prince, il en ajoutait d'autres :

« Lui et les siens n'avaient, dit-il, d'autre but journalier que de m'ôter la vie; j'étais assailli de toutes parts, et à chaque instant.... je m'en lassai, et je saisis l'occasion de leur renvoyer la terreur, jusque dans Londres... Et qui pourrait y trouver à redire? Quoi! journellement, à cinquante lieues de distance, on me portera des coups à mort; aucune puissance, aucun tribunal sur la terre ne sauraient m'en faire justice, et je ne rentrerais pas dans le droit naturel de rendre guerre pour guerre!... Il faudrait être niais ou forcené, pour croire qu'une famille aurait l'immense privilège d'attaquer journellement mon existence, sans me donner le droit de le lui rendre. Elle ne saurait raisonnablement prétendre à être au-dessus des lois pour détruire autrui, et se réclamer d'elles pour sa propre conservation... »

« Qu'eût-ce donc été, si j'avais étendu plus loin mes représailles? je le pouvais... on m'a souvent offert, à un million par tête, la vie de ceux que je remplaçais sur le trône.... je l'ai repoussé avec horreur... Eussé-je été organisé pour le crime, je me serais refusé à celui-ci, tant il m'eût semblé purement gratuit. J'étais si puissant! ils paraissaient si peu à craindre!

» Si j'avais vu, ajoutait-il, la lettre (1) qu'il m'écrivait, et qu'on ne me remit (Dieu sait par quels motifs!) qu'après qu'il n'était plus, bien certainement j'eusse pardonné. »

Peu de temps après, le 6 avril, Pichegru met fin à sa vie par un suicide.

On a prétendu que ce général avait été assassiné dans sa prison par ordre du premier Consul, parce qu'il avait connaissance et pouvait fournir la preuve d'une négociation criminelle que celui-ci aurait nouée avec le parti de l'émigration ; mais en supposant vraie cette négociation, ne restait-il pas Moreau, Georges, et les autres conjurés, qui devaient la connaître et pouvaient la révéler? Car, enfin, c'était un point d'appui, une raison d'encouragement au moins et de récrimination pour le parti, qu'on n'aurait pas laissé ignorer à des hommes qui exposaient leurs jours pour son triomphe; et d'ailleurs cette négociation aurait été connue des princes, de leurs agens. Au moment où Napoléon se préparait à l'envahissement du suprême pouvoir, un cri redoutable, élevé de l'étranger, serait venu repousser du trône de la France l'hypocrite qui eût pu concevoir l'odieux projet de la vendre. Pour le comprimer, ce cri, il

---

(1) Le jeune prince y renonçait, pour sa part, aux prétentions de sa famille, et offrait de servir fidèlement le premier Consul.

eût fallu assassiner l'émigration presque entière.

« Pichegru, a dit Napoléon, se vit dans une situation sans ressource... il désespéra de ma clémence, ou la dédaigna, et il se donna la mort. » Cependant il devait dire ailleurs, que, s'il n'eût prévenu sa condamnation, il lui eût peut-être pardonné, en faveur de la conquête de la Hollande, mais à la condition pourtant d'un exil en Amérique.

Ce général avait été frère minime avant la révolution; et Napoléon l'avait eu pour répétiteur de mathématiques au collége de Brienne. Tout porte à croire qu'il embrassa le parti des princes, plus par intérêt que par sympathie. Son avis était que, pour réussir, on ne pouvait trop prodiguer l'argent : « Le cri de *vive le Roi* est au fond du gosier, disait-il ; il faut beaucoup de vin pour l'en faire sortir. »

Depuis long-temps, les mots juraient dans le gouvernement avec les choses. Il n'y avait plus de république, quoique le nom en subsistât encore. Chaque jour voyait enter, sur l'œuvre de la révolution, des institutions reproduites d'un régime de barbarie. Les plus clairvoyans pénétraient où cela conduirait la France, ou plutôt l'avait déjà conduite : à l'obéissance d'un seul. En effet, Napoléon, depuis quatre ans, était souverain par le fait ; il ne lui en manquait que le titre : il allait se le faire offrir.

Dès le 27 mars, le sénat, prenant occasion des *dangers* qui tant de fois ont menacé les jours du premier Consul, a voté une adresse confidentielle, dans laquelle on remarque, entre autres insinuations : « Vous fondez une ère nouvelle ; mais vous » devez l'*éterniser*. L'éclat n'est rien sans la *durée*. » Vous pouvez tranquilliser la France, en lui don-» nant *des institutions* qui cimentent votre édifice, » et *prolongent*, pour les enfans, ce que vous fîtes » pour les pères... »

Feignant de ne pas comprendre le but d'une démarche qu'il a indubitablement commandée, Napoléon, par un message du 27 avril, invite le sénat à lui faire connaître *sa pensée tout entière*.

Le sénat, en suppliant le *suprême magistrat* de *donner* à la France de nouvelles institutions, avait-il eu l'intention bassement servile de laisser à son amour propre la satisfaction de l'initiative ? l'orgueilleux et despotique plaisir de saisir le sceptre, au lieu de le recevoir ? ou bien, comme nous aimons à le croire, reculant devant la honte d'une apostasie nouvelle, ne consentit-il à obéir qu'à demi à l'injonction qui lui était faite ? Dans ce cas, ce sera le dernier effort de sa pudeur ; il en devancera, avec d'autant plus de vitesse désormais, la volonté du maître, dans la voie du despotisme, pour faire oublier l'hésitation de son premier pas.

Quoiqu'il en soit, c'est du tribunat, de ce corps muet, sans considération, depuis qu'un acte du bon plaisir de Napoléon l'a réduit de cent membres à cinquante, en en excluant les opinions les plus généreuses, que doit s'élever la voix, qui la première osera ouvertement demander le rétablissement des formes monarchiques. Cette voix sera celle d'un nommé Curée, qui disait, à l'époque du 18 brumaire, *que la foudre aurait dû en écraser les auteurs.*

Cependant, c'est à celui sous qui et pour qui les auteurs du 18 brumaire agirent, qu'il proposera, le 30 avril, d'octroyer la souveraine puissance avec le titre d'*empereur*.

Le 3 mai, la discussion s'ouvre sur la proposition de Curée; ou plutôt c'est une lutte d'adulation, où chacun fait assaut de servilité. La plupart échapperont au mépris général par l'obscurité qui sera leur refuge; Siméon, Carrion-Nisas, Chabaud-Latour, sont les seuls à peu près qui doivent éclairer de quelque renommée le stygmate de servilisme, dont ce jour les a marqués.

Un seul homme que l'on trouvera désormais toujours dans des sentiers d'honneur, osons le dire de vertu, suspend quelques instans ce concert d'applaudissemens plus intéressés qu'enthousiastes. Carnot, seul membre de ce corps flétri, dont la séduction ou la crainte n'aura pas paralysé l'énergie, fait, pour la dernière fois, descendre de la tribune conquise des accens républicains. Cinq à six de ses collègues témoignent en outre, par leur vote, une muette opposition.

Le 4 mai, le sénat *conservateur*, qui, depuis qu'il a été institué, ne s'est occupé que de détruire, vient signifier au premier Consul, en termes précis, qu'il est à propos de changer encore une fois la constitution déjà tant de fois modifiée. Cambacérès qui le préside en qualité de second Consul, affirme « qu'il est du plus grand intérêt du peuple français, de confier le gouvernement de la république à Napoléon Bonaparte, *Empereur héréditaire*. »

Le 18, ce même sénat, ayant toujours Cambacérès à sa tête, se rend à Saint-Cloud, pour proclamer solennellement le nouveau souverain. Napoléon répond : « J'accepte le titre que vous croyez utile à la gloire de la nation; » et quant à *loi d'hérédité*, il décide qu'elle sera soumise à la sanction du peuple. Le même acte qui l'élit Empereur, modifie en quelques points la constitution de l'an VIII; il crée le conseil d'état.

Ici, finit le Consulat et commence l'Empire.

Deux des trois grandes ères de la vie politique de Napoléon sont déjà accomplies.

La première (le généralat) fut plus spécialement celle du grand homme; la seconde (le consulat), celle de l'homme habile; la troisième (l'empire) sera davantage celle de l'homme puissant.

A son entrée dans la carrière, on le voit livré à l'enthousiasme de la gloire et du patriotisme. Il ne respire, n'entreprend, ne vaine qu'en vue de la postérité et de la France : ensuite, il modifie ces sentimens à l'école de l'aristocratie, dont la maison de Joséphine est le réceptacle; bientôt il abaisse intérieurement son essor, ce n'est plus la gloire, c'est le pouvoir qui devient son but principal, mais secret : il ne marche encore à sa conquête que par un chemin couvert. Ses faits d'ailleurs sont toujours admirables : il sait qu'il a besoin d'une surabondance de splendeur pour fonder son élévation.

A l'époque où, sous le titre de Consul, il avait pris les rênes du gouvernement de la France, « il avait livré vingt batailles rangées; et, dans toutes, il avait été victorieux. Il avait conquis l'Italie; dicté la paix au roi de Sardaigne, au roi de Naples, au pape, à l'empereur d'Allemagne à vingt lieues de Vienne, négocié à Rastadt la reddition de la ville forte de Mayence, créé plusieurs républiques, et levé près de trois cents millions de contributions... Il avait envoyé à Paris trois cents chefs-d'œuvre du règne des Médicis. Il avait conquis l'Égypte, et y avait établi la puissance française sur une base solide, après avoir surmonté ce qui, d'après Volney, était la plus grande difficulté, celle de concilier les préceptes de la religion musulmane avec la présence d'une armée étrangère. »

Le consulat lui avait ouvert une belle carrière de gloire, s'il avait eu en vue seulement la gloire qui, dans un chef d'état, ne se sépare pas de la félicité publique.

Son premier fait militaire, l'unique qu'il ait personnellement dirigé pendant la durée de son consulat (car nous ne pouvons nous décider à lui compter l'expédition de Saint-Cloud), dépassa l'espoir qu'on mettait en son génie. En fut-il de même de ses actes administratifs et législatifs (car c'était sous son influence que se faisaient les lois)? un tableau résumé de tout ce que fit de bien et de mal, sous ce rapport, le pouvoir consulaire, mettra à même d'en juger.

L'abrogation de la loi des ôtages, celle de la loi de l'emprunt forcé, l'établissement de la banque de France; la pacification de la Vendée, fruit d'une habile négociation; la clôture définitive de la liste des émigrés; des voyages d'un but scientifique autour du monde et principalement aux terres australes; la réorganisation de l'Institut; la création d'un système d'instruction publique, excellent dans son origine, mais que doit gâter l'amalgame des vues militaires de Napoléon et de l'esprit monastique du grand-maître Fontanes; l'ouverture des travaux de la dérivation de l'Ourcq, qui répandra, dans Paris, quantité moyenne, 648,000 muids d'eau par jour; l'établissement de plusieurs canaux, ouvrant au commerce de nouvelles communications, à l'agriculture de nouveaux débouchés; la réunion des lois civiles en un code; enfin, un grand nombre de traités avantageux à la France, couronnés un instant par une pacification générale, sont autant d'actes auxquels personne ne refusera un juste tribut d'éloges.

Le concordat, le système de blocus continental, l'institution de la Légion-d'Honneur, l'institution des préfets, ces petits souverains de département, demeureront long-temps encore des objets de controverse entre ceux qui s'occupent de législation.

Mais les actes auxquels nul ne donnera son approbation, ce sont : la dispersion des élus de la nation par la force des armes; les modifications successives apportées à la constitution par le chef du gouvernement à chaque extension de son pouvoir; l'esprit despotique de ces modifications; les moyens employés pour les obtenir; les déportations sans jugement; la fixation du nombre des journaux; une plus grande extension donnée à l'institution immorale de la loterie, supprimée en 1793, mais rétablie quatre ans après; l'établissement des tribunaux criminels spéciaux; la loi qui, dans une partie de nos colonies, maintient l'esclavage, et autorise la traite des noirs; celle qui, *pour assurer la liberté de la presse*, soumet tout ouvrage à une *censure* précédant sa mise en circulation; le rétablissement des droits réunis; l'exécution précipitée du duc d'Enghien (1).

---

(1) La mort du duc d'Enghien doit être éternellement re-

Il nous est douloureux de le dire, parce que l'esprit aimerait à se persuader qu'aux plus grands talens doivent être unies les plus grandes vertus, la conduite politique de Napoléon, pendant le consulat, paraît lui avoir été dictée par le plus ambitieux égoïsme : elle blessa le vœu comme l'intérêt public; le premier Consul trompa la confiance que la nation lui accordait, malgré son usurpation violente. Il concentra dans ses mains, comme font tous les gouvernemens despotiques, au lieu de les extirper, ceux des abus qu'il jugea utiles à sa domination, de quelque régime qu'ils vinssent. C'est ainsi qu'il maintint la peine de la déportation, tout récemment établie, et qu'il exhuma des décombres d'une législation barbare, des tribunaux d'exception. Sa tendance fut tout aristocratique; on put pressentir qu'il ne se contenterait pas de rappeler les nobles, et qu'il relèverait la noblesse. Enfin, dès ses premiers pas dans la route de l'autorité, il commença cette marche envahissante des libertés publiques, qu'il devait accélérer, à mesure que s'accroîtrait son pouvoir.

---

prochée à ceux qui, entraînés par un zèle criminel, n'attendirent pas les ordres de leur souverain, pour exécuter le jugement de la commission militaire.

En résumé, qu'est il résulté pour la France du gouvernement consulaire?

Une plus grande force dans l'administration par la concentration du pouvoir; et, le repos enfin, mais le repos de la servitude : voilà, à l'intérieur, outre l'avantage de quelques institutions, de quelques entreprises grandes et utiles, mais étrangères à la morale et à la politique, ce qu'elle a gagné.

Mais n'a-t-elle rien perdu? beaucoup de passions généreuses n'ont elles pas été éteintes? Ah, sans doute, 1793 fut horrible : les hommes et les faits en furent atroces, généralement; les gouvernemens qui suivirent furent loin d'être exempts de reproche; mais, alors, au milieu du plus grand désordre d'action, les grands principes politiques demeuraient intacts, au moins théoriquement. Courbés par un tourbillon fougueux, ils n'étaient pas extirpés : on pouvait espérer de les voir se relever après la tempête. Le peuple n'avait pas la liberté, mais il lui en restait l'espérance, que le gouvernement consulaire lui a enlevée, et cette égalité si chèrement achetée, qui a déjà tant été menacée et dont la politique impériale le dépouillera.

A l'extérieur, l'accroissement de force qu'acquit son gouvernement, la rendit-elle, comme on l'a tant répété, plus redoutable? C'est tout le contraire, selon nous. Elle perdit son plus puissant auxiliaire, la disposition à l'insurrection, de tous les peuples dont elle avait les gouvernemens à combattre. Auparavant, elle était comme leur commun représentant : ses victoires étaient leurs victoires; et les souverains soutenaient contre elle une guerre qui devait finir par les absorber; mais, sous le Consulat, sous l'Empire, ce n'était plus une nation qui combattait pour les droits de toutes, c'était un débat entre souverains, qui ne regardait plus les peuples que comme victimes. Qu'eussent-ils gagné à se ranger dès-lors sous la bannière de la France? A quoi, dans leur opinion, eussent abouti leurs efforts et leurs sacrifices? à un changement de tyran.

Arrivé au pouvoir, Napoléon trouvait dans l'histoire de grands modèles à suivre : d'un côté, César, Auguste, cent moins fameux usurpateurs chez les anciens, et dans un temps plus rapproché, Cromwel; de l'autre, les fondateurs des sociétés libres, parmi lesquels s'élevait, environné de l'affectueuse admiration des peuples, le premier des libérateurs de l'Amérique(1). La voix de l'univers le pressait d'entrer dans la route que Washington avait tout récemment parcourue; mais inattentif à tous autres conseils qu'à ceux de son ambition, et de l'ambition des hommes qui s'étaient mis en adora-

---

(1) Il n'est plus douteux maintenant que Bolivar ne soit le second.

tion devant sa fortune, il avait donné à son autorité une direction moins désintéressée, et les amis sincères de sa gloire avaient gémi.

Bientôt, les machinations du royalisme et les poignards des républicains étant venus se briser contre le bouclier de sa police, rien ne s'opposa plus à ce qu'il joignît à la dictature de César la pourpre d'Auguste; et la couronne impériale a dû ceindre son front.

Mais n'ayant pas à ménager des sentimens de liberté aussi invéterés que le second des Césars, il ne tardera pas à proscrire jusqu'aux formes, jusqu'aux locutions républicaines. Les premiers décrets du nouveau gouvernement sont bien signés de NAPOLÉON, *Empereur des Français, par la grâce de Dieu et les constitutions de la république*; mais ce sont les derniers actes publics dans lesquels cette forme de gouvernement sera mentionnée; bientôt son nom, comme son esprit, auront pour jamais disparu.

« Ainsi la révolution est vaincue! Ainsi sont enchaînés, non pas comme on l'a prétendu, ses excès (du retour desquels on faisait aux esprits faibles un épouvantail, lorsqu'il n'eût été donné à aucun pouvoir, pas même à la toute-puissance consulaire, de les renouveler), mais son esprit et partie de ses avantages! Le triomphe de Napoléon a effacé les victoires du peuple pendant quinze années. L'ambition d'un seul a relevé ce que la volonté de tous avait abattu : » telle est l'expression des regrets des républicains. Déjà, leur imagination devance au moins les projets du nouveau souverain. Défians comme la passion, comme le malheur, ils ne voient entre le 14 juillet et le premier jour de l'empire, qu'un intervalle comblé de beaucoup de sang, au-dessus duquel surgissent de grands résultats matériels; mais, plus de ces institutions qui les perpétuent, que quelques débris. Ils y recueillent, et c'est leur unique consolation, parmi des souvenirs amers, un plus grand nombre d'autres d'une glorieuse immortalité !

» Mais ceux qui ont bien espéré du Consulat, doivent, pour la plupart, ne pas espérer moins de l'Empire. Ils pensent que, plus Napoléon aura de puissance, moins il la fera sentir; qu'il se bornera enfin à être, pour employer l'expression dont plus tard il doit se servir : un *Washington couronné*. Il s'appliquera à réunir en faisceau toutes les passions généreuses; il facilitera leur essor, sans gêner leur direction. » Mais beaucoup leur répondent que, pour atteindre un but si glorieux, il n'était pas besoin de briser la barrière, assez flexible déjà, de la constitution consulaire; et surtout de ressusciter des formes abolies, avec leur entourage ridicule ou dangereux. Ils ajoutaient que, plus l'intervalle entre les gouvernans et le peuple était considérable, plus il fallait de sueurs de ce dernier pour le combler.

Napoléon avait été proclamé le 18 mai. Par décret impérial du 19, le titre d'*altesse royale* est affecté aux princes et princesses de la famille de l'Empereur, celui d'*altesse sérénissime* aux titulaires des grandes dignités, celui de *monseigneur* aux maréchaux créés le même jour au nombre de dix-neuf (ce sont tous les généraux qui ont commandé en chef et quelques autres); le titre d'*excellence* continuera d'être donné aux ministres.

Le même jour encore, sont institués les grands dignitaires de l'empire et les officiers de la cour, tels que grand maître de la garde-robe, chambellans, écuyers, pages, gentilshommes de la chambre, etc. Des deux consuls, l'un (Cambacérès) est nommé archichancelier; l'autre (Lebrun), architrésorier de l'empire.

Ainsi sont relevées les dénominations, comme les institutions du régime monarchique.

Lacépède, répondant d'avance, dans le sénat, aux craintes que pourrait éveiller la modification essentielle que la constitution a subie, dit :

« *Le dépôt sacré* de la liberté individuelle et de
» la liberté de la presse est remis au sénat plus
» spécialement que jamais.

» *Et dans quelles mains pourraient-elles être plus*
» *en sûreté?*

» Ne trouve-t-on pas tout dans le sénat?

» *Le nombre*, qui, par la diversité des opinions,
» des affections, des intérêts, écarte de tous les

« genres de *séduction* la majorité ; *l'âge*, qui fait
» taire toutes les passions devant celle *du devoir*;
» *la perpétuité*, qui ôte à l'avenir toute influence
» sur le présent; *l'étendue de l'autorité et la prée-*
» *minence du rang*, qui délivrent des illusions fu-
» nestes l'ambition satisfaite. »

Et cependant la liberté individuelle, la liberté de la presse seront sacrifiées, le devoir prostitué au premier caprice du pouvoir!

Le 27, le sénat, en corps, est admis par l'Empereur à la prestation du serment : cérémonie vaine et injurieuse à la morale publique, de la part de ceux qui en ont déjà tant de fois violé la sainteté.

François de Neufchâteau, qui, dans un discours antérieur, avait dit que la constitution de l'an VIII devait *reposer sur l'autel du dieu Therme*, s'est chargé de faire entendre à l'Empereur l'espoir du sénat et celui du peuple, dont il s'est arrogé la représentation. « Sire, dit l'ex-républicain, vous
» *n'acceptez* l'empire que pour sauver la liberté;
» vous ne *consentez* à régner que pour faire ré-
» gner les lois; vous ne fîtes jamais la guerre que
» pour avoir la paix. La *liberté*, les *lois*, la *paix*;
» ces trois mots de l'oracle semblent avoir été réu-
» nis tout exprès pour composer votre devise et
» *celle de vos successeurs*. » Cet assemblage d'antithèses adulatrices témoignait du moins une intention louable, faisait entendre un vœu généreux

pourtant la fin préjugeait la question de l'hérédité, encore indécise; mais était-ce de bien bonne foi qu'on l'avait soumise à la sanction du peuple? Si le sénat avait le droit de donner à Napoléon la dignité impériale, pourquoi n'aurait-il pas eu celui de la conférer à ses successeurs? N'était-il pas évident que l'intervention du peuple ne serait qu'illusoire; qu'on accéderait, faute de pouvoir s'opposer efficacement? Et cette manière de voir, qui était celle d'un très-grand nombre, s'appuyait avec avantage du texte de la question. Il portait, non pas, le peuple *veut-il?* mais, le peuple *veut* l'hérédité: ce qui en effet avait l'air d'un ordre, et était contraire à l'usage suivi jusqu'alors.

Cependant des adresses d'adhésion arrivèrent de toutes parts. Le signal fut donné par les préfets, ces *empereurs* au petit-pied, comme les appelait Napoléon lui-même. Vinrent ensuite les chefs des troupes, les autorités municipales, les tribunaux qui, aux diverses époques, ne furent pas des moins empressés à apporter leur tribut de *soumission* et d'*amour*; puis, l'assentiment du peuple, moins empressé à le donner, parce qu'il y a un intérêt moins direct, souvent même un intérêt négatif, quelquefois encore un intérêt contraire, arriva tardivement.

L'expression de ces adresses fut adulatrice chez beaucoup. « Quelle a été notre émotion, dit le pré-
» sident de la cour d'appel de Paris (Séguier), en

« lisant, en tête de la charte nationale, que la jus-
» tice se rend, au nom de l'Empereur, par des offi-
» ciers qu'*il institue !* »

« Votre famille, dit un autre, doit partager
» votre grandeur : il faut qu'elle soit *à jamais sé-*
» *parée de toute autre famille !* »

L'Impératrice a aussi sa part d'adulation. On la
porte envers elle jusqu'au point d'applaudir à ses
dispositions illibérales, par de serviles insinuations.

Il faut en convenir : la joie du plus grand nombre fut réelle et sincère. Celle de l'armée pourtant fut la plus prononcée; soit que cette armée,
si essentiellement républicaine naguères, eût la
prévision de l'immense hauteur à laquelle un tel
chef, disposant seul et toujours de tous ses moyens,
devait la porter; soit plûtot qu'elle ne vit pas, sans
une vanité secrète, élevé au plus haut degré des
dignités humaines, un guerrier sorti de ses rangs.

Cependant l'enthousiasme n'y fut pas tellement
universel, que quelques-uns ne jetassent leurs regards en arrière, et ne se demandassent où était le
fruit des nombreux efforts de courage qu'ils avaient
faits. A ces seuls mots *d'hérédité*, *d'empire*, on a
vu de vieux soldats jeter, indignés, leurs fusils sur
des rives conquises; on vit des officiers (peu nombreux, il est vrai) briser l'épée républicaine, en
échanger le pommeau pour le bras de la paternelle
charrue, et aller, sous le toit de la pauvreté, rêver

encore une société libre. On en vit, emportant leurs armes d'honneur, les vénérer comme les pénates de leurs batailles, leur rendre une sorte de culte, en faire comme des idoles, monumens au moins de l'égalité (1).

Tout ce qui peut se réunir d'adulation pour enivrer un homme des séductions de la puissance, est prodigué par le clergé, toujours prompt à servir, dans la vue d'une servitude privilégiée. Il épuise envers le nouveau souverain toutes les locutions, toutes les épithètes que lui peut fournir son érudition profane ou sacrée. « *Un Dieu et un Monarque!* » s'écrie l'archevêque de Turin. Comme le dieu » des Chrétiens est le seul digne d'être adoré, vous » êtes le seul digne de commander aux Français. » Pour celui-ci, Napoléon est un *autre Moïse*; pour celui-là, c'est *l'homme de la religion*; pour cet autre, *le doigt de Dieu*; pour un autre encore, *l'homme de sa droite*. *Nouvel Auguste*, *nouveau Mathathias envoyé par le Seigneur*, *nouveau Cyrus*, quels titres ne réunit-il pas aux yeux des saints prélats! Il est *généreux comme le pieux Onnaias*; *l'image de son gouvernement accompli est tracée dans le règne de Josaphat*.

Mais ce sont les fêtes qui seront données pour célébrer le nouveau pouvoir, qui doivent cou-

---

(1) On ne doit point prendre ceci pour une exagération : l'auteur a des exemples qu'il peut citer.

ronner, aux yeux de l'observateur, le spectacle de la légèreté d'une grande nation.

A-t-on assisté à quelque changement de dynastie ou même de règne chez un peuple corrompu? A-t-on vu de ces subversions purement politiques, qui, ne remuant que des intérêts privés et la curiosité des esprits futiles, font voir la vénalité et la versatilité humaine dans tout son nu hideux? Tous fléchissent, tous se prosternent, tous se précipitent avec empressement sous le joug; rien ne coûte pour obtenir ou conserver des places, et les bassesses obligées, et même celles qui ne le sont pas; on s'enorgueillit de l'opprobre; on semble assoifé de honte, comme, chez des nations et à des époques moins dépravées, on serait désireux d'honneur. Et le peuple, du moins cette portion du peuple qu'on appelle d'un nom flétrissant, véritable boue morale qui fermente d'enivrement sous le pied qui la foule, ce peuple, qui, sans considération de talens ou de vertus, saluerait de ses acclamations imbéciles un mannequin couronné, auquel il reste toujours un *vivat* à hurler pour tous les pouvoirs, ce peuple unit sa joie ignare à une joie hypocrite et intéressée : c'est une lutte de dégradation.

A cet aspect, le cœur de l'homme de bien s'affaisse sous le poids de l'ignominie publique : le mépris de son espèce y entre et s'en rend maître; le philantrope même éprouve un mouvement d'égoïste indifférence. Forcé, par ce qu'il voit, d'éloigner ses pensers de félicité et de dignité humaine, il est tenté de dire au despote : « Sois sans ménage- » ment ; pèse, opprime, écrase ; va ! ce ne sont que » des hommes ! Cette vile et lâche espèce humaine » mérite-t-elle qu'on la prenne en pitié ? »

Le tableau que nous venons de décrire s'offre beaucoup moins dégoûtant à l'avénement de Napoléon. Là, au moins, l'enthousiasme à sa source et son excuse dans une admiration universelle, dans l'élévation immense de la valeur et du génie de celui qui en est l'objet. Grand par les talens au-dessus de toute grandeur contemporaine, il ne serait au-dessous d'aucune admiration, d'aucun enthousiasme, s'il n'avait jamais combattu que les ennemis de sa patrie, s'il n'avait jamais désiré compter entre ses conquêtes la conquête de sa liberté.

Mais quand enfin, ce qui long-temps n'avait été compris que de quelques-uns, eut pénétré dans l'esprit de tous ; qu'il fut manifeste à chacun que la France avait non-seulement un chef, mais un maître ; qu'une volonté unique et les intérêts d'un seul avaient remplacé le vœu et les intérêts généraux ; en un mot, qu'un homme s'était substitué à la nation : alors, repoussé du centre commun, on fut forcé de s'individualiser ; l'esprit public, déjà affaibli considérablement, dut nécessairement s'éteindre, faute d'aliment ; l'esprit d'égoïsme reprit son cours; les habitans remplacèrent les citoyens dans un pays qui ne fut plus qu'un vaste domaine. Il n'y eut plus de patriotisme, parce qu'il n'y eut plus de patrie.

Depuis long-temps Napoléon, puissamment secondé en cela par Joséphine, cherchait à attacher l'émigration à son char. Il est vrai que les égards particuliers dont il la rendait l'objet, pouvaient lui aliéner l'affection populaire : mais elle lui avait fait si peu de résistance ! elle s'était sitôt rendue ! il ne l'avait pas conquise, elle s'était donnée ; et il entre si naturellement dans le cœur de l'homme, de dédaigner bientôt ce qu'il n'a eu que peu de peine à acquérir !

La vanité de l'émigration, au contraire, se roidit contre une illustration qui l'éclipse. Sa grandeur toute factice, et de convention, est humiliée du voisinage d'une grandeur réelle. Ne pouvant soutenir la comparaison, elle s'éloigne ; et sa fierté compromise se réfugie sous le voile du dédain.

Mais Napoléon semble avoir mis son triomphe à la vaincre : plus elle résistera, plus il doit insister ; il lui prodiguera les richesses, les honneurs, les dignités; ne pouvant se l'attacher autrement, il l'achetera ; on dirait que son hommage manque à sa gloire; il se tourmente pour le conquérir : c'est la coquetterie du pouvoir.

« La démocratie a des entrailles; on l'émeut;
» mais l'aristocratie ne pardonne jamais. » Les

égards, les préférences mêmes ne la satisfont pas ; égoïste comme le privilége, elle veut qu'il n'y ait que pour elle des égards et des préférences ; tout ou rien, voilà sa devise : les bienfaits la trouvent froide ; elle les reçoit comme une dette, même ceux qu'elle a sollicités ; ingrate par faux orgueil, la reconnaissance la ferait rougir.

Aussi Napoléon eut-il à s'en plaindre, dans le temps qu'il cherchait à tout prix à l'attirer à la cour consulaire. Courtisans flatteurs et bas tant qu'ils sollicitaient, les ex-nobles disparaissaient dès qu'ils avaient obtenu. « Tel à qui, grâce à » ses mille courbettes, dit Napoléon, on rendait » cinquante mille écus, cent mille écus de rente, » ne nous tirait plus le chapeau le lendemain ; et » loin d'avoir la moindre reconnaissance, ce n'était » plus qu'un impertinent, qui prétendait même » avoir payé sous main la faveur qu'il avait obte-
» nue. »

Ceux même qui, moins fiers ou plus nécessiteux, étaient enchaînés par des grâces sans cesse renaissantes à la nouvelle cour, s'en moquaient dans leurs conciliabules familiers : « C'était tout » simplement une réunion, moitié bourgeoise, » moitié militaire ; elle sentait le camp ; on n'y » allait que pour en rire, pour celle qui la pré- » sidait (Joséphine), qui seule valait quelque » chose, une ancienne connaissance de la vieille » cour. » Ces paroles, qu'on rapportait quelquefois à Napoléon, le piquaient sans le rebuter. Poussé par le calcul d'une fausse politique, et par l'influence des vanités de Joséphine, il n'en persévérait pas moins dans la route qui devait le conduire à la perte d'un pouvoir qu'il croyait par là cimenter.

Quand l'Empire eut été proclamé, qu'un théâtre plus vaste eut été ouvert à des ambitions et à des vanités plus grandes; quand surtout on parla de créer une cour avec tout son attirail ridicule et rongeur, alors la plupart des émigrés saluèrent d'un œil complaisant l'aurore des abus, qui allait enfin leur permettre de redevenir quelque chose ; ils encombrèrent les antichambres du nouveau monarque. Sollicités long-temps en vain, ils durent solliciter à leur tour.

C'est ici le lieu de décrire la formation de cette cour. Quelque peine que nous éprouvions à nous avouer à nous-mêmes les faiblesses d'un grand homme, nous regardons comme un devoir de les consigner ici, car elles remplissent mieux peut-être le but de l'histoire, qui est d'instruire, que les belles actions.

Napoléon attache, à tous les détails de cette futile création, une importance qu'on n'aurait guère soupçonnée dans un homme d'un génie aussi élevé. Lui-même, et lui seul, voulut régler le code d'une puérile étiquette. Il en arrêta *lui-même* tous les articles sur les procès-verbaux des temps passés, « en en élaguant le ridicule. » Il fallait donc tout élaguer.

Ainsi furent rétablies les présentations ordinaires et extraordinaires, les grands et petits levers, une foule d'autres usages dérobés à la cérémonieuse ineptie des barbares du moyen âge.

Les grands officiers de la couronne furent pris, « et parmi les personnes nouvelles que la révolu-
» tion avait élevées, et parmi les anciennes qu'elle
» avait dépouillées.....Toutefois, il était aisé d'aper-
» cevoir des mœurs et des manières bien différen-
» tes. Les anciens mettaient bien plus d'*empresse-*
» *ment et de grâce* dans leur service. Une madame
» de Montmorency *se serait précipitée pour re-*
» *nouer les souliers de l'Impératrice :* une dame
» nouvelle y eût répugné (1). »

Aussi regrettait-il beaucoup que ces dernières n'eussent pas assez ces manières élégantes, aisées, tour à tour impérieuses et serviles; enfin, cette futilité, que portent au plus haut point les personnes élevées au sein des cours, et plus exercées à minauder qu'à penser. Il avait la vanité de faire parler de sa cour. Ceux qui ne lui connaissaient pas le privilége donné à si peu d'hommes, d'allier aux plus vaines occupations les plus hautes médita-tions du génie, pouvaient donc craindre, avec quelque raison, de voir renaître ce temps d'igno-

---

(1) *Napoléon*, dans *Las-Cases*.

minieuse mémoire, si bien peint par le philosophe-courtisan Marmontel, où des manières aimables étaient un titre à l'administration d'un grand peuple, du moins à la faveur des courtisans et des courtisanes ; où le seul talent exigé était de posséder le ton d'un petit-maître ; la seule vertu, de n'en avoir point.

Nous continuons de rapporter les confidences de Napoléon. Il désirait surtout ardemment « établir l'influence du ton et des manières de la cour » sur celles de la nation..... Il y avait beaucoup réfléchi ; mais l'obstacle qui s'y était opposé, c'était le manque de sociétés intermédiaires. Les » sociétés, ces réunions *pleines de charmes*, où » l'on jouit si bien des *avantages de la civilisation*, » disparaissent subitement devant les révolutions, » et ne se rétablissent qu'avec le temps, après la » tempête. *Les bases indispensables de la société » sont l'oisiveté et le luxe* (1). Or, nous étions encore dans l'agitation, et les grandes fortunes n'étaient pas encore bien établies...... Mais, avec un » peu de temps et de repos, les choses auraient » repris *leur allure naturelle.* »

Que d'hérésies morales dans ce peu de mots ! Plaignons-nous de la grande sévérité de la na-

---

(1) Malheureux dans son zèle, le serviteur qui nous a transmis de telles confidences ! Napoléon eût été jugé bien plus favorablement, si on ne l'eût pas tant fait parler.

ture, qui semble s'être imposé la règle de mettre au-dessous de beaucoup, par quelque côté faible, ceux que, par tant d'autres, elle éleva au-dessus de tous.

Les sociétés dont parle Napoléon, sont-elles donc essentielles à l'existence et à la prospérité d'un état? A-t-il réfléchi qu'un petit nombre de privilégiés seulement pouvaient jouir de *leurs charmes?* S'est-il, avant tout, assuré que nul, dans son vaste empire, n'implorera vainement un morceau du pain que son travail aura procuré à la table de *l'oisif?* qu'un plus grand nombre ne sera pas forcé de s'abstenir des commodités les plus ordinaires que la civilisation ait mises à la portée de l'humanité?

Toute dépense superflue est un vol fait à l'indigence, de même que toute faveur accordée au vice, ou même seulement à la nullité, est une atteinte portée aux droits des talens et de la vertu, bases de la seule aristocratie légitime, celle qui a dans la nature même son institution.

L'oisiveté est anti-sociale. *Les grandes fortunes* ne se peuvent former qu'au préjudice des petites : or il est contraire au droit naturel que l'oisiveté d'une seule famille se repaisse de l'aisance de mille, que le labeur de tout un village fournisse, comme dans les temps féodaux, l'aliment de ses fastidieux plaisirs. Les moyens ont beau être différens, moins odieux : le résultat est le même. Les fortunes politiques ne s'accroissent toujours qu'aux dépens du peuple. Au lieu de favoriser l'agglomération des propriétés, un gouvernement bien intentionné devrait plutôt tendre à les diviser. C'est là un des plus grands bienfaits de la révolution française. C'est un premier pas vers un état de choses plus désirable que possible sans doute, où une portion quelconque de cette terre serait à chacun de ceux qui l'arrosent de tant de sueurs.

C'est encore une grande erreur que de mesurer les progrès de la civilisation aux progrès du luxe. C'est confondre la maturité et la corruption; c'est prendre pour l'essence d'une chose ce qui n'en est que l'écume.

Le luxe est ennemi de la liberté, parce qu'il est destructif des mœurs; c'est le ver rongeur, et non pas l'aliment de la société.

Le but, comme le résultat nécessaire, de toute civilisation, c'est (on ne peut trop le dire) l'égalité civile et la liberté (1) sociale; la liberté selon les lois. L'homme, en sortant de l'état de liberté naturelle, illimitée, entre sous le régime des abus; car, à cette époque d'ignorance, l'abus naît des conditions, même les plus équitables, interprétées par la force et l'astuce, au préjudice de la faiblesse et

---

(1) Cette interprétation du mot *civilisation* se trouve confirmée par son étymologie. Il vient incontestablement de *civis*, qui veut dire, *membre de la cité*, ou du souverain. (*Voyez* Rousseau, *Contrat-Social*, chap.   .)

de la bonne foi ; mais si les abus naissent d'une civilisation qui n'est qu'ébauchée, ils disparaissent avec ses progrès. Entre la liberté naturelle et la liberté civile, se trouve, comme pour faire acheter le passage, l'odieuse féodalité.

Cependant, quelque prédilection que Napoléon affectât pour l'aristocratie, il ne se dissimulait pas la répugnance, la haine même, dont elle était généralement l'objet. Choqué de la voir toujours insatiable et jamais gagnée, il en témoignait quelquefois son indignation. « Ma prédilection apparente pour eux, disait-il, me dépopularise; les nobles et les émigrés ne sont qu'un point dans la masse; cette masse leur est hostile, et demeure fort ulcérée; elle me pardonne à peine de les avoir rappelés. » Et ses plaintes à cet égard devaient se prolonger presqu'autant que sa puissance. A l'époque même où il était comme accablé des faveurs de la fortune, il disait à quelques nobles opiniâtres qui dédaignaient ses bienfaits, par vanité plus que par scrupule : « Vous refusez mes places ! qu'ai-je besoin de vous ?...Quand je vous soutiens, je me fais tort à moi-même dans l'esprit du peuple ; car que suis-je, moi ? roi du tiers-état ! » Voilà ce qu'il fallait ne jamais oublier.

En appelant les vaincus au partage des fruits de la victoire, il dut éveiller des jalousies; en quittant, comme le conquérant macédonien, sa simplicité pour leur luxe; en revêtant leurs mœurs, leurs préjugés, leurs manières, il dut blesser des principes. Son faible pour l'émigration, entretenu par Joséphine seule peut-être, eut « à surmonter » les répugnances, les obstacles que lui opposaient » ses amis, ses proches, et jusqu'à ses aides de » camp. » Ceux surtout qui conservaient quelque attachement à l'ordre de choses qui venait de s'éteindre, ayant un double sujet d'improbation, ménageaient moins leurs murmures. Auprès d'un nouvel Alexandre, il se trouva des Clitus.

« Qu'est devenu l'enfant de la révolution? di- » saient-ils. L'homme de Plutarque, le héros de » l'Italie, le vainqueur d'Aboukir et du Mont-Tha- » bor, est-il donc dégénéré de lui-même? Comment » celui qui fut si grand par le génie, a-t-il pu se ra- » valer à l'imitation de ceux qui n'ont de gran- » deur que ce que leur en a donné le hasard! Com- » ment a-t-il pu préférer à la gloire de diriger la » régénération d'un peuple libre, la vanité d'occu- » per un trône! Sa tente modeste est un palais ma- » gnifique; il y vit entouré d'une mascarade de » chambellans, de pages, d'officiers à livrées di- » verses: vainqueur des rois, leurs vanités l'ont » vaincu. »

Mais à l'idée des préférences dont ils pensaient que l'émigration était l'objet, leur exaspération s'accroissait.

« Pourquoi reproduire sur l'arène politique » ceux que la haine du peuple en repousse, après

» que son mépris les en a chassés ? ceux dont l'obs-
» tination égoïste a poussé à de déplorables écarts
» les soutiens de la plus sainte des causes, celle
» d'un peuple, qui, de l'avilissement de la brute,
» se relève à la dignité de l'homme ? Une caste
» enfin, dont la majorité fut condamnée à l'obs-
» curité par la nature ; le reste, par son oppo-
» sition à la volonté de tous ? C'est pour être
» exempt de leur pernicieuse influence, que nous
» avons combattu pendant quinze années ; et c'est
» quand tout fléchit, quand leur résistance s'est
» tue devant notre force, qu'ils nous sont réim-
» posés ! Vaincus, on les assied sous le pavois du
» vainqueur ! D'où vient que notre victoire a la
» conséquence d'une défaite ? Si nous avions suc-
» combé, quelle humiliation plus grande eussions-
» nous subie ? Qu'auraient-ils obtenu de plus, s'ils
» eussent triomphé ?

» Bientôt il leur sera permis, disaient les plus
» exaltés, de reprendre ces titres, ces insignes
» odieux, dont nous avions juré l'anéantissement !
» Et à nous peut-être aussi, on nous proposera de
» revêtir cette livrée de la servitude ; nous devrons
» répudier notre gloire ; avouer que nous avons
» fait, pendant quinze ans, une guerre hypocrite ;
» que nous avons feint, quinze ans, de repousser
» ce qu'au fond nous convoitions ! Ah ! plutôt briser
» notre épée, que d'en faire un instrument d'oppres-
» sion ! La valeur éclairée ne survit pas à la liberté. »

Encore, si les émigrés étaient rentrés dans la patrie, en enfans repentans et soumis? Mais ils y rapportaient leur orgueil, ou plutôt leurs vanités, simplement ridicules, quand on leur tient le frein; dangereuses, aussitôt qu'on le leur retire. Admis en grand nombre aux emplois de l'armée, ils ne pouvaient dissimuler qu'ils ne devaient cette faveur qu'à l'avantage d'être d'une classe dont nos lois nouvelles avaient prononcé la dissolution; au lieu de droits, ils n'alléguaient que leur naissance, que leur sang. *Leur sang!...* A ce mot, les vétérans de la république, comme s'ils eussent douté de leur courage interrogeaient leur mémoire; ils se représentaient ces hommes, si vains, fuyant les vainqueurs; ils se retraçaient, celui-ci, Jemmapes; celui-là, Fleurus; un autre, Zurich; quelques-uns, le 14 juillet; presque tous, cent combats; beaucoup, vingt batailles; et, d'une voix qu'ils se seraient efforcés vainement de rendre calme : « Est-» ce donc de la boue qui coule dans nos veines, à » nous autres, se demandaient ces vieux soldats? »

Le 1er juin, fut commencé, par un tribunal criminel spécial, le jugement des prévenus de la conspiration à laquelle l'acte d'accusation donnait pour chefs Moreau, Georges et Pichegru. Pichegru, délaissé par l'opinion, aussitôt qu'elle demeura convaincue qu'il avait délaissé sa cause, n'avait obtenu d'elle que peu de regrets, et ses nombreux complices n'excitaient aucunement son intérêt : mais elle se prononça avec force en faveur de Moreau. Elle ne put se résoudre à reconnaître un traître dans le vainqueur d'Hohenlinden ; elle aima mieux accuser Napoléon de jalousie. Unanime dans le peuple et dans l'armée, sans doute elle intimida les juges, et peut-être aussi le gouvernement. Moreau ne fut condamné qu'à deux ans de prison. L'Empereur commua cette peine en un exil, qu'il alla passer sur le sol qui, le premier de l'Amérique, eut pour habitans des hommes libres. Heureux s'il ne l'eût jamais quitté ! si sa conduite avait continué jusqu'au bout de justifier en quelque sorte la faveur publique dont il avait été l'objet, et s'il eût pu ne pas oublier, pour la seconde fois peut-être, que la gloire acquise sous les drapeaux de la patrie, est une propriété nationale, qu'on ne peut aliéner sans crime à la politique de ses ennemis !

Vingt des conjurés furent condamnés à subir la peine capitale, comme coupables d'avoir conspiré le renversement de la république ; et ce qu'il y eut de remarquable, ils furent condamnés au nom et par l'ordre de celui-là même qui venait d'en consommer l'anéantissement.

Plusieurs obtinrent leur grâce : ce furent les Polignac, les Rivière, qui durent à leur haute position sociale d'intéresser l'Impératrice ou la sœur de l'Empereur (madame Murat) ; et quelques autres encore, moins connus, dont les amis purent, par un moyen ou par un autre, faire parvenir leurs prières jusqu'à l'oreille du souverain.

Il dit à madame de Polignac, qui l'implorait en faveur de son mari : « Qu'ils sont coupables ceux » qui engagent leurs plus fidèles serviteurs dans » des entreprises aussi criminelles, aussi follement » conçues, et dont ils ne partagent pas les périls ! »

Nous sommes loin de blâmer l'usage qu'il fit en cette occasion du droit précieux que la constitution lui avait donné, même au temps de son consulat. Nous regrettons seulement qu'il n'ait pas de même fait éprouver sa clémence à des coupables qui eussent dû plus l'intéresser peut-être..... à ce Ceracchi, par exemple, son admirateur naguère, et son père, en la même cause ! à ce Diana, jeune républicain, exalté sans doute, mais dont le cœur brûlait d'un feu généreux ! à cet Aréna enfin, son ennemi personnel, et auquel il eût été si beau de pardonner !

Ici se termine le cours non interrompu des conspirations qui ont semé la route du gouvernement consulaire de leur occulte terreur. Quatre autres, qu'on a découvertes depuis l'explosion de la *machine infernale*, ont été étouffées dans le silence, comme le seront celles qui pourraient suivre. Déjà Napoléon se conduit d'après le principe qui doit lui faire dire : « L'Europe doit savoir qu'on ne » conspire pas contre moi. »

Dans tout le cours de sa puissance, il s'est formé

contre lui trente conspirations *à pièces authentiques*. Un complot qui avait pour but d'attenter à sa vie, lui fut dévoilé par le ministre Fox, généreux ennemi, moderne Fabricius, autre Wurmser.

Vers la fin de juin, un décret impérial supprima deux établissemens de moines, véritables jésuites déguisés sous le nom de *Paccanaristes* et de *Pères de la foi*. L'opinion générale applaudit à cette mesure. Quelques jours après, un bref de Pie VII devait rétablir, dans le royaume des Deux-Siciles, les disciples de Loyola.

Fouché renait au monde politique avec le ministère de la police, réinstitué le 10 juillet. La conviction qu'a Napoléon que nul n'est aussi capable d'administrer ce département, a fait taire la répugnance qu'il éprouvait à l'employer.

Le 14 juillet, a lieu l'inauguration de la Légion-d'Honneur. Le choix de ce jour a un but politique, celui de faire oublier, en la remplaçant, la fête qui, depuis quinze années, célébrait à cette époque le triomphe de la cause populaire. Lacépède, qui sera désormais l'orateur de presque toutes les grandes circonstances, affirme, dans un discours, que l'égalité est *défendue par un gouvernement dont elle est la base...... Tout ce qu'a établi le 14 juillet est inébranlable ; rien de ce qu'il a détruit ne peut reparaître.* C'est ainsi qu'on nous conduit, par une voie hypocrite, au rétablissement des titres, à la ruine de l'égalité.

Cependant, l'armement de la flottille de Boulogne se poursuivait avec un redoublement d'activité. Napoléon lui-même alla l'inspecter et l'accélérer. Il s'en fallait beaucoup, ainsi que nous l'avons déjà dit, que son projet de descente en Angleterre fût illusoire. Une flotte réunie à la Martinique devait en revenir à toutes voiles, rallier les escadres du Férol, de l'île d'Aix, de Rochefort, de Brest, et se trouvant forte de soixante vaisseaux, nous rendre maîtres de la Manche pendant plusieurs jours, les forces maritimes anglaises étant éparpillées en douze stations différentes. Trois ou quatre mille prames ou bateaux plats eussent alors passé, avec tout leur matériel, cent soixante-dix mille hommes des meilleures troupes du monde (celles qui devaient vaincre à Austerlitz). Laissons maintenant parler Napoléon. « En quatre jours, la vic-
» toire nous plaçait dans Londres : ma conduite
» eût fait le reste. Nous nous présentions avec les
» mots magiques de *liberté* et d'*égalité*;.... j'aurais
» fait une proclamation pour déclarer que nous
» venions, comme amis de la nation anglaise, pour
» la délivrer d'une *aristocratie* perverse et corrom-
» pue, pour rendre à son gouvernement une forme
» populaire, *rétablir la démocratie* ; je leur aurais
» dit de s'assembler, de travailler eux-mêmes à leur
» régénération ; que nous ne voulions y être pour
» rien, que pour *jouir de leur bonheur et de leur*
» *prospérité*; et cette déclaration eût été confirmée

» par la conduite de mon armée... Pas de sacrifices,
» pas même de contributions exigées des Anglais....»
Et il ne met pas en doute que « l'abolition de la
» noblesse et de la chambre des pairs, la distribu-
» tion de la fortune de ceux qui n'auraient pas
» voulu se joindre à lui, la liberté, l'égalité, la
» souveraineté du peuple, » ne lui eussent concilié la grande majorité de la nation. Il aurait en
même temps agi sur l'Irlande. L'Irlande lui avait
toujours semblé un point favorable pour opérer
sur la puissance anglaise. « La première fois que
» la question des catholiques fut agitée, j'aurais,
» dit-il, donné 50 millions pour qu'on n'accordât
» pas l'émancipation. » Mais, tandis qu'il eût laissé
aux prêtres irlandais le plus libre essor, il eût di-
minué l'opulence du clergé anglican, beaucoup
moins populaire; il eût consacré les revenus de ses
biens à l'extinction de la dette, à l'exception d'un
dixième. « Qu'ont besoin ces prêtres de revenus si
» énormes ? Ils devraient suivre les préceptes de
» Jésus-Christ, qui a ordonné qu'ils donnassent
» l'exemple de la modération, de l'humanité, de
» la vertu et de la pauvreté, au lieu de regorger
» de richesses, et de vivre dans le luxe et dans
» l'oisiveté..... Que ceux qui veulent des prêtres les
» paient! — Il serait, dit-il enfin, parti de l'Angle-
» terre pour opérer, du midi au nord, sous les
» couleurs républicaines, la régénération euro-
» péenne qu'il a été sur le point d'opérer, du

» nord au midi, sous les formes monarchiques. »
Nous insérons ici ces confidences, parce qu'elles
nous semblent bien plus propres que les actes publics à peindre le caractère de l'homme que nous
avons pris la tâche de faire connaître. Elles prouvent que ses opinions, relativement aux institutions des peuples, étaient des plus libérales, comme
toutes celles qui naissent d'une raison supérieure;
mais qu'elles n'influençaient nullement sa manière
d'agir; en un mot, que, plus ambitieux que philantrope, il n'avait ordinairement d'autres principes que ceux que lui suggérait sa politique.

Depuis quelque temps, cette politique faisait
jouer ses ressorts les plus actifs, pour déterminer
Pie VII à venir sacrer, dans Paris même, celui que
les évêques de France avaient appelé déjà *l'élu du
ciel*. Ce pontife, qui, étant évêque d'Imola, avait
secondé, de ses mandemens démocratiques, les conquêtes du général de l'armée d'Italie, et qui, selon Napoléon, n'en était pas moins fanatique, se
rendit enfin au vœu de celui auquel le liaient
d'anciens souvenirs, sur l'espoir, assure-t-on néanmoins, d'un accroissement de sa puissance temporelle, espoir qui ne fut pas réalisé. Le sacre de
l'Empereur et de son épouse eut lieu, dans l'église
de Notre-Dame, le 2 décembre 1804.

Nous ne renouvellerons point, relativement aux
cérémonies dont Paris fut alors témoin, le reproche
qui nous a été inspiré par le rétablissement de l'éti-

quette et des ruineuses sinécures des cours. Ici l'insignifiance peut avoir son excuse dans la politique : la dignité personnelle demeure à l'abri d'une grande ambition.

Mais nous parlerons des dépenses que ces sortes de solennités entraînent ; nous accuserons le zèle déprédateur de ces fonctionnaires prodigues de fêtes, qui, dans la vue de flatter le prince, et quelquefois aussi le peuple, font évanouir en fumée les tributs levés sur celui-ci.

De plusieurs millions qu'une grande solennité consume, combien en retourne-t-il à ceux qui les ont donnés? La plus grande partie, distribuée en faveurs de cour, irrite plutôt qu'elle ne satisfait la rapacité de quelques favoris ; le reste sert à grossir la fortune déjà faite de quelques commerçans, de quelques ouvriers, les privilégiés de leur classe, ou à fournir à la grandeur le spectacle de la dégradation à laquelle l'opulence excessive de quelques-uns peut amener la misère de beaucoup. Peuples! voilà tout le fruit qui ressort de ces fêtes que vous croyez vivifiantes de votre commerce : à peine quelques familles en voient-elles momentanément augmenter leur aisance au sein de la capitale ; tout le reste, dans ses murs, hors de ses murs, est payant, et ne gagne rien. La gratification que reçoit ce jour-là le valet du courtisan, est une privation imposée, dans le fond de son village, au cultivateur ; et vous, qui vous enivrez du vin qu'une main dédaigneuse vous déverse, c'est sa sueur que vous buvez!

Nous nous trouvons heureux d'entrer, à cet égard, dans le sentiment de Napoléon. A l'exception de quelques circonstances principales, il combattit toujours ces dépenses faites en pure perte : « Avec 4, 6, 800,000 francs que coûtaient des feux « d'artifices, vous éléveriez des monumens utiles, « et durables, disait-il à ses ministres. » Si sa volonté ne fut pas en cela toujours strictement suivie, c'est que les courtisans savent bien qu'ils se font facilement pardonner l'infraction aux ordres du maître, quand ils apportent pour excuse l'intention de le célébrer.

La veille du sacre impérial (le 1er décembre), le sénat avait présenté à l'Empereur le relevé des votes du peuple, qui sanctionnaient son élévation, à la majorité de 3,572,329 contre 2,569.

La république Italienne, continuant à modeler ses métamorphoses sur celles que subit le gouvernement de la France, offre à son président la couronne royale. Il va la ceindre à Milan, le 26 mai. Joséphine l'accompagne, et est couronnée reine. C'est ainsi qu'elle remplit sa destinée, qu'elle prétend lui avoir été prédite, en parcourant le cercle entier des hautes vanités humaines. Son fils, Eugène Beauharnais, est nommé vice-roi d'Italie. Peu de jours après, Napoléon réunissait Gênes à l'empire; et après avoir transformé des principautés en républiques, transformait en principauté la république de Lucques, pour en doter une de ses sœurs.

Cependant, un orage se formant dans le nord, menace de fondre sur la France. La Russie, stimulée par l'Angleterre, y devient le noyau d'une coalition, à laquelle doivent accéder la Suède, achetée par l'or britannique; et l'Autriche, pressée de se relever de l'humiliation où l'ont fait descendre ses nombreuses défaites. Le royaume de Naples est neutre; le reste de l'Italie, la Suisse, la Hollande (nos conquêtes) et l'Espagne, sont avec nous.

Napoléon fut donc forcé de suspendre son projet d'invasion de la Grande-Bretagne, que l'échec, éprouvé plus tard à Trafalgar par la marine française, dut indéfiniment ajourner.

Ce furent les manœuvres si mal exécutées de notre flotte avant cette journée, qui révélèrent au ministère anglais tout le danger qu'il pouvait courir. En effet, il fut manifeste dès-lors que Napoléon n'avait jamais songé à passer avec ses bateaux plats seulement; qu'il n'avait jamais eu l'intention sérieuse d'en faire des bâtimens de guerre, mais seulement de transport; alors aussi l'Angleterre pressa de tous ses moyens l'accomplissement de la coalition.

Assez long-temps Napoléon, livré à des soins au moins futiles, a, en quelque sorte, manqué à sa renommée. L'attitude hostile du nord va le restituer à l'admiration du monde. D'un bond, il se relèvera, du niveau de Louis XIV, à la hauteur du général des armées d'Égypte et d'Italie. Il va redevenir *lui*, un grand homme. Et aussi, à peine aura-t-il paru réveillé de sa monarchique léthargie, qu'on s'apercevra que les dernières heures en ont été pleines de méditations importantes.

Napoléon n'a pas cherché la guerre; mais peut-être ne la voit-il pas éclater sans quelque plaisir. Il sent qu'il a besoin d'étonner, pour consolider, vis-à-vis de l'étranger, son empire; et qu'au dedans, le sentiment de la gloire peut seul suppléer, dans le cœur des Français, l'orgueil de la liberté. Quoiqu'il ne soit plus, comme autrefois, guidé par un patriotique enthousiasme, il n'a ni moins d'activité, ni moins d'ardeur. Audacieux avec calcul, intrépide par ambition, il n'en est devenu que plus redoutable.

Le 8 septembre, l'armée autrichienne a envahi la Bavière, dont le souverain nous est allié; le 30, Napoléon, avec le principal corps de l'armée, parti des dunes de Boulogne, se trouvait sur le Rhin; le 6 octobre, il était au sein de la Franconie, sur les derrières de l'armée ennemie. Cette manœuvre, aussi remarquable par la rapidité de son exécution que par le génie qui l'a conçue, ouvre à l'armée française une route de victoires qui la conduit à la capitulation d'Ulm (20 du même mois). Cette ville se livre à nous avec trente mille hommes, dont seize généraux; soixante pièces de canons attelées, et trois mille chevaux. Soixante mille prisonniers ont été faits en moins de quinze jours. L'armée française, qui passe l'Inn le 29, marchera de succès en succès jusqu'aux champs d'Austerlitz, où doit être cueilli le plus beau fleuron de sa couronne guerrière.

Mais avant que de décrire cette célèbre journée, jetons en arrière un regard rapide : signalons cet immortel combat de Diernstern, où cinq mille Français, sous les ordres de Marmont, sont vainqueurs de vingt-quatre mille Russes. Deux jours après (le 13 novembre), Vienne a été occupé; et l'habileté de Murat et de Lannes ont facilité à nos troupes le passage du Danube, en leur conservant le grand pont de ce fleuve. D'un autre côté, Masséna, qui est parti des bords de l'Adige le 31 octobre, à la tête de cinquante-cinq mille combattans, renforcés bientôt de vingt mille, fait sa jonction avec les troupes de la grande armée, le 28 du mois suivant. Malgré cela, la position des Français n'est pas rassurante. L'armée russe n'a pas, à proprement parler, encore été entamée. Les Autrichiens conservent de nombreux débris. La Bohême s'est insurgée. Les dispositions de la Prusse sont hostiles. La bataille d'Austerlitz va tout décider.

Napoléon, par une retraite simulée, attire l'armée des alliés sur le terrain que sa sagacité a choisi. Là, commence, au lever du soleil, le combat de 80,000 Français contre environ cent mille confédérés russes et autrichiens. La cavalerie est supérieure du côté des Russes; l'artillerie est à peu près égale des deux côtés.

La bataille dure tout le jour : mais, en fin, elle doit se terminer à l'avantage de la valeur et du génie. Les manœuvres de Napoléon, l'habileté de de ses généraux, le courage de ses troupes, brillent au plus haut point dans cette journée. La fortune s'est faite notre auxiliaire. La glace dont les fuyards se font un pont, se brise et les engloutit; trente mille sont faits prisonniers; autant périssent; le reste ne devra son salut qu'à la pitié ou plutôt à la politique : le désastre est tel que l'empereur Alexandre fait placer, sur toutes les routes, des placards où sont écrits ces mots de détresse : « Je recommande » mes malheureux soldats à la générosité de l'Em- » pereur Napoléon. » Lui-même, ne découvrant aucune issue pour se soustraire au vainqueur, écrit, assure-t-on, au crayon, deux billets successifs, où se peint l'anxiété la plus vive; il supplie qu'on le laisse s'échapper.

Outre les prisonniers, quarante-cinq drapeaux et cent cinquante pièces de canon furent les trophées des Français. Avant la bataille, le ministre prussien Haugwitz venait pour signifier à Napoléon, l'adhésion de son maître à la coalition, quand celui-ci, dans la politique duquel il entrait de ménager, la Prusse, l'interrompit, et lui conseilla, avant que d'entrer dans aucune explication, d'aller attendre à l'écart l'issue de l'événement qui se préparait. Haugwitz ne se le fit pas dire deux fois, et revint, le 4 décembre, le féliciter de sa victoire : « Voilà, dit en riant Napoléon, un compliment dont la fortune a changé l'adresse. »

Le même jour, l'empereur d'Autriche vint le visiter à son bivouac : « Je vous reçois I ui dit le » vainqueur, dans le seul palais que j'habite depuis » deux mois. — Vous savez si bien tirer parti de » cette habitation, répondit François, qu'elle doit » vous plaire. » Dans cette entrevue, l'on arrêta un armistice, qui fut suivi d'une convention provisoire, conclue à Vienne le 19; et enfin, de la paix définitive, signée à Presbourg le 26 du même mois.

Le royaume d'Italie s'accroît des états de Venise, de la Dalmatie et de l'Albanie; la France, de la Toscane, de Parme et de Plaisance; l'électeur de Bavière, et le duc de Wurtemberg, agrandis aux dépens de l'Autriche, doivent prendre le titre de rois. L'indépendance de la république Helvétique est confirmée. La Prusse, en échange de Clèves, de Neufchâtel et de quelques autres possessions insignifiantes, obtient le Hanovre. C'est une barrière qu'à défaut de la Pologne, la politique de Napoléon a voulu opposer à la Russie.

Cependant Alexandre, ayant obstinément refusé de prendre part aux négociations de l'Autriche, retirait, dans ses états, des debris qu'il n'avait pu emmener du champ de bataille d'Austerlitz, que sous la protection d'une sauve-garde française.

Le 1ᵉʳ janvier de l'an 1806 vit disparaître une des institutions de la république, son calendrier, qui, depuis quatorze ans, remplaçait le calendrier grégorien. Sans doute Napoléon fit bien de rétablir une division des jours mieux adaptée aux exercices religieux et aux usages de la majorité de la France; mais il serait bizarre que ce fût pour satisfaire à la superstition des catholiques, qu'il eût réimposé à nos mois leurs noms païens.

Au reste, il nous est pénible de le dire, Napoléon avait une grande répugnance pour ce qu'avait créé le gouvernement auquel il succédait. C'est à ce sentiment que nous attribuons son mépris pour notre beau système métrique : il est probable que s'il n'eût suivi que son penchant, il l'eût sacrifié.

Le 28 janvier, le sénat décrète un monument à *Napoléon-le-Grand*. Heureuse la France, si son sénat, ou plutôt le sénat de Napoléon, n'avait jamais manifesté, d'une manière plus pernicieuse pour elle, son empressement adulateur et servile ! Quelle que soit l'opinion sur l'usage des courtisans de décerner un tel titre, celui qui le reçut alors en fut bien au moins aussi digne que Louis XIV, et une foule d'autres qui n'ont eu rien de grand que lui.

Napoléon, qui a fait rois un duc et un électeur allemand, croit avec raison pouvoir, sans plus de difficulté, donner des souverainetés aux membres de sa famille. Le 15 mars, il déclare son beau-frère Murat, grand-duc de Clèves et de Berg; le 30, son frère aîné est nommé roi des Deux-Siciles, conquises sur un infidèle allié; le 6 juin, Louis, le plus jeune des princes de la famille impériale, reçoit le sceptre de la Hollande.

Napoléon avait, depuis long-temps, l'intention de faire de cette contrée un apanage de la France. Lorsqu'il l'avait constituée républicainement, il s'était bien gardé de donner à son premier magistrat un titre qui emportât l'idée d'une stabilité définitive dans la forme de son gouvernement. Schimmelpenink lui proposa un président : « Je » n'aime pas les présidens, dit Napoléon. Votre » histoire ne parle-t-elle pas de fonctionnaires cé- » lèbres? Qu'étaient les Barnevelt? les Dewit? » — De grands pensionnaires, répondit Schimmel- » penink. — Précisément; voilà le titre qui con- » vient au chef actuel de la république batave. »

L'ex-évêque d'Autun a aussi sa part des libéralités impériales; il reçoit une principauté : l'acte qui la lui confère est un monument curieux de la tendance rétrograde du maître de l'Empire vers les gothiques institutions. « Voulant, dit le décret, » donner à *notre grand chambellan* et ministre des » affaires extérieures, *Talleyrand*, un témoignage » de notre bienveillance, pour les services qu'il a » rendus à *notre couronne*..., nous lui transférons » la *principauté de Bénévent*, pour la posséder

« comme *fief immédiat* de notre couronne...... Il
» prêtera en nos mains le serment de nous servir
» en bon et *loyal sujet.* » C'est bien ainsi qu'on
s'exprimait au temps de la féodalité. Il semble que
la France, à mesure qu'elle grandit en puissance,
doive décroître en civilisation.

La prépondérance de la France, déjà si grande,
doit s'accroître encore en Allemagne d'un nouveau
poids. Quatorze princes allemands, dont les principaux sont les rois nouveaux de Bavière, de Wurtemberg, le prince-primat, le duc de Bade, ceux de
Darmstadt, de Berg, se séparent de la confédération germanique, et forment une confédération
particulière, dont Napoléon se fait nommer *protecteur*. De son côté, l'empereur d'Allemagne se
dédommage de la diminution de son pouvoir en le
perpétuant : de souverain électif, il se transforme
en souverain héréditaire ; ainsi, partout la civilisation voit reculer son œuvre. Un de ses plus importans résultats n'est-il pas de donner aux subordonnés l'élection des chefs ? une conquête du discernement sur le hasard ?

Cependant, la duplicité du cabinet russe a refusé
de ratifier le traité de paix signé par son plénipotentiaire le 20 juillet. Une nouvelle coalition se
forme, qui entraînera la rupture des négociations
entamées quelques mois avant avec l'Angleterre,
mais qui se suivent froidement depuis que Fox,
que la mort a enlevé, ne les dirige plus. Cette fois

la Prusse s'unit à la Russie; la Prusse, qui n'a pas osé se déclarer avant Austerlitz, court maintenant aux armes, indignée autant qu'effrayée de voir s'élever sur ses flancs le colosse de la puissance française. C'est un embrâsement général de patriotisme, ou plutôt d'orgueil national. Commencé à la cour sous les auspices d'une reine belle et d'un caractère chevaleresque, il s'est communiqué à toute la nation qui paraît un instant se réveiller la nation du grand Frédéric; mais elle n'en est plus que l'ombre, et toute cette ardeur doit aller s'éteindre dans les champs d'Jéna.

Au moment d'entrer en campagne, Napoléon dit au ministre Clarke, auquel il vient de dicter un grand nombre de dépêches : « Dans trois ou quatre
» jours, nous donnerons une bataille *que je ga-*
» *gnerai*. Elle me portera au moins à l'Elbe, peut-
» être à la Vistule. Là, je donnerai une seconde
» bataille, que je gagnerai de même... *Clarke,*
» *dans un mois, vous serez gouverneur de Berlin.*
» L'histoire vous citera comme ayant été dans la
» même année, et dans deux guerres différentes,
» gouverneur de Vienne et de Berlin, c'est-à-dire,
» des monarchies d'Autriche et de Prusse. » La rapidité des événemens dépassa encore la prévision de Napoléon : Une seule bataille fut donnée, et Berlin fut occupé 17 jours seulement après l'ouverture de la campagne.

Cependant Napoléon, persévérant dans la politique qui l'avait engagé déjà à ménager la Prusse, écrivit à son roi, pour le conjurer de ne pas se précipiter, ainsi qu'il le faisait, vers une ruine certaine; mais le pacifique Frédéric n'était plus le maître : il était entraîné.

Le 14, les deux armées française et prussienne sont en présence sur le plateau d'Jéna. La campagne est ouverte depuis 5 jours. Trois combats remarquables, dans l'un desquels a été tué le prince Louis de Prusse, ont signalé déjà la supériorité de nos armes sur celle de nos ennemis.

A Jéna, les Prussiens n'opposent pas la résistance qu'on en devait attendre. Leur déroute est presque aussitôt déterminée par une charge de cavalerie, exécutée par Murat. A quelques lieues de là, une autre bataille a lieu entre une autre armée française et une autre armée prussienne. C'est Davoust qui, avec trente mille hommes, a la gloire d'en battre soixante mille, commandés par le roi de Prusse en personne. Deux cent cinquante pièces de canon, soixante drapeaux, sont les trophées de la valeur française. Vingt mille Prussiens jonchent les deux champs de bataille; un nombre plus considérable est pris; ce qui échappe à cette journée, doit tomber quelques jours plus tard, à quelques marches plus loin. La terreur se sera emparée en un instant de cette nation si vaine, tandis que chacun de nos officiers, chacun de nos soldats semblera animé d'une parcelle de la valeur et du génie de son chef. Ici, c'est Lannes qui fait ouvrir, sans combat, les portes de Spandau; là, c'est Lasalle qui, à la tête d'un régiment de hussards, a l'audace de sommer Stettin, et s'en rend maître. Davoust, qui est entré dans Berlin, le 25, a envoyé aux magistrats de cette ville, lorsqu'il en était encore éloigné de trois journées, l'ordre de préparer sa réception. Partout les garnisons entières sont prises; partout d'immenses parcs d'artillerie tombent en nos mains. Napoléon est assailli de dépêches qui lui annoncent sans cesse de nouveaux succès. « C'est » bien, dit en les apprenant le vainqueur satisfait; » mais il reste encore ce Blücher, si habile à sup» poser des armistices. » (Ce général prussien n'avait pas rougi d'échapper par un aussi honteux stratagème.) « Il faut qu'il vienne. » Et effectivement il vint avec les débris de son armée quelques jours après.

Ainsi, en moins d'un mois, la conquête de la Prusse est opérée : il ne reste plus, d'une armée de 250,000 hommes, que quelques gardes qui ont accompagné le roi dans sa fuite, et les garnisons peu nombreuses de Hameln et de Nienbourg.

La bataille d'Iéna nous a donné la Prusse, comme Marengo nous donna l'Italie. En effet, la victoire y fut si décisive, que la gazette de Berlin l'annonça de cette manière, aussi énergique que succincte : « L'armée du Roi a été battue : le Roi » et ses frères sont en vie. »

Cependant Napoléon ordonne à ses généraux de continuer ses succès : Hambourg, Brême, les duchés de Meklembourg sont occupés en son nom. Les opérations militaires ne le distraient pas des méditations de la politique. Un décret, daté de Berlin, organise les gardes nationales de la France. Le même lieu voit naître la mesure qui frappera d'interdiction le commerce britannique sur toute l'étendue des côtes du continent européen. Le 11, une nouvelle méthamorphose politique s'opère à la voix de l'Empereur. L'électeur de Saxe, comme le duc de Wurtemberg, comme l'électeur de Bavière, est changé en roi. La carrière des combats n'est pas fermée pour cette année encore. Si la Prusse est anéantie, la Russie, son alliée, n'est pas entamée. Nos troupes ont, avec les siennes, en Pologne, divers engagemens, qui tous tournent à notre avantage.

La rigueur du froid suspend, de côté et d'autre, les opérations ; mais elles ne sont que suspendues. Napoléon annonce à ses soldats encore une campagne, dont les Russes seront l'objet. Il leur prédit sur ceux-ci une victoire certaine. « Ils trouve-
» ront, dit-il dans ses proclamations, Austerlitz au sein de la Prusse.... »

Au commencement de février, l'armée russe prend l'offensive : elle lui est funeste ; néanmoins nous payons chèrement une victoire, que le plus imperturbable acharnement nous dispute. Les combats d'Ostrolenka, de Braunsberg, de Spandau, de Deppen, de Guttstadt, d'Heilsberg, sont autant de succès qui conduisent à la victoire de Friedland (14 juin).

« C'est un jour de bonheur, s'écrie Napoléon » en saluant l'aurore de cette journée : c'est l'an- » niversaire de Marengo. »

L'action, engagée dès le point du jour, ne devient guère générale qu'à cinq heures du soir. Tous les généraux français y font des prodiges. Enfin, après une vive résistance, l'armée russe se met en retraite. D'après les bulletins prussiens mêmes, elle laisse dix-sept mille hommes le champ de bataille, et un nombre égal de prisonniers entre les mains des vainqueurs. Plusieurs drapeaux, soixante-dix canons, sont en outre les trophées de cette victoire, qui, suivie de la prise de Kœnigsberg, de celle de Neisse, et de la capitulation conditionnelle de Glatz et de Kosel, doit amener les conférences de Tilsitt.

Jetons en arrière un regard pour recueillir les faits que la rapidité du récit, née de celle des événemens, peut nous avoir dérobés. Un grand sanhédrin, assemblé à Paris par l'ordre de Napoléon, dans le but d'interpréter les préceptes de la loi d'une manière qui ne soit pas hostile à l'esprit de notre législation, arrête les dispositions d'après lesquels les Israëlites sont rendus à l'exercice des droits civils.

Dantzick s'est rendu au maréchal Lefèvre, le 24 mai, après deux mois d'un siége des plus actifs. Quatre jours après, Lefèvre reçoit le titre de duc de cette ville. C'est le premier titre purement nominal qui ait été donné en France, depuis que les titres y ont été abolis; et il l'a été, sans que les lois sur la noblesse aient été abrogées, sans que le sénat ait reçu l'ordre de sanctionner, de son assentiment servile, cette innovation. « Les honneurs » conférés aux militaires, sont autant de prélimi- » naires pour arriver au but de soumettre un pays » à un joug militaire, de détruire insensiblement » la liberté qui y règne, et de s'arroger un pouvoir » illimité (1). »

Vingt-cinq mille Espagnols auxiliaires, arrivés en Allemagne, ont été dispersés sur divers points de nos vastes conquêtes. La plupart se battront avec nous, dans le nord, tandis que nos armées du midi auront envahi leur patrie.

Le 28, à la suite de plusieurs entrevues qui ont eu lieu entre l'Empereur Napoléon et l'empereur Alexandre, il est convenu que la moitié de la ville de Tilsitt occupée par le premier sera neutralisée, et que les souverains belligérans s'y réuniront pour y conférer de la paix. En conséquence, les

---

(1) Paroles de Napoléon au sujet du gouvernement de l'Angleterre ; il n'y a que le nom de ce royaume, remplacé par le mot vague de *pays*, que nous nous soyons permis de changer.

deux Empereurs et le roi de Prusse s'y établissent.

L'épouse de ce dernier, cette reine si bien punie de sa téméraire exaltation, ne dédaignera pas d'y venir, mais plus tard, essayer de détourner, ou du moins d'alléger, par le charme de son esprit et l'entraînement de sa conversation, le coup qui menace de presque annihiler sa puissance : elle n'aura fait que le hâter.

Elle s'offre à son vainqueur, tout éplorée et avec le ton qu'elle croit le plus propre à le toucher; elle s'humilie, elle humilie sa patrie. « La Prusse, « dit-elle, s'était aveuglée sur sa puissance; elle « avait osé combattre un héros, s'opposer aux « destinées de la France, négliger son heureuse « amitié : elle était bien punie!... La gloire du « grand Frédéric, ses souvenirs, son héritage « avaient enflé le cœur des Prussiens. Ils causaient « leur ruine. » Elle sollicitait, suppliait, implorait. Napoléon, répondit du ton le plus gracieux à toutes ses demandes, sans cependant s'engager à en satisfaire aucune. Il sembla prendre à tâche de réparer, par une galanterie affectée, l'injure des sarcasmes dont sa politique avait semé contre cette héroïne contemporaine, jusqu'à ses bulletins ; mais à peine fut elle sortie, que, pour se soustraire aux attaques qu'elle n'eût pas manqué de renouveler il fit appeler le ministre russe, et feignant de se fâcher : « Une femme et de la galanterie ne « peuvent ni ne doivent, dit-il, altérer le système

« conçu pour les destinées d'un grand peuple. » En conséquence, on signa de suite, conformément à la volonté ferme qu'il manifesta.

L'Empereur français fait reconnaître ses frères Joseph, Louis, et Jérôme, comme rois de Naples, de Hollande et de Westphalie. Ce dernier royaume qui est encore à créer, se composera des états de Hesse-Cassel, de Brunswick, de Fulde, de Paderborn et de la majeure partie du Hanovre. La confédération du Rhin est aussi reconnue. La ville de Dantzick est rendue à l'indépendance, vainement attendue par les braves et généreux Polonais, qui accueillant le vainqueur avec des cris d'enthousiasme, avaient cru saluer leur libérateur! une partie de leur territoire accroîtra les états du roi de Saxe. La Russie employera, mais vainement auprès de l'Angleterre, sa médiation.

La Prusse perd près de la moitié de sa population et plus de la moitié de son territoire, qui enrichira principalement la couronne de Saxe. Le système de blocus continental sera rigoureusement suivi par les souverains contractans.

Ce n'est qu'à la prière d'Alexandre, que Napoléon consent à ce que Frédéric III conserve quelque chose. Plusieurs fois depuis, il s'est repenti de ne l'avoir pas détrôné, en donnant à la Prusse une constitution libérale. L'empereur russe, qui s'est insinué dans l'esprit de Napoléon, ne cesse de lui témoigner combien il se trouve honoré de l'amitié d'un grand homme. Peut-être Napoléon, (ô faiblesse humaine!) s'enorgueillit, de son côté, de se voir rechercher et flatter par un souverain puissant et *héréditaire.* « La plus entière intimité « s'établit entre eux; c'étaient, dit Napoléon lui-mê-« me, deux jeunes gens de bonne compagnie, dont « les plaisirs n'auraient eu rien de caché l'un pour « l'autre. » A la prière de son nouvel ami, qui avait, à ce qu'il paraît, de puissans motifs pour retenir la belle reine de Prusse, il différa de 24 heures l'audience de congé que lui demandait son mari. Celui-ci conçut le ressentiment le plus vif de ce qu'il regardait comme attentatoire à la dignité souveraine. Ce fut désormais son grand grief dans toutes les circonstances. On ne peut penser, sans frémir, que tels sont souvent les motifs qui nourrissent les inimitiés des rois, et pour lesquels coule par flots le sang de leurs peuples.

L'ineptie militaire des deux souverains du nord était inconcevable. « Ils se croyaient, dit Napoléon, de grands généraux, parce qu'ils savaient à point nommé le nombre de boutons que devait avoir l'habit d'un dragon. Le roi de Prusse surtout faisait de cet objet son occupation principale. Il avait une salle pleine d'habits de toutes armes : c'était sa bibliothèque. » Le vainqueur d'Jéna et de Friedland n'hésite pas à convenir qu'il eût été infailliblement vaincu, si la guerre qu'il soutint contre ces deux monarques, eut été une lutte de tailleurs.

En apprenant la paix de Tilsitt, l'aristocratie fut ébranlée dans toute l'Europe. « Que n'est-il « légitime! » s'écriait-elle, étonnée de tant de gloire et de tant de puissance. Mais en y réfléchissant, ce n'était toujours qu'un soldat parvenu, comparé aux autres souverains : et effectivement, il était la créature de son génie, comme eux l'étaient du hasard.

Il fut question à Tilsitt de partager la Turquie entre la Russie et la France ; « mais l'obstacle fut « la capitale, qui vaut à elle seule un empire et « peut donner le gouvernement du monde. » Il paraît qu'alors on ne fut pas arrêté par la légitimité du Grand-Turc. C'est que la légitimité est une loi qui, comme beaucoup d'autres, n'a de force que pour obliger les peuples et non pas les rois.

De retour à Paris, le vainqueur de l'Europe y recueillit, au milieu du témoignage le plus éclatant de l'admiration universelle, les fades adulations des courtisans de sa toute puissance. Ici, c'est encore Séguier dont la joie s'est si servilement signalée, lors de l'anéantissement des formes républicaines, qui s'étonne de la modération de l'Empereur. « S'il y a, dit le premier président de la cour d'appel, une chose plus extraordinaire que les prodiges de votre majesté, c'est que vous *résistiez* à *la fortune qui af-*

secte pour vous l'empire de la terre... Napoléon est au delà de l'histoire humaine; il appartient aux temps héroïques; il est au-dessus de l'admiration, il n'y a que l'amour qui puisse s'élever jusqu'à lui.» Fontanes, qui l'a poussé, de toute son influence, dans la route du pouvoir absolu; Fontanes, qui doit se vanter à un autre gouvernement d'avoir, étant grand-maître de l'université, corrompu même les institutions du despotisme, pour les rendre plus serviles, s'imaginant les rendre plus monarchiques; Fontanes, au nom du corps-législatif, donne, au souverain dominateur, des louanges qui ne sont guère moins outrées, dans *un langage qu'il dit aussi éloigné de la servitude qu'il le fut de l'anarchie.*

Mais la liberté, parlant par des lambeaux quand la voix lui est ravie, doit s'attacher au char de la victoire, comme pour en modérer l'éclat. Un décret du maître de la France lui a retiré son dernier asile, où depuis long-temps déjà elle est dédaignée et méconnue de ses propres ministres intimidés et corrompus. Le 19 août, le tribunat a cessé d'exister. Ses attributions sont réunies à celles du corps-législatif modifié, par le même acte, dans quelques parties de sa constitution.

Cependant le roi de Suède, Gustave IV, qui avait conclu, le 15 avril un armistice avec la France, osait soulever ses faibles armes contre celles du vainqueur de la Prusse et de la Russie. Cette témérité qui reproduit celle de Charles XII, dont le jeune roi a l'obstination, sans en avoir les talens guerriers, sera la cause principale qui engagera ses sujets à lui retirer le gouvernail de l'état, qu'il semble incapable de diriger conformément au vœu et à l'intérêt de tous. En peu de jours, Brune est maître de Stralsund et de l'île de Rugen.

L'Empereur, qui semble maintenant regarder la guerre avec des puissances secondaires comme au-dessous de sa grandeur, enverra un autre de ses lieutenans (Junot) faire, à travers l'Espagne, et à la tête de 30,000 combattans, la conquête du Portugal. Le conseil du régent de ce royaume, tremblant entre les menaces de la France et celles de l'Angleterre, craignant d'une part pour ses possessions d'outre-mer, de l'autre pour ses états européens, essaie de maintenir sa neutralité : il délibère sur des messages diplomatiques, dans le but de détourner l'orage qui le menace du haut des Pyrénées, lorsqu'il lit dans le Moniteur le décret portant que *la maison de Bragance a cessé de régner en Europe*. Il apprend en même temps que l'armée française, contre laquelle les difficultés de la route et de la saison semblaient un rempart suffisant, n'est qu'à vingt lieues de la capitale. La cour effrayée se hâte de l'abandonner, confiant sa fuite aux flots. En même temps, Junot y entre (30 novembre), et le Portugal est conquis.

Ce royaume sera morcelé : une de ses divisions dédommagera l'héritier du royaume d'Étrurie, créé par Napoléon en 1801, et réuni, encore par Napoléon, au grand Empire, le 10 décembre 1807.

Cependant la cour d'Espagne, en arrière de la civilisation européenne tout autant que sa populace, était, depuis quelque temps, en proie aux plus misérables intrigues dont Napoléon songe à profiter, mais qu'il ne paraît pas avoir d'abord suscitées ni entretenues, comme la malveillance s'est plu à l'assurer. Le père et le fils se disputaient un sceptre qu'il était également au-dessus de la force de tous deux de pouvoir soutenir, et que Godoï, inepte et impérieux favori faisait, au nom du vieux roi, peser sur l'Espagne, qui l'accusait avec quelque raison du désordre de son administration et de sa détresse.

L'ambition de Napoléon s'est réjouie de cet état de choses. Sous prétexte de se fortifier dans le Portugal envahi, il fait passer en Espagne, sous les ordres de Murat, des troupes nombreuses. Pampelune, Barcelone, Figuières, Saint-Sébastien, les clefs de ce royaume, reçoivent des garnisons françaises. Alors le danger paraît imminent. La lenteur castillane s'émeut. La cour médite une fuite au Mexique. Le peuple s'en irrite; et sa fureur ne s'apaise, que lorsque celui qu'il regarde comme l'auteur de ses malheurs (Godoï), a déposé ses titres, et le roi lui-même sa couronne, dont son fils se ceint la tête. Au milieu de ce désordre, Murat s'est glissé jusqu'à Madrid.

C'est alors que l'Empereur s'est rendu à Bayonne, où accourent aussi le monarque déposé et le nouveau roi Ferdinand VII, l'un et l'autre avec l'intention d'implorer son appui. Ils y sont les hôtes de Napoléon, comme Montezume le fut de Cortez.

Le peuple de Madrid, comme celui de Mexico, ne s'abuse pas sur la captivité prétendue volontaire de son roi. Il s'insurge; mais le fruit qui lui en revient, c'est de voir Murat, qui a comprimé aussitôt son élan par le déploiement d'une grande vigueur militaire, devenir président de la junte provisoire, et lieutenant-général des Espagnes, en vertu d'une cédule de Charles IV, qui n'a repris un instant la couronne de la tête de son fils, que pour la poser sur celle de Napoléon. Celui-ci, à son tour, la transmettra à son frère Joseph, qui cédera à Murat le royaume de Naples. C'est ainsi que la volonté toute puissante du chef de l'Empire déplace ses monarques : il les fait voyager comme ses préfets.

Ferdinand, qui a formellement accédé au traité qui réduit son père et lui à la condition privée, sera conduit avec son frère (don Carlos) et son oncle (don Antonio) au château de Valençay, où tous les trois demeureront gardés. Charles IV habitera celui de Compiègne.

Avant que de décrire les suites funestes d'une entreprise commencée sous des auspices en apparence si paisibles, mais scellée de déloyauté, écoutons celui qui la forma, exposer ses motifs, convenir de sa faute, et par un aveu noble, autant que surprenant dans un caractère aussi absolu, en alléger jusqu'à un certain point l'odieux.

« J'embarquai, dit-il, fort mal toute cette
» affaire : *je le confesse*. L'immoralité dut se
» montrer par trop patente, l'injustice par trop
» cynique, et le tout demeure fort vilain, puisque
» j'ai succombé ; car l'attentat ne se présente plus
» que dans sa hideuse nudité, privé de tout le
» grandiose et des nombreux bienfaits qui remplis-
» saient mon intention. La postérité l'eût préco-
» nisé pourtant, si j'avais réussi, et avec raison peut-
» être, à cause de ses grands et heureux résultats...

» Cette combinaison m'a perdu. Elle a détruit
» ma moralité en Europe, ouvert une école aux
» soldats anglais.... Je crus nécessaire, trop légère-
» ment peut-être, de changer leur dynastie....
» Charles IV était usé pour les Espagnols ; il eût
» fallu user de même Ferdinand.... J'aurais dû
» donner une constitution libérale à la nation
» espagnole, et charger Ferdinand de la mettre
» en pratique. S'il l'exécutait de bonne foi, l'Espa-
» gne prospérait, et se mettait en harmonie avec
» nos mœurs nouvelles ; le grand but était obtenu ;
» la France acquérait une alliée intime, une addi-

» tion de puissance vraiment redoutable. Si Fer-
» dinand manquait à ses nouveaux engagemens,
» les Espagnols eux-mêmes n'eussent pas manqué
» de le renvoyer et seraient venus me solliciter de
» leur donner un maître... Cette nation était mûre
» pour de grands changements et les sollicitait
» avec force : j'y étais très-populaire... Quoiqu'il
» en soit, cette malheureuse guerre d'Espagne a
» été une véritable plaie, la cause première des
» malheurs de la France. »

L'Espagne avait d'ailleurs, dit-il, manifesté l'intention d'abandonner sa cause, lorsqu'elle le vit aux prises à Jéna. Il l'accuse positivement, dans un autre endroit, d'avoir secrètement fait alliance avec ses ennemis. Il nie que l'abdication de Charles IV et l'adhésion qu'y donna son fils, leur aient été arrachées par aucune menace; cependant il avoue que la peur peut avoir eu beaucoup d'influence sur leur détermination, surtout sur celle du dernier. Ce prince, quoiqu'intérieurement ennemi de la France, desirait obtenir l'amitié et l'appui de son chef. Il y avait déjà quelque temps qu'il sollicitait, dans ce but, l'alliance d'une française; il avait été question d'abord d'une cousine de Joséphine : plus tard, il dut épouser une fille de Joseph; mais les revers du chef de l'Empire rendirent vain cet arrangement.

Napoléon lui offrit plusieurs fois, pendant son séjour à Bayonne, de le faire reconduire à Madrid, en le prévenant toutefois qu'il lui déclarerait la guerre; mais ce prince n'y voulait retourner que l'époux d'une française, et avec l'assurance de son amitié. Au reste, il avait les cortez en horreur: il eût mieux aimé, disait-il, ne pas régner, que de régner avec eux. C'était le fruit d'une éducation héréditaire. Son père, Charles IV, n'avait-il pas dit, malgré son inaptitude absolue à tenir le le sceptre, que tout devait être fait pour le peuple *et rien par lui*?

Cependant, c'est le peuple qui doit tout faire, et tout faire pour le roi, quand le roi n'aura rien fait, ni ne fera rien pour lui. Le jour de la saint Ferdinand, ce peuple s'insurge et jure de briser sa chaîne. Sept ans entiers, il poursuivra l'exécution de ce serment, avec une étonnante persévérance. Sa gloire eût été sans tache, s'il n'avait pas donné le fanatisme et ses excès ignobles pour auxiliaires à la sainte liberté.

Pendant que la lutte s'ouvre entre l'insurrection espagnole et l'ambition envahissante de Napoléon, celui-ci poursuit, par des décrets, le cours de ses conquêtes; ce sera désormais la seule arme dont il usera contre les états trop faibles pour nécessiter le déploiement de sa force. Le pape s'est plaint à lui, de ce que les troupes françaises occupent sa capitale; « elles lui ont, écrit-il dans un style digne d'Harpagon, consommé environ cinq millions d'*écus romains*. » Napoléon lui répond par un décret qui incorpore au grand Empire quatre légations. Un sénatus-consulte y réunira de même les duchés de Parme et de Plaisance, et les états de Toscane, conformément à une clause du traité de Presbourg. Un autre y avait déjà annexé Kehl, Cassel, Wesel et Flessingue.

On a vu Napoléon rechercher, avec affectation, l'entourage de la noblesse: on a pu préjuger dès lors qu'il songeait à lui rendre, de son influence passée, tout ce qui pourrait en être supporté, quoiqu'impatiemment, par nos mœurs nouvelles, et s'accorder avec la suprématie de son absolu pouvoir. Cette pensée n'a cessé de l'occuper, même au sein de ses triomphes. Au lieu de créer une monarchie nouvelle comme le monarque, conforme autant que possible aux progrès de la raison publique, il croit ne pouvoir assez effacer les nuances qui la distinguent de l'ancienne; il s'imagine que la conquête de son ambition sera plus solidement établie sur une base antique qu'il ne voit pas être pourrie. Il veut encore la mettre en harmonie, avec les autres monarchies de l'Europe, la lier à elles par la chaîne des abus. En vain, la masse de la nation repousse des distinctions qu'elle juge humiliantes pour le grand nombre, sans qu'elles honorent ceux dont elles sont le privilége; en vain nos lois, nos mœurs les proscrivent; il les réimplantera dans les lois, et, s'il le peut, dans les mœurs. La répugnance nationale n'est d'ailleurs à ses yeux que le moindre obstacle, depuis qu'assis au faîte de la puissance, il ne voit plus, comme tous les souverains, de mécontentement et de satisfaction, que dans le mécontentement et dans la satisfaction du cercle de courtisans qui l'entoure. Ce sont ces courtisans qui, la plupart, se sont élevés en l'élevant, les premiers instrumens comme les plus dévoués soutiens de son pouvoir, dont l'opposition l'arrête. Cette opposition, il l'a jugée; elle est toute personnelle, quoiqu'elle prenne le masque de l'intérêt public: c'est une passion vile, l'envie, et l'envie la plus inepte, l'envie de ce qu'il y a au monde de plus vain, qui la produit. Une fois cette passion vaincue, il soumettra facilement les principes des apostats de tous les principes. Les hypocrites de révolution, ceux qui n'ont salué l'aurore de cette grande ère, que dans un espoir de prospérité personnelle; ou bien ceux dont le patriotisme réel d'abord, n'étant point soutenu de vertu, n'a pu survivre à ses orages, ne repousseront plus des abus, dont on leur offrira de partager la jouissance. Devenus membres d'une noblesse nouvelle, le sentiment de leur vanité les contraindra à la tolérance envers la vanité d'autrui.

Napoléon obéit encore à un autre motif plus déterminant peut-être. Dans le système qu'il avait adopté, de faire servir à l'accroissement et à la consolidation de sa puissance les vices et les travers humains, de préférence aux vertus et aux passions nobles dont il redoutait la tendance républicaine, il dut s'entourer, le plus qu'il lui fut possible, de ressources corruptrices. Des passions ignobles, les unes naissent de la sensualité, de la cupidité; les richesses et les emplois les soumettent aux gouvernemens; les autres ont leur source dans la vanité; elles se laissent gouverner par des distinctions extérieures et factices; l'opinion avait jusqu'alors interdit l'usage de ces distinctions au chef de l'Empire; mais jugeant sa puissance assez formidable, ou l'opinion assez domptée, il a résolu de les mettre au nombre de ses moyens corrupteurs. L'esprit public sera avili, dénaturé, perverti, ou, tout au moins, ce qui en reste sera extirpé; mais les ressources de son ambition seront doublées, il se sera créé un second trésor; les titres deviendront, dans ses mains, une monnaie d'autant plus précieuse, qu'il la pourra prodiguer, sans l'épuiser.

Quand Napoléon eut pris à cet égard une résolution définitive, il assembla les membres de son conseil d'état. Desireux de connaître sans doute jusqu'à quel point pouvait aller la flexibilité de leurs opinions, il leur fit cette question dérisoire : « Le rétablissement des titres de prince, de duc, de comte, de baron, de chevalier est-il contraire à l'égalité? » La presqu'unanimité de ces conseillers serviles, ceux mêmes qui avaient montré à d'autres époques le patriotisme le plus exalté, donnant un démenti déhonté à la raison de leur siècle, osèrent bien répondre, selon Napoléon lui-même, qu'une noblesse hiérarchique n'était point un obstacle à ce que tous les citoyens fussent égaux !...

Une telle abnégation de principes sera surpassée pourtant : le sénat aura plus d'impudeur encore. Devant ce corps, s'offrira Cambacérès, appelé par Napoléon lui-même *l'homme des abus*. Il lui proposera de sanctionner celui dont il lui vient annoncer la renaissance : il lui apprendra que les titulaires de distinctions renouvelées d'un régime *fort bon* à ses yeux, les transmettront à leurs descendans mâles, en ligne directe; que ceux qui seront ecclésiastiques en pourront doter leurs neveux, et que les uns et les autres auront la faculté d'établir des *majorats*; que le soldat de la légion d'honneur pourra prendre le titre de *chevalier*, le moindre de tous, et *obtenir* la permission de l'étendre à sa descendance; enfin dira, dans sa joie, le prince improvisé (car telle est parmi les qualifications de nuances variées dont il apporte au Sénat la catégorie, celle que le citoyen Cambacérès aura modestement choisi) : » Sénateurs, vous n'êtes plus de simples plébéiens : vous êtes tous au moins comtes. » Ainsi la loi porte en elle-même le prix de la complaisance. Le sénat en masse va sortir noble méprisable, du lieu où il était entré le matin vénal roturier.

Tout homme qui n'a pas abjuré jusqu'à l'ombre de la dignité personnelle, s'imaginera que des ex-républicains, sur le point d'immoler le dernier des principes qu'ils avaient tant de fois juré de défendre, qu'ils semblaient encore, dans des discours prononcés à des époques récentes, vouloir environner de tant de sauve-gardes, s'épouvanteront de leur attentat; qu'un tel sacrifice soulevera des hontes; que la plupart l'accompagneront de regrets, de plaintes même; ou qu'au moins, agissant moins généreusement, mais par l'effet d'une conviction semblable, ils chercheront à palier, par des raisons, par des excuses, le cynisme de leur palinodie... Illusion d'une imagination qui n'atteint pas le terme de la dégradation, où peut descendre une âme cupide et vaine!.. Ces mandataires simulés de la nation, osant avouer par le fait qu'ils sont assemblés pour faire leurs propres affaires et non pas les siennes, sembleront ne s'être proclamés son *moi personnel,* qu'en ce sens qu'ils s'imaginent la tenir en fief de leur absolu souverain. Leur premier mouvement sera de présenter à celui-ci le *tribut de leur respectueuse reconnaissance,* pour les honneurs dont son mépris vient de les flétrir.

Oui : c'est dans l'aspect de tant de bassesse que Napoléon a dû puiser ce mépris des hommes, si funeste au peuple qu'il gouverna; c'est en se la rappelant qu'il a dû dire: « Ceux qui composaient

» les générations de nos jours, demeuraient si natu-
» rellement dominateurs, si avides du pouvoir,
» l'exerçaient avec tant d'importance, pour ne pas
» dire plus, et pourtant, en même temps, étaient si
» prêts d'un autre côté à courir au devant de la
» servitude !... »

Misérables ! leur conduite a calomnié leur espèce. Napoléon a cru qu'il n'y avait, dans la génération contemporaine, que des dispositions serviles, parce qu'il ne voyait, dans son sénat, qu'il en croyait et devait en croire jusqu'à un certain point l'élite, que des cœurs de boue. « On ne corrompt pas la corruption, a-t-il pu se dire. Il n'y a pas de crime à asservir ceux qui se précipitent lâchement sous le joug. L'abjection des esclaves est la justification des tyrans. »

Et qu'eussent-ils fait effectivement de la liberté, ces sybarites sans vertu? La liberté a deux compagnes nécessaires, l'équité et les bonnes mœurs : et ils n'avaient ni équité, ni bonnes mœurs. Les yeux complaisamment fixés sur leur chaîne dorée, ils ne craignaient rien tant que d'entendre troubler le repos de leur servitude, par un accent libre. Pouvaient-ils davantage apprécier l'égalité, se passionner pour une belle harmonie sociale, eux, d'âme et de facultés rétrécies, eux, avides de titres, à genoux devant des hochets, comme des enfans à demi-barbares ! Pour satisfaire les appétits qui leur tenaient lieu de passions, la vanité qui remplaçait en eux l'amour de la gloire, ils demandaient à leur maître des emplois, des richesses et des honneurs: et leur maître les gorgeait d'emplois, de richesses et d'honneurs. Ne les jugeant pas dignes d'être citoyens, il les faisait comtes; et comme il n'espérait pas trouver, pour l'exécution de ses volontés, d'instrumens plus dociles, il les appelait subordonnément en partage de son oppression.

Encore, si tant d'avilissement avait eu sa cause dans la terreur! Si, comme sous les monstres-souverains de l'empire romain, l'opposition, la modération, le silence, l'absence même quelque peu prolongée du sénat, eussent été un arrêt de mort! Mais Napoléon n'était point cruel: nous lui rendons cette justice, nous que, certes, on n'accusera pas d'aduler sa renommée. Ce n'était point un Tibère, un Néron, un Domitien. Loin de là; il supportait, il encourageait même la contradiction dans ces délibérations clandestines, dont aucune parole ne devait percer l'enceinte où elle était proférée. Plus d'une fois, ces ignobles adulateurs excitèrent le dégoût de leur idole; plus d'une fois, rougissant, pour sa part d'homme, du degré d'abjection où pouvait descendre son espèce, le maître de ces esclaves se vit contraint de leur dire, principalement au conseil d'état où la plupart étaient souvent appelés: « Je vous ai mandés pour que vous » me disiez votre avis, et non pas le mien. »

Et, effectivement, « on pouvait s'apercevoir que

« les orateurs cherchaient à deviner quelle serait
« l'opinion du souverain ; on se croyait heureux
« d'avoir rencontré juste, embarrassé de se trouver
« dans un sens opposé. » Telle est la confidence de
l'un des membres du conseil d'état (1).

Quelquefois encore, pour conquérir entièrement
leur franchise, Napoléon leur parlait du ton le
plus familier. « Je ne me fâche pas qu'on me contredise, leur disait-il ; je cherche qu'on m'éclaire.
Parlez hardiment, dites toute votre pensée :
nous sommes ici entre nous ; nous sommes en
famille. »

Ce n'est donc point la crainte, qui les a poussés à
tant de lâches complaisances ; ou, s'ils obéirent à la
crainte, ce fut à la crainte sordide de perdre les appointements de leurs places, de leurs sinécures de
cour ou de législature, et la *haute considération*
qu'elles leurs procuraient. Et effectivement, « ces
places auraient été *bientôt prises*, ose dire un des
membres (2) de ce sénat flétri, et peut-être plus

---

(1) Las-Cases.

(2) Sénateur dévoué sous l'Empire, pair ministériel depuis la restauration, l'homme qui a osé imprimer une aussi misérable excuse, convient, dans l'ouvrage qui la contient (*les Souvenirs sénatoriaux*), que c'est l'époque du 18 brumaise qui *a fait sa petite fortune*. « J'ai eu, ajoute-t-il, *le bonheur* de me
» trouver *à l'ouverture de la piscine.* » De tels écrits devraient être répandus par millions d'exemplaires, pour l'instruction des peuples et l'opprobre de leurs auteurs.

mal remplies. Bonaparte n'aurait pas plus manqué de sénateurs qu'il n'eût manqué de préfets, d'écuyers, de chambellans. » Immoralité lâche qui s'autorise de l'immoralité d'autrui! excuse bannale et honteuse, digne tout au plus d'un espion de police, mais au-dessous de celui qui, s'étant laissé entraîner hors de la voie du devoir, conserve néanmoins encore le sentiment de sa faute et la pudeur de l'homme de bien.

Cependant, de cette masse abjecte, il jaillit des éclairs d'un feu généreux. De l'honneur, du patriotisme, du courage, furent mêlés à cette ignominie. Quelques membres se conservèrent incorrompus dans cette fange. Il y eut des Traséas, dans cette tourbe de Vitellius.

Honneur, immortel honneur aux Grégoire, aux Lambrechts, aux Destutt de Tracy, aux Lanjuinais, à un ou deux autres citoyens, dont nous n'avons pu recueillir les noms. Cette lacune sera remplie. Espérons qu'une plume impartiale nous livrera l'histoire secrète du sénat, fera la part trop faible de l'intégrité et du courage, soustraira quelques noms à la flétrissure collective d'une servilité qui ne fut pas universelle, mais aussi offrira le tableau de toutes les honteuses transactions de ce bazar clandestin de nos libertés. Quelqu'un des plus coupables de ce corps saisira sans doute le moyen d'obtenir son pardon, de son siècle et et de l'avenir. Il osera s'accuser pour s'absoudre;

il dévoilera, aux yeux de tous, les bassesses dont il fut complice, pour racheter sa part de la commune infamie.

Nous le disons du sénat, avec Napoléon, quoique pour une cause différente : malgré les exceptions honorables que nous avons signalées, *nous ne connaissons point de corps qui doive s'inscrire dans l'histoire avec plus d'ignominie.*

Et ce n'est pas nous qui lui imprimons la flétrissure, sous le poids de laquelle doit fléchir sa mémoire; nous qui, sans autre intérêt que celui de la morale, jeunes et surgissant après beaucoup d'années aux événemens que nous décrivons, sommes néanmoins pour lui déjà la postérité. Sa sentence ressort de ses actes : elle se lit dans l'histoire des temps passés. Tracée de la main de Tacite, confirmée par la voix des siècles, elle est encor gravée par la nature même, dans le cœur de l'homme, où il est inné de sentir le mépris le plus absolu pour le lâche qui a pu descendre à trafiquer du sang et de la liberté de ses concitoyens.

Cependant au témoignage de sa *respectueuse reconnaissance*, le sénat a joint quelques lignes de sophistiques raisons. C'est le résumé de l'exposé des motifs du prince archichancelier, motifs qui sont (comme de raison) aussi les siens, et par lesquels il s'est bien gardé de ne pas se laisser convaincre. On y lit que le rétablissement de la hiérarchie nobiliaire est une barrière opposée au retour de la féodalité. Cette insulte au bon sens ne surprend pas, de la part de ceux qui ont institué *la censure pour assurer la liberté de la presse.*

Mais Napoléon, qui semble tourmenté de la crainte que sa gloire ne soit comme accablée, dans la postérité, du poids de cette faute énorme de son règne, a entassé motifs sur motifs, dans l'intention de la pallier et même de la justifier. Ces motifs sont si divers, qu'ils laissent incertain encore s'il fut déterminé par la vanité et une fausse politique réunies, ou simplement par la politique. Quoiqu'il en soit, nous regardons comme un devoir de combattre les plus spécieux, parce que, vis-à-vis du plus grand nombre, les sophismes même, venant d'un génie aussi supérieur, font autorité.

Le rétablissement des titres est un obstacle » au retour de la féodalité. » Une telle prétention choque, au premier aperçu, le plus simple bon sens.

Les titres sont une féodalité nominale. Or, les mots, à moins d'une digue insurmontable dans les mœurs, finissent toujours par ramener les choses. Dans un pays agricole, toute noblesse qui n'est pas féodale, tend incessamment à le devenir. Comment en serait-il autrement? On réunit l'influence d'une haute prééminence sociale et celle d'une fortune toujours assurée, toujours croissante, par cela seul qu'elle ne peut décroître au-dessous d'un niveau donné; cette arme puissante, on la met aux mains

XII.

d'une génération à venir, dont on ne peut préjuger ni la moralité ni l'intelligence; et l'on nous assure qu'elle n'en abusera pas pour usurper! Quelle sera notre garantie? La fermeté de celui qui gouverne? Mais est-il donc certain qu'il la transmettra à ses successeurs? L'énergie de l'esprit public, d'une opinion éclairée? Mais, ou cette opinion brisera une œuvre semi-barbare et n'en laissera pas même la trace, ou e le fléchira sous son joug et en subira les fatalités.

Alléguera-t-on les lois?... mais « l'aristocratie en » a-t-elle? répondra Napoléon lui-même. Est-il un » attentat qui l'arrête? un droit qu'elle ne foule » aux pieds? »

La féodalité n'est pas une institution : c'est un horrible abus; jamais elle ne résulta d'une convention humaine. Comment supposer qu'un homme ait pu dire à un autre : « Tu seras mon esclave, et » tes enfans le seront des miens »; et que cet autre ait pu pactiser à une condition si inique! Non, la féodalité eut sa source dans une première infraction à l'égalité; elle se forma d'une succession d'usurpations. « L'aristocratie veut bien *journel-* » *lement gagner du terrain*, a dit Napoléon; mais » sitôt qu'on lui propose de la faire rétrograder » d'un atôme, elle n'y entend plus....... Si l'on » touche aux plus minutieux détails, tout l'édifice » va crouler, s'écrie-t-elle... » Ainsi les ministres d'un culte crient à la ruine de ce culte, à l'impiété, l'athéisme, aussitôt qu'on combat quelques-uns de leurs priviléges. Dans le délire de leur amour-propre, on dirait que les uns s'imaginent être la société toute entière; les autres, la divinité.

Mais quand la noblesse nouvelle ne serait point d'abord féodale, elle sera du moins aristocratique; car, de l'aveu même de Napoléon, *la noblesse gouverne de fait aujourd'hui toute l'Europe.* Or, le résultat de l'aristocratie, c'est de bouleverser toutes les convenances naturelles et sociales ; c'est de livrer, par un renversement de toute raison et de toute justice, la direction des plus éclairés aux plus incapables ; car, pour employer une expression de Napoléon, en dispensant de chercher des moyens de prééminence dans le travail et l'étude, l'aristocratie n'est généralement propre qu'à créer des générations d'*ânes par droit d'hérédité;* enfin, l'un de ses moindres inconvéniens, c'est de donner au vice ou à l'insignifiance, le prix des capacités et de la vertu.

Laissons maintenant parler Napoléon lui-même sur ce fléau social. « Elle ne veut pas (l'aristocratie)
» que d'autres que ses membres puissent parvenir
» à quelque emploi important ; à l'en croire, la
» naissance, et non les talens et la capacité, doit
« régler le choix. Il n'est point de gouvernement
» plus cruel, plus despotique et plus implacable...

» Toute la race est arrogante, vaine, ignorante,
» sans esprit, sans connaissance de la véritable gloire.

» Ils (les aristocrates français) furent la cause
» de la révolution, et de tant de sang répandu....
» Ce sont des écervelés, qui ont été chassés de leur
» pays pour leur arrogance et leur tyrannie....
» Dieu veuille avoir pitié d'une nation gouvernée
» par de telles gens ! »

Et cependant, c'est de telles gens qu'il voulait former la tête de la belle et brillante génération qui croissait en France! c'est à de tels hommes qu'il livrait le gouvernement de son peuple!

Son projet était, nous apprend-il, *de reconstituer l'ancienne noblesse de France*. Toute famille qui » comptait dans ses ancêtres, un cardinal, un » maréchal de France, un ministre, un grand-» officier de la couronne, etc., eût été, pour cela » seul, apte, dans tous les temps, à obtenir le titre » de duc; toute famille qui aurait eu un archevêque, » un premier président, un ambassadeur, un » lieutenant-général, un vice-amiral, le titre » de comte; toute famille qui aurait eu un évê-» que, un maréchal-de-camp, un contre-amiral, » un conseiller d'état, ou un président à mortier, » le titre de baron ; » et cela, en établissant des majorats, dont l'échelle eût été fixée relativement à la progression des titres.

Napoléon répète beaucoup qu'avec sa noblesse, la carrière fût demeurée ouverte à tous; mais comment concevoir qu'une noblesse si nombreuse, n'eût pas accaparé toutes les places ! ou si le concours fût demeuré aussi libre qu'auparavant pour toutes les classes, avant quatre siècles, la France entière n'eût été peuplée que de nobles, ce qui en quelque sorte eût amené l'anéantissement de la noblesse. Mais non : la hiérarchie aurait maintenu une différence. Les princes, les ducs et les comtes eussent été les nobles ; la canaille se fût composée de barons et de chevaliers.

Quoiqu'il avoue formellement le *projet de reconstituer l'ancienne noblesse*, Napoléon s'obstine à voir, entre elle et celle qu'il a créée, une différence très-grande, tout à l'avantage de celle-ci. « *Aux parchemins*, dit-il, je substituais les *belles actions*..... Je faisais disparaître la *prétention choquante du sang*: idée *absurde*, en ce qu'il n'existe réellement qu'une *seule espèce d'hommes*, puisqu'on n'a pas vu *naître* les uns *avec des bottes aux jambes*, et les autres *avec un bât sur le dos.* »

Comment, d'un raisonnement aussi concluant, a-t-il pu tirer une conséquence aussi étrange que celle qu'il avance? On ne peut se l'expliquer qu'en songeant que, venant à toucher à certaines cordes, les plus grands génies tombent quelquefois au-dessous des esprits les plus communs.

Les objections s'offrent d'elles-mêmes : un enfant les ferait. Quelle preuve de leur noblesse auraient eu à présenter dans vingt, dans trente, dans cinquante ans, les descendans des annoblis? Les titres qui auraient établi l'illustration de ceux-ci, c'est-à-dire des *parchemins*? Quel droit eussent-ils allégué? Evidemment celui *du sang*.

Quelques-uns, il est vrai, auraient eu à vanter de *belles actions* auxquelles ils n'auraient pas eu de part; mais beaucoup n'auraient pu se glorifier que de l'avantage d'être nés d'un parent ou d'une créature de Joséphine, de Berthier; ou bien ils auraient pu produire les *belles actions* de l'un des membres de ce sénat noyé d'opprobre, peut-être encore de l'un de ces électeurs auxquels, pour prix de leur complaisance à voter *à la satisfaction* du prince, on offrait en perspective l'annoblissement!

Concluons donc que toute noblesse, quel que soit son principe, est aristocratique dans ses résultats; que l'aristocratie est inique, en ce qu'elle usurpe, sur les supériorités naturelles, la place et la récompense que la justice et la raison leur assignent; funeste, en ce qu'elle prive les masses inférieures du fruit qu'elles pourraient retirer des plus grandes lumières et des plus grandes vertus; et qu'en outre, dans un pays agricole, où le sol est la principale source de la fortune et de l'influence, elle tend naturellement à usurper surtout des priviléges territoriaux, ce qui constitue la féodalité, l'un des plus odieux fléaux qui puissent affliger l'homme, l'une des plus grandes hontes qui puissent le flétrir.

Si donc les titres, source de résultats si funestes,

sont ce qu'il y a de plus contraire à l'intérêt public, reste à examiner s'ils étaient au moins dans les intérêts du pouvoir qui les rétablissait. C'est une opinion inconcevable, quoique bien répandue, qu'une classe privilégiée est une nécessité du système monarchique, et comme, le dit Napoléon, *son point résistant*. Qu'on consulte notre histoire, celle des autres nations. Est-ce des peuples que sont venus les troubles qui ont mis en péril l'autorité des souverains? Ils n'y ont jamais paru que comme victimes, et non pas comme intéressés. Et si l'on a à citer un exemple contraire, celui de notre révolution, où le peuple a comparu dans la lice avec le pouvoir, pour des intérêts qui lui étaient propres, cet exemple même prouve, jusqu'à l'évidence, qu'une aristocratie, non seulement est inhabile à défendre la monarchie, mais encore n'a d'autre résultat que d'en accélérer la chûte. En effet, l'aristocratie, attaquée dans des priviléges auxquels le souverain était étranger, s'est fait un rempart de son trône, au lieu de lui en servir, et, par son égoïsme, l'a entraîné dans sa ruine.

Un autre argument, c'est celui qu'on tire de la presque universalité de l'aristocratie. Oui, sans doute, il y a eu, chez presque tous les peuples modernes, de l'aristocratie, comme il y a eu des moines, comme il y a eu des justices seigneuriales, comme il y a eu des sorciers, parce qu'il n'y avait pas de lumières, parce qu'il n'y avait pas d'imprimerie ; car c'est dans l'imprimerie qu'est la révolution tout entière.

Poursuivons l'examen des motifs de Napoléon. « Il voulait réconcilier la France nouvelle avec la France ancienne. » Mais la France nouvelle ne voulait pas de cette réconciliation ; et il n'y en pas de possible entre le droit et le privilége, entre le règne des principes et le régime des abus. « Inspirer de la sécurité aux nobles, déterminer ceux qui demeuraient encore à l'étranger à rentrer dans la patrie. » Voulait-on, à tout prix, ramener, au sein de la commune mère, ces enfans opiniâtrement égoïstes ? Eh, bien ! il fallait les faire citoyens et non les faire citoyens nobles. Il ne fallait pas démoraliser la nation, pour conquérir de vieilles inutilités, de vieux vices. L'intérêt exclusif d'une fraction imperceptible ne devait, dans aucun cas, balancer les intérêts d'un grand peuple : on ne pouvait pas les mettre en présence, sans une absurde iniquité.

Un des argumens les plus spécieux de Napoléon, c'est celui que lui fournit la similitude apparente de légitimité, existant entre la transmission des titres et celle des propriétés. Mais d'abord, la transmission des propriétés, surtout des propriétés territoriales, n'est pas de droit naturel, mais d'institution sociale ; c'est une institution nécessaire, sans laquelle la société ne pourrait être, à moins que de supposer tous les hommes également justes et raisonnables, ce qui serait le rêve d'un fou.

Si donc la transmission des propriétés n'est pas de droit naturel, on n'en peut faire dériver le droit naturel de la transmission des titres. On ne peut en arguer davantage pour en établir le droit social : car, de ce qu'une anomalie a été reconnue nécessaire, il ne s'ensuit pas que tout doive et puisse être anomalie dans la société.

Ensuite, en admettant (chose absurde), entre ces deux sortes de transmissions, égalité de droit social, quelle différence ne se trouve pas dans l'exercice de l'un et de l'autre! La conservation de la propriété suppose, dans celui qui la reçoit, la continuation d'une partie au moins des soins, de la vigilance, de l'économie de celui qui l'a acquise; sinon, elle passe nécessairement tôt ou tard entre des mains plus actives ou plus économes; mais la conservation du titre ne suppose rien, ni activité, ni vertu, ni talens. C'est une sinécure héréditaire.

« J'ai, *je crois*, eu tort, confesse enfin Napoléon, » dans tout cela (la création de la noblesse), par- » ce que cette institution *affaiblissait* le système » d'égalité qui plaisait tant au peuple. »

En résumé, quelle qu'ait été l'intention du rétablissement des titres, le fruit en fut des plus funestes pour celui même qui avait compté en retirer le plus de profit. Il agit en cela comme le berger de l'Idille; il travailla pour ses compétiteurs, en croyant travailler pour lui. Au lieu d'opérer la fusion de l'ancienne cour avec la sienne, ce fut sa cour au contraire dont il prépara la fusion avec celle de Mittaw. Quand l'ancienne dynastie se présenta, en 1814, au seuil de la capitale, chacun des nouveaux nobles put se flatter de trouver sa place dans un ordre de choses qui ne serait pas essentiellement différent de celui qui finissait. Les grands de Napoléon se trouvaient tout naturellement au niveau des grands du monarque rentrant; c'étaient des ducs qui s'uniraient à des ducs, des comtes à des comtes, des barons à des marquis; de là, tant de transactions funestes. Si l'esprit des chefs eût été entretenu, comme celui du peuple, dans le mépris des distinctions futiles, la vanité des uns, l'amour-propre des autres, eussent rendu tout rapprochement impossible : il n'y aurait pas eu de traîtres, ou il y en aurait eu bien peu.

Cependant, du sommet de sa toute puissance, le chef du grand Empire voyait, en Espagne et en Portugal, la bravoure de ses troupes se briser contre l'opiniâtre patriotisme de deux peuples, aidés des efforts de l'inimitié anglaise. Chassés de Lisbonne et de Madrid, ses lieutenans se maintenaient à peine dans le nord de la péninsule, au moyen des places fortes qu'ils y occupaient. Croyant, dans une entrevue qu'il vient d'avoir à

Erfurt avec l'empereur de Russie, avoir assuré la tranquillité de ses états du nord, il ira au midi, où l'on lui dispute sa puissance, imposer dans la balance le poids de son génie. L'Espagne, comprimée d'abord, se relevera, il est vrai, plus redoutable, mais long-temps après son départ. Ses officiers retiendront encore long-temps l'électrique ardeur dont les aura pénétrés sa présence. Son éloignement prolongé aura seul reproduit nos revers. C'est du moins ce que doivent dire ceux qui ne croient pas que la victoire puisse être douteuse, aux lieux qu'il foule de ses pas. Cet autre César n'a pas encore eu son Dyrachium.

Avant que de partir, Napoléon a voulu présider à l'ouverture du corps législatif ; il lui fait part de son intention. « L'empereur de Russie et lui sont, dit-il, *invariablement unis.* » Il ne dédaigne pas non plus d'informer son sénat du motif de sa prochaine absence : ce sénat insultant impudemment à tout ce qu'il y a jamais eu de morale au monde, ose bien dire : » La guerre d'Espagne est politique ; elle est *juste,* elle est nécessaire !...

Le même sénat dira, dans une circonstance postérieure : « *Les pères envient* la noble destinée de cette *jeunesse* belliqueuse qui se précipite vers les camps de votre majesté, et qui brûle de *mériter,* dans les rangs des vainqueurs de Marengo et d'Austerlitz, *un regard de son Empereur.* »

Qu'on ne s'étonne donc pas que Napoléon, dans

un accès de dégoût, au souvenir des bassesses dont sa puissance et sa chûte le rendirent le témoin ou l'objet, se soit écrié : « Que de boue était groupée autour de moi ! »

Dans les premiers jours de novembre, l'Empereur a franchi les Pyrénées ; le 23, il gagne la bataille décisive de Tudéla ; le 4 décembre, il entre à Madrid.

Aussitôt, il supprime l'inquisition, les droits féodaux, les barrières de l'intérieur. Il réduit à un tiers le nombre de ces réceptacles de l'oisiveté, si répandus dans l'Espagne au nom de la religion ; et il dit à ces peuples conquis : « Vos neveux me » béniront comme votre régénérateur ; ils place» ront au nombre des jours mémorables, ceux où » j'ai paru parmi vous ; et de ces jours, datera la » prospérité de l'Espagne. » Mais l'esprit de beaucoup est trop ignare, le cœur de tous trop ulcéré, pour que l'effet de ces bienfaits réels réponde aux intentions de sa politique.

Sa présence à Madrid semble multiplier les victoires ; il semble qu'il n'ait eu besoin que de paraître pour conquérir l'Espagne. Cependant les mouvemens hostiles de l'Autriche, présage d'orages prochains dans le nord, le contraignent de laisser cette conquête interminée, peut-être interminable.

Napoléon est en Allemagne : « Soldats, dit-il à » ses troupes, j'étais entouré de vous, lorsque » l'empereur d'Autriche vint, à mon bivouac de

» Moravie, implorer ma clémence et me jurer
» amitié éternelle. Vainqueurs dans trois guerres,
» l'Autriche a dû tout à notre générosité; trois
» fois elle a été parjure!... Marchons donc, et
» qu'à notre aspect, l'ennemi reconnaisse son
» vainqueur! »

Cependant le combat de Pfaffenhofen a ouvert la campagne à notre avantage. Celui de Tann, amené par une belle manœuvre de Davoust, a préparé la bataille d'Abensberg, où l'Empereur, en moins d'une heure et demie, met en déroute les corps réunis du prince Louis et du général Hiller. Entre la bataille d'Abensberg et celle d'Eckmuhl, se trouve le brillant combat de Landshut.

La bataille d'Eckmuhl qui, devait dire Napoléon, « décida de toute une guerre, » ne nous fut pas fort vivement disputée. Elle coûta à l'ennemi vingt mille prisonniers.

L'armée française occupe la route la plus directe qui conduise à Vienne, ce qui lui assure l'avantage d'y précéder l'ennemi. Ce résultat est dû aux manœuvres admirables, qui se succédent rapidement depuis l'ouverture de la campagne. Selon Napoléon lui-même, ce sont « les plus hardies, les plus belles, les plus savantes » qu'il ait exécutées.

Cependant, nos troupes, après avoir pris d'assaut Ratisbonne, sous les murs duquel l'Empereur est blessé légèrement d'une balle au talon; après avoir soutenu à Ebersberg, un combat glorieux, mais meurtrier, arrivent le 10, aux portes de Vienne, qui ne doivent s'ouvrir qu'après un bombardement de trente-six heures.

L'armée française, établie en partie dans une île du Danube (Inter-Lobau), à deux lieues au-dessous de Vienne, en débouchait le 21, sur la rive gauche, lorsque les ponts qui joignaient cette île à la rive droite, furent emportés par la crue inattendue du fleuve. Trente mille braves seulement purent être opposés à cent mille Autrichiens qu'amenait, contre toute l'armée, le prince Charles; cependant ils conservèrent leur champ de bataille. Le lendemain, quoiqu'ils eussent été renforcés d'une division de quinze mille hommes, l'Empereur se disposait, par prudence, à les faire rentrer dans l'île, quand, sur l'avis que faisaient donner les ingénieurs, que le Danube paraissait décroître, qu'un pont avait été rétabli, et que les troupes passaient, il n'hésita plus à attaquer, comptant sur la réunion prochaine de tout ce qu'il avait de troupes, c'est-à-dire, d'une masse excédant de vingt mille combattans celle dont disposait l'archiduc; mais il apprit bientôt que le pont était rompu encore une fois. Nos soldats exécutaient une manœuvre qui, sans le funeste contre-temps qui nous arrivait, assurait la perte de l'armée ennemie; ils s'avançaient victorieux à travers son centre; mais voyant qu'ils ne pourraient être soutenus, Napoléon leur fait parvenir l'ordre de s'arrêter dans leur triomphe, et de se replier vers l'île, leur refuge. Les Autrichiens étonnés suspendent leur retraite. Bientôt instruits de la cause qui nécessite la nôtre, ils deviennent assaillans; mais la plus invincible valeur les repousse. Le village d'Essling, pris et repris cinq fois, demeure en notre pouvoir. Il était quatre heures, quand les Autrichiens fatigués cessèrent le feu. Un colonel d'un régiment de la garde demandait qu'on lui permît de faire une charge, pour déterminer de nouveau la retraite de l'ennemi. *Non*, dit Napoléon, *il est bon que cela finisse ainsi; sans secours, certes, nous avons fait plus que je n'espérais ; restez tranquille.* La perte numérique en tués et blessés avait été à peu près égale des deux côtés, peut être un peu plus forte du nôtre; mais nous conservâmes le champ de bataille avec une immense infériorité de troupes. Cependant cette victoire, si l'on peut l'appeler ainsi, coûta des larmes à Napoléon lui-même. Deux de ses meilleurs lieutenans, le général Saint-Hilaire et le maréchal Lannes, chers à son cœur comme à toute l'armée, tombèrent victimes de leur intrépidité.

Nos troupes, retirées dans l'île de Lobau, y sont à l'abri d'un camp retranché, l'un des plus forts qu'on ait jamais vus. Elles n'en sortiront que quarante-quatre jours après, le 5 juillet, pour livrer la bataille de Wagram. En attendant, Napoléon ne cesse de porter un œil vigilant à tout ce qui peut assurer leur salut. Un jour que, sur le bord de l'étroit canal qui le séparait de l'armée ennemie, il examinait ses positions, un officier allemand le reconnaît de l'autre rive, et lui crie : « Retirez-vous, sire, ce n'est pas là votre place. » Il semble que cet officier eût regardé comme un sacrilége, de diriger le coup mortel sur celui dont la renommée remplissait le monde; tant était grande la vénération qu'inspirait à certaines âmes un aussi étonnant génie!

Le 5 juillet, la communication se trouvant rétablie entre l'île de Lobau et la rive droite, par trois ponts exécutés, malgré tous les obstacles, avec une solidité et une célérité admirables, sous la direction principale du général Bertrand, l'armée effectua son passage sur la rive gauche. Ce passage occasionna une bataille à laquelle demeura le nom d'Enzersdoff. Elle prépara glorieusement la victoire du lendemain.

C'est celle qui doit s'inscrire dans nos fastes, sous le nom de Wagram. Elle nous fut vivement disputée; mais enfin, grâce aux manœuvres admirables de Napoléon, à la bravoure de ses généraux, à celle de ses troupes, elle ne fut pas indécise. Dix-huit mille prisonniers, dix drapeaux, quarante pièces de canon, attestèrent un très-grand avantage, que la demande d'un armistice de la part de l'ennemi découragé vint confirmer aux yeux de tous, le 11 juin. Cet armistice sera connu sous le nom d'armistice de Znaïm, lieu auquel il a été signé. Beaucoup eussent voulu que l'armée ne s'arrêtât pas au sein de la victoire: « Non, dit Napoléon; il y a eu *assez de sang de répandu.* » Nous avions en effet éprouvé, même à Wagram, de nombreuses pertes. Le brave général Lasalle y paya de sa vie sa part de gloire.

« Si je n'eusse pas vaincu à Wagram, devait dire Napoléon, j'avais à craindre que la Russie ne m'abandonnât, que la Prusse ne se soulevât, et les Anglais étaient déjà maîtres d'Anvers. »

Attachés aux pas du principal héros, nous n'avons pu décrire la gloire de ses généraux, tous dignes de lui, tous comme agissant sous l'inspiration de son génie. Ici, c'est Eugène qui, parti de l'Italie, vient, toujours chassant devant lui l'archiduc Jean et ses troupes, opérer sa jonction avec l'armée d'Allemagne, et suit, sans s'arrêter, le cours des glorieuses victoires qui ont signalé sa route; là, Poniatowski, d'abord contraint d'évacuer Varsovie par l'armée supérieure du prince Ferdinand, reprend promptement l'avantage, secondé d'une simple démonstration du cabinet russe, notre allié; enfin, à l'autre bout de l'Europe, dans la péninsule espagnole, Soult, Mortier, Victor, Kellermann, Suchet, une foule d'autres, soutiennent l'éclat de nos armes. Du Tage à la Vistule, aux champs de Raab et de Médelin, partout, sous les pas des Français, croissent simultanément des lauriers.

Une expédition formidable, dirigée par l'Angleterre contre les ports de l'Escaut pour opérer en Hollande, vient échouer devant Anvers, après que le sort de l'Autriche a été décidé à Wagram. Tout le fruit que retire le gouvernement Britannique d'un armement de plus de sept cents vaisseaux, portant quatre-vingts mille combattans, dont il n'est débarqué que la moindre partie, fut de détruire les arsenaux et les chantiers de Flessingue.

Napoléon poursuivait sa guerre *de décrets*, au milieu même des tumultueuses occupations d'une lutte plus sanglante. Du château impérial de Vienne, il avait lancé, le 17 mai, celui qui, *réunissant les états romains* à l'Empire français, réduisait Pie VII à n'avoir plus qu'une autorité spirituelle. Ce pontife, recourant à une arme qu'on vit redoutable dans les mains de ses devanciers aux époques les plus barbares, mais devenue, aux yeux des nations moins ignorantes, ridiculement inoffensive, publie une bulle d'excommunication contre celui qu'il est venu sacrer dans sa capitale. « Que les souverains apprennent *encore une fois*, » dit-il, qu'ils sont soumis, par la loi de Jésus-» Christ, à notre trône et à notre commandement; » car nous exerçons aussi une souveraineté, mais » une souveraineté bien plus noble, à moins qu'il

» ne faille dire que l'esprit doit céder à la chair,
» et les choses du ciel à celles de la terre. » Napoléon se contenta de lui faire répondre, par son sénat, le 17 février 1810, que *toute souveraineté étrangère est incompatible avec l'exercice de toute autorité spirituelle dans l'intérieur de l'empire.*

Cependant, Murat, voyant que l'esprit des Romains s'agitait sourdement à la nouvelle du désastre d'Essling exagéré par la renommée, aura fait enlever du Vatican le pontife dépossédé. Conduit à Grenoble, puis à Savone, il finira par être transféré à Fontainebleau. Napoléon, qui n'a pas, à ce qu'il assure, ordonné son enlèvement, ne put cependant en témoigner publiquement sa désapprobation; il s'est vu contraint ensuite aux mesures que cet événement avait rendues nécessaires.

L'armistice de Znaïm devait amener la paix entre la France et l'Autriche. Quelques jours avant qu'elle ne se conclût, le poignard d'un jeune Allemand, fanatique tout à la fois de religion et de patriotisme, fut sur le point de jeter un poids énorme dans la balance de celle-ci. Ce jeune homme, fils d'un professeur de ...., avait formé le projet d'assassiner celui qu'il regardait comme l'oppresseur de l'Allemagne, et était sur le point de l'exécuter, pendant une revue qui avait lieu près du château de Schoenbrunn, lorsqu'il fut arrêté, sur le soupçon que son air menaçant et déterminé avait fait concevoir au général Rapp. Il ne nia point son dessein ; il s'en glorifia au contraire. Alors, l'Empereur, après avoir beaucoup hésité, se détermina, sur les observations de ses courtisans, à l'abandonner au supplice. Cet acte de rigueur était-il nécessaire? Un emprisonnement perpétuel n'aurait-il pas rempli le même but? La justice elle-même, lorsqu'elle punit des attentats dirigés contre ceux au nom desquels elle s'exerce, conserve toujours une teinte de vengeance, et laisse après elle une trace odieuse qu'il est de la politique bien entendue de prévenir par la clémence.

La paix signée à Vienne, le 14 août, enlève à l'Autriche encore quelques fragmens de son territoire, dont s'enrichissent la France et ses alliés. La Russie recueille une addition de population de quatre cent mille âmes. François consent à reconnaître tous les changemens *survenus, ou qui pourraient survenir*, en Espagne, en Portugal et en Italie. Napoléon insiste fortement sur l'observation rigoureuse du décret de blocus continental. On est étonné de la douceur de ces conditions, après tant de ruptures si rapidement successives, qui donnaient au chef de la France le droit de se montrer rigoureux ; mais il semble avoir réservé sa rigueur pour les faibles, et se laisse dominer par le plaisir orgueilleux d'être clément envers les chefs des états puissans.

Cependant, il s'en repentit plus d'une fois :

« J'eusse dû, devait-il dire au souvenir de Wa-
» gram, faire connaître, par l'ordre du jour, que je
» ne traiterais avec l'Autriche qu'après la séparation
» préalable des couronnes d'Autriche, de Hongrie
» et de Bohême, placées sur des têtes différentes ».

Il eût pu même détrôner le monarque si fréquemment perfide. « Le duc de Wurtzbourg me
» faisait souvent entendre, dit encore Napoléon,
» que le seul moyen de m'assurer de la bonne foi
» de l'Autriche, serait de déposer son frère Fran-
» çois, et de placer la couronne sur sa tête. Ces
» propositions me furent ensuite renouvelées par
» l'entremise d'un ministre; il m'offrait de me
» donner son fils en ôtage, et de le placer comme
» aide de camp auprès de ma personne, ainsi que
» toutes les garanties possibles... J'ai eu tort de
» n'avoir point agréé cette proposition. Rien n'eût
» été plus facile que l'exécution. »

Son mariage avec une fille de François vint bientôt le tirer de toute indécision à ce sujet.

Depuis long-temps, il voyait, avec chagrin et inquiétude, que la couronne qu'il avait conquise, dût passer immédiatement après lui à la seconde branche de sa dynastie, contrainte ainsi à dévier tout près de sa source. La légitimité qu'il a fondée, ne lui semble pas assez vieille pour une telle épreuve.

Et cependant, cet échafaudage d'immenses puissances, composé de parties hétérogènes, s'écroulera-t-il, comme l'empire d'Alexandre, lorsque son bras d'Hercule ne le soutiendra plus? Il pourrait modifier encore une fois la constitution sénatoriale, en vertu de laquelle il règne; appeler à lui succéder le vice-roi d'Italie, le fils de l'Impératrice : mais il est à craindre que la nation ne sanctionne pas cette adoption. Il a d'ailleurs à redouter les plaintes de sa famille. D'un autre côté, vraisemblablement, les Français ne consentiront pas à obéir à Joseph, dont les Espagnols ne veulent pas pour souverain; quelque esprit qu'on lui accorde, l'esprit ne remplace pas le génie; et il ne se dissimule pas que le génie, aux yeux même de ses partisans les plus ardens, établit seul son droit; Joseph a d'ailleurs à ses yeux un singulier défaut : *il est trop honnête homme pour être roi*. De quelque manière qu'il agisse, il sent bien que la force de sa dynastie ne tient qu'à sa force; qu'aussitôt qu'il ne s'agira plus que de légitimité, sans supériorité de talent, les Bourbons pourront arguer avec avantage de la priorité de la leur, ou bien que le peuple rétablira le gouvernement républicain. Cependant un héritier direct, pourrait prévenir presque tous ces inconvéniens. Outre qu'il satisferait en lui le désir commun à tout homme, de se perpétuer dans sa race, il aurait cet avantage qu'il ne scinderait pas, pour ainsi dire, une dynastie naissante, et que l'imagination, toujours favorablement prévenue envers les enfans des grands hommes, lui prêterait d'avance, quels que dussent être son caractère et son intelligence, les qualités brillantes et le génie de son père; il comptait bien d'ailleurs que, né de son sang et élevé par ses soins, il ne paraîtrait pas, lorsqu'il serait en âge de saisir le sceptre, tout à fait indigne de lui.

Telles étaient les pensées de Napoléon, tels eussent été ses vœux. Mais il ne pouvait en attendre l'accomplissement de l'Impératrice, condamnée de bonne heure à la stérilité : il dut donc songer à s'en séparer.

De cette séparation, naissait encore un avantage, celui de pouvoir former une alliance qui consolidât son pouvoir. Car, à Napoléon Empereur, il fallait, pour épouse, la fille d'un monarque. Peut-la vanité de s'allier, par le sang, *aux légitimes*, entra-t-elle pour quelque chose dans sa détermination. Ainsi, par un juste châtiment de sa pernicieuse vanité, Joséphine, à laquelle jusqu'alors rien n'avait paru *assez noble*, serait devenue trop roturière aux yeux de son impérial époux.

Quoiqu'il en soit, Fouché, qui avait eu le pressentiment ou plutôt la confidence des dispositions de son maître, faisait répandre par sa police la nouvelle de la dissolution prochaine de son mariage. Joséphine, alarmée de ces bruits, était toujours rassurée par l'Empereur, qui voulait la préparer doucement à cette pénible nécessité. Il fallait pourtant bien la lui dévoiler. Il fallait ensuite l'y résoudre. Ce fut son fils Eugène qu'on chargea de cette commission délicate. Joséphine, vaine même parmi les vaines, dut sentir vivement sa chûte de la hauteur où l'avait placée un aveugle hasard: aussi fut-elle soumise par la faiblesse de son caractère, plutôt qu'elle ne se résigna. Néanmoins, selon Napoléon, « ce fut un sacrifice pénible, éga- » lement partagé par les deux époux, mais fait « aux intérêts de la politique. — Tous les deux « déclarèrent, dans une assemblée de famille, » leur assentiment au divorce. Cette cérémonie » se fit dans les grands appartemens des Tuileries; » elle fut extrêmement *intéressante* : les larmes » coulaient aux yeux de tous les spectateurs. » Le consentement constaté par l'archi-chance- » lier (Cambacérès), la dissolution fut prononcée » par le sénat. » Elle le fut ensuite par l'officialité de Paris, en ce qui concernait le lien religieux. L'impératrice déchue reçut un domaine de deux millions.

Le trône de Napoléon, « le plus élevé de l'Eu- » rope, fut l'objet de l'ambition de toutes les mai- » sons régnantes. La politique y appelait trois prin- » cesses: une de la maison de Russie, une de la » maison d'Autriche, une de la maison de Saxe. »

Il paraît pourtant qu'on songeait principalement à une sœur de l'empereur Alexandre; mais tandis qu'on négociait pour lever les difficultés qu'opposaient, d'abord le dissentiment de la reine mère, ensuite la différence de religion, l'empereur d'Autriche témoigna à notre ambassadeur son étonnement qu'on ne lui eût pas fait la demande d'une archiduchesse. En conséquence de cette ouverture, le cabinet des Tuileries entra en négociation avec l'ambassadeur autrichien, sans renoncer pour cela à celle qu'il avait entamée avec la Russie. Enfin, la majorité d'un conseil privé extraordinaire, convoqué pour cet objet, se détermina en faveur d'une princesse autrichienne, « par la haute considération du maintien de la paix générale. » Le penchant de l'Empereur était pour une Française de l'une des premières familles; mais ses conseillers l'en avaient détourné, en lui opposant les intérêts de sa politique. L'empereur d'Autriche avait d'ailleurs déclaré que, s'il ne s'alliait pas à l'une des maisons régnantes de l'Europe, ce serait une déclaration tacite qu'il voulait les détrôner toutes. La décision du conseil secret contraria beaucoup la famille de Napoléon, qui n'en envoya pas moins à Vienne son favori Berthier, faire, *dans les formes solennelles d'usage*, la demande de l'archiduchesse Marie-Louise, jeune princesse de 18 ans. Le mariage préparatoire fut conclu immédiatement dans le palais de François : on avait pris, pour base du contrat, celui de Louis XVI et de Marie-Antoinette.

A cette nouvelle, l'empereur de Russie fut consterné : *Me voilà renvoyé au fond de mes forêts,* s'écria-t-il ! Ce prince alors s'imaginait ne pouvoir être quelque chose en Europe qu'à l'appui de Napoléon. Il semblait vouloir s'attacher à lui, comme le lierre à l'ormeau ; aucune alliance ne lui paraissait assez intime avec le suprême arbitre du continent européen.

Tandis que beaucoup de souverains dévoraient le dépit de n'avoir pu attirer sur leur maison le choix du chef de l'Empire français, l'aristocratie, en beaucoup d'endroits moins humble que ses maîtres, blâmait la faiblesse de François, qui ravalait la majesté des monarchies légitimes, en unissant son sang impérial au sang d'un Corse auquel elle n'accordait même pas d'être noble. Elle ne concevait pas que Napoléon, soldat heureux, pût atteindre à un tel honneur !..... Un philosophe aurait dit qu'il mésalliait le génie.

Le mariage civil eut lieu à Saint-Cloud. Cinq à six cardinaux qui y avaient assisté, refusèrent de sanctionner de leur présence la cérémonie religieuse, sous prétexte que le pape devait intervenir dans le mariage des souverains ; mais ce pontife, qui sans doute cherchait alors à reconquérir la faveur de Napoléon, non seulement blâma le zèle inopportun de ces prélats, mais encore leur interdit de porter le rouge pendant un temps, ce qui les fit appeler les *cardinaux noirs*. Ainsi toutes les puissances obéissaient à sa puissance ; toutes étaient comme à sa dévotion.

Jamais on n'avait égalé, et l'on n'égalera sans doute en France la pompe et la magnificence des fêtes qui célébrèrent ce mariage. Les Français, après avoir payé à Joséphine le tribut d'intérêt que leur arrache toujours tout ce qu'ils croient l'infortune, s'en félicitèrent comme de la garantie d'une paix durable ; et Napoléon problablement, comme d'un accroissement de puissance pour opérer de nouvelles conquêtes.

Cependant, cette alliance devait, quelques années plus tard, avoir son repentir.

Dans une fête donnée par l'ambassadeur autrichien (le prince de Schwartzemberg), le feu prit à une salle de bal qu'il avait fait construire à la hâte dans le jardin de son hôtel, et s'étendit avec tant de rapidité que plusieurs personnes en devinrent la proie, entre autres la belle-sœur de l'ambassadeur. L'issue malheureuse de cette fête *parut un présage sinistre*. Napoléon, quoiqu'il ait protesté toujours n'être pas superstitieux, *eut lui-même en en cette occasion un pressentiment*. C'est la première trace de faiblesse superstitieuse que ses aveux offrent à l'histoire. On verra cette faiblesse désormais se reproduire plus d'une fois ; elle ne le quittera pas même au milieu des camps et dans le tumulte des batailles.

Cependant Napoléon, en donnant à sa cour plus d'extension et de splendeur, y appelle l'émigration de préférence aux nouvelles familles. Il charge de quelques ridicules de plus le code d'une imbécille étiquette : enfin, il paraît si bien identifié avec les vieilles mœurs, qu'un de leurs plus opiniâtres champions pousse, dans sa joie, la franchise jusqu'à lui dire qu'il ne lui manque plus que d'arborer les couleurs de l'ancienne monarchie.

Son engoûment pour tout ce qui en reproduit les formes, est tel qu'il suffit à ses meilleurs généraux, à ses plus fermes appuis, de ne les pas partager pour s'attirer sa disgrâce.

C'est ainsi qu'il tient éloigné, pendant quelque temps, le brave général Rapp, sur le soupçon qu'il a voulu se soustraire à la ridicule étiquette *des trois révérences*.

Napoléon regarda toutes ces puérilités comme autant de moyens de vieillir tout aussitôt sa dynastie. Plus il entassa autour de lui de ridicules, et plus il se crut légitime.

Cependant, il avait toujours eu le bon esprit de repousser la proposition de ceux qui lui voulaient composer une généalogie princière. Dès les premiers mois du consulat, il s'était vu en butte à des tentatives de ce genre. L'illustration de son origine, c'est-à-dire, l'adulation de ses courtisans, s'accrut ensuite à mesure que s'éleva sa puissance. Le duc de Feltre (Clarke), ex-ambassadeur de la république et ministre futur de la royauté, mettait surtout la plus risible importance aux recherches qu'il faisait faire et faisait personnellement à ce sujet. Une Bonaparte avait été mariée à un Médicis; une autre avait donné le jour à Paul V; Napoléon était allié à la maison d'Est, à celle d'Angleterre, aux anciens rois du nord. On alla jusqu'à le faire descendre de *l'homme au masque de fer*, dont on arrangeait l'histoire de manière à le rendre, par droit de naissance, légitime souverain de la France. Enfin, dit-il lui-même, « je ne sais à qui je ne tenais pas. » Joseph donnait plus d'attention à ces puérilités : aussi l'Empereur l'appelait ironiquement *le généalogiste de la famille*.

Quand son mariage eut été arrêté avec Marie-Louise, François songea à remédier au principal défaut qu'il eût à ses yeux, le manque de naissance, c'est-à-dire, d'une naissance élevée; car, d'après le langage de l'aristocratie, il semblerait que tout ce qui n'est pas elle, ne naît pas. En conséquence, il fit compulser, en toute hâte, les archives de l'Allemagne et de l'Italie, et vint à bout de former à son gendre une royale origine. Il lui fit part avec transport des documents qu'il avait recueillis, et lui offrit de les publier, disant que cela *ferait plaisir à Marie-Louise*. Mais Napoléon, sentant, cette fois au moins, qu'avec ce qu'il avait de gloire réelle, il ne pouvait que perdre à en usurper une factice, mit fin à sa joie par ces paroles : « Ces titres sont trop anciens pour moi : je ne date que de *Millésimo*. » Et il insinua en outre, ajoute-t-il, qu'il « aimait mieux être le *Rodolphe* d'Habsbourg de sa famille, que le descendant de *quelque odieux légitime.* » Effectivement, géant des rois de l'Europe par le génie et la puissance, il n'en eût été que le pygmée, s'ils avaient été classés selon le hazard de leur origine. Ainsi, il affectait, vis-à-vis des souverains, l'orgueil de demeurer populaire, tandis qu'il faisait impérieusement peser sur les peuples son sceptre de souverain.

Pendant deux ans, le soin de former sa cour, et celui d'agrandir son territoire au moyen de simples décrets, furent son occupation principale. Pendant deux ans, son génie militaire reposa comme éteint. En voyant ses lieutenans lutter seuls contre le patriotisme espagnol, on se demandera ce qu'est devenu son esprit aventurier et guerrier? pourquoi il ne va pas lui-même terminer enfin une lutte longue et sanglante? aurait-il jugé l'opiniâtreté espagnole invincible? aurait-il craint de compromettre sa gloire sur ce sol dévorant! ou bien la prospérité a-t-elle amolli son courage? a-t-il maintenant besoin de loisir, comme autrefois d'activité? Ses décrets seuls prouveront qu'il est encore en Europe le suprême dominateur; ils réunissent à l'Empire français la Hollande enlevée à son frère, puis le Valais, et enfin le duché d'Oldembourg, pour compléter le système continental. Ce dernier acte, qui déposséde un parent d'Alexandre, deviendra pour la Russie un germe de mécontentement.

Toutefois, convenons-en : ce loisir guerrier ne fut pas improductif pour la France. L'achèvement du canal de Saint-Quentin, des monumens utiles ou grands le signalent, et s'ajoutent au Simplon applani, au port d'Anvers, et à mille autres entreprises, qui toutes témoignent de l'activité de celui qui les dirige, ainsi que du génie qui les a conçues. Napoléon s'occupe en même temps, de remédier aux inconvéniens du système de blocus continental. Cent mille hectares du sol français sont affectés à la culture de la betterave, dont on fait un sucre indigène. L'on a, de même, trouvé le moyen de suppléer l'indigo. Un prix d'un million a été offert à celui qui trouvera le moyen de filer le lin comme le coton; déjà Napoléon a eu l'idée de proscrire l'usage de ce dernier. Mais Joséphine, alors encore impératrice, a jeté les hauts cris au nom des modes françaises, dont elle s'est faite la représentante. Elle fut plus tolérante, quand il s'agit de proscrire nos libertés.

Cet espace de deux ans fut encore marqué par un événement impatiemment désiré, qui vint ajouter à l'aspect prospère de la fortune de Napoléon. Le 20 mars 1811, l'impératrice arriva au terme d'une grossesse heureuse. Aux premiers symptômes d'une prochaine délivrance, le célèbre Dubois avait été appelé. Au bout de quelques heures, il arrive tout effrayé, et dit à l'Empereur, qui se tenait à portée dans un appartement voisin, que l'état de son épouse était des plus alarmans. Napoléon s'informa de lui s'il n'avait jamais vu de cas semblable. « Très-rarement; peut-être un sur mille; répondit le célèbre accoucheur. » Il demanda ensuite qu'elle était de la mère ou de l'enfant celui qu'il devait sauver, dans le cas où il serait forcé de sacrifier l'un ou l'autre : « La mère, dit l'Empereur(1) : il n'y a pas le moindre doute : traitez-la comme vous traiteriez la femme d'un marchand de la rue St.-Denis. » Ensuite il alla l'encourager, et la tenir lui-même pendant qu'on lui appliquait les forceps. Cette princesse était fort alarmée : elle s'imaginait qu'on la voulait sacrifier. L'enfant péniblement produit au jour, ne donna d'abord aucun signe de vie, mais on le réchauffa insensiblement par des frictions, et l'Empereur put alors considérer en lui son successeur; car c'était un fils. La rumeur de cet événement retentit dans toute l'Europe; il semblait borner pour toujours les prétentions de l'ancienne dynastie.

Cependant la fortune venait d'enfanter encore un de ces événemens merveilleux dont, depuis quelque temps, elle se montrait si prodigue. Un

---

(1) Et, cependant il eût été plus conforme aux vues ambitieuses de Napoléon, de conserver le fils que la mère. Cette anecdote prouve que, si sa politique franchissait souvent les bornes de l'équité et de la morale, elle s'arrêtait, quoiqu'on en ait dit, devant le crime.

plébéien s'est élevé sur le trône, mais par le vœu libre et spontané d'une nation. Les états généraux de Suède ont appelé le général Bernadote à succéder au duc de Sudermanie, qu'ils ont couronné après l'abdication forcée de Gustave Adolphe, sous le nom de Charles XIII, mais dont ils n'ont pas à espérer de postérité. Cet événement, qui semble devoir assurer à jamais sur la Suède l'influence de la France, la lui fera perdre, au contraire, promptement et sans retour. Napoléon, qui n'a peut-être pas vu, sans quelque déplaisir, le choix des Suédois se porter sur un homme dont il s'est attiré la haine par des procédés souvent rigoureux, n'ose cependant refuser son assentiment à l'acte qui l'exalte. Bernadotte, de son côté, plus sensible aux ressentimens d'une inimitié personnelle, que touché des désastres de sa patrie, sera l'un des premiers à diriger vers son sein les phalanges de l'étranger.

Il sera le premier à s'unir à la politique hostile de la Russie, qui, depuis quelque temps, laisse entrevoir les symptômes d'une mésintelligence dont de longues négociations ne pourront prévenir l'éclat. Alexandre s'est promptement lassé de tenir la main à l'exécution du blocus continental; et il se plaint amèrement de la dépossession du duc d'Oldembourg. Enfin, l'influence de l'Angleterre est parvenue encore une fois à le décider à tenter le sort des armes. Napoléon, de son côté, ne serait pas fâché de pouvoir affaiblir la seule puissance qui puisse désormais lui inspirer quelque crainte, en opposant, pour digue à ses flots de barbares, la résurrection de la Pologne. Appuyé de l'Autriche, il a pensé que rien ne pouvait résister à sa force. Au midi, une lèpre indestructible consume annuellement une partie de sa population guerrière : il ne songe point à en borner avant tout les ravages. La politique lui conseillait de faire, avant que de se jeter sur la Russie, la paix avec la nation espagnole, à quelque prix que ce fût; mais il n'oppose à l'opiniâtreté qu'une opiniâtreté funeste ; et il est vrai qu'il y est encouragé par son sénat : « Poursuivez, sire, *cette guerre sacrée*, a dit, en parlant de la lutte meurtrière de la péninsule, ce sénat, l'émule, sinon de la barbarie, du moins de l'immoralité du sénat de Néron. » Aussi, Napoléon, sans s'inquiéter de laisser ouvert derrière lui ce gouffre dévorant, ira se précipiter aux bornes du nord, sous des fatalités plus destructives encore. En vain ses courtisans les plus soumis ordinairement à son influence, ceux qu'il regarde comme ses meilleurs amis, soit conviction, soit crainte de s'exposer, chargés de richesses et d'honneurs, à de nouvelles fatigues, à de nouveaux hasards, ont essayé de le dissuader du projet de porter ses armées à neuf cents lieues du seuil de la patrie; en vain, ils lui ont exposé le danger d'une expédition lointaine, à travers des populations hostilement disposées et passagèrement soumises, qui n'attendaient qu'une impulsion de la fortune pour relever leurs fronts courbés : l'Empereur qui a pesé toutes les chances, mais avec cette partialité peut-être que donne l'habitude d'une prospérité non interrompue, daigne à peine entendre les avis qui contrarient son dessein. Sans la moindre hésitation, il s'élance par-dessus la vaste Allemagne impatiente de son joug, pour aller frapper de nombreuses légions de Tartares, au-delà d'un rempart de glaces. Tel est Napoléon, qui jamais ne craignit au monde qu'une chose : la liberté.

Jetons, d'un bout de l'Europe à l'autre, une ligne de comparaison entre deux guerres, les deux plaies de la France : tout entr'elles est différence dans le fond, et ressemblance dans les résultats. L'une a pour témoins les confins brûlans de l'Afrique; le théâtre de l'autre se plongera sous un ciel rigoureux, vers les bords de la mer Glaciale. Des deux climats, l'un et l'autre tue; le premier, par le chaud; le second, par le froid. Les peuples dont ils aident les armes, sont tous deux également barbares, tous deux également en arrière de la civilisation de l'Europe, également fanatiques, quoique par une cause et sous des superstitions différentes. Il n'est pas enfin jusqu'aux souverains, qui, différant dans le fond, ne se ressemblent dans les circonstances; l'un, partageant le fanatisme de ses sujets; l'autre, en usant sans le partager ; l'un a conspiré la spoliation de son père; sur l'autre, pèse une accusation encore plus odieuse, calomnieuse sans doute : cependant il conserve parmi ses lieutenans, il invite à sa table les meurtriers de celui qui lui donna le jour... la nature gémit, mais la politique parle : ils sont rois.

Depuis quelque temps, de nombreuses troupes que l'on disait destinées à se rendre à travers la Russie dans l'Inde, pour y attaquer la puissance anglaise, se dirigeaient de nos frontières vers les régions septentrionales, lorsque, le 10 mai, le Moniteur annonça que l'Empereur allait faire l'inspection de la grande armée, réunie sur les bords de la Vistule, et que l'Impératrice l'accompagnerait jusqu'à Dresde. Et effectivement, partis de Paris le 2 juin, ils arrivèrent, le 17, dans cette capitale des états saxons. Là, étaient accourus ou devaient accourir, à l'exception de l'empereur russe et du monarque de la Suède, les nombreux souverains du nord, avec un empressement, sincère chez les uns, dans beaucoup d'autres simulé. Confondus parmi les lieutenans de l'arbitre souverain de l'Europe, ils attendent dans une antichambre ! eux, qui jamais n'avaient attendu ! Rois-sujets, ils connaissent la contrainte ! Courtisés jusqu'à ce jour, la fortune les a réduits à se faire courtisans. Ces maîtres des hommes ne dépendent plus immédiatement de Dieu seul. Un roi des rois règne sur la terre, qui les enchaîne à ses volontés. Ils lui forment une cour de leurs cours réunies. Beaucoup outrent même leur humiliation. Celui-ci veut être le grand panetier de *son protecteur*; cet autre, son grand échanson : des rois sollicitent, comme une faveur, presque comme une gloire, de former la maison du souverain du *grand Empire*. Soit enivrement d'une si haute fortune, soit sentiment de la supériorité que lui assigne sur eux son génie, Napoléon accueille, presque comme un devoir, tant de soumission.

Cependant un roi puissant naguère (le roi de Prusse) est à l'écart; il n'a pas été mandé. L'idée de la défaveur du souverain des souverains l'épouvante. Il implore sa part de l'humiliation commune. Il attend avec anxiété le mot qui doit confirmer ou faire cesser sa disgrâce. Napoléon refuse d'abord de le recevoir. « Que me veut ce » prince, s'écrie-t-il? N'est-ce pas assez de l'im- » portunité de ses lettres et de ses réclamations » continuelles? Pourquoi vient-il encore me per- » sécuter de sa présence? Qu'ai-je besoin de lui?» Pourtant, à la sollicitation de ses conseillers qui invoquent les intérêts de sa politique, il se détermine à lui accorder une audience, dans laquelle il lui fait même un accueil assez gracieux. Frédéric sort transporté.

On a cherché à expliquer la cause de cette antipathie de Napoléon pour un monarque d'un caractère doux et pacifique. Il avait montré tant de clémence envers d'autres bien plus coupables! On prétend lui avoir plusieurs fois entendu dire qu'en faisant la paix avec la république française, ce prince avait sacrifié *sa dignité et la cause générale des trônes;* et quelques uns en ont conclu que c'était la source de son aversion. D'autres y donnent une origine plus personnelle et avec plus de raison selon nous ; car, quelque grand qu'on suppose l'enivrement qui naît d'une aussi colossale puissance, on ne peut croire que ce chef de l'Empire ait oublié que c'était aux victoires de la République qu'il avait dû d'occuper un *trône.* Quoiqu'il en soit, souvent on l'entendit s'écrier, à l'aspect d'une carte des états prussiens : « Se peut-il que j'aie laissé à cet homme tant de pays! » Il écrivait à Rapp : « Ne passez rien aux Prussiens; je ne veux pas qu'ils lèvent la tête. »

Cependant Napoléon paraît ne goûter qu'imparfaitement tant de splendeur : on le dirait las de puissance et saturé de gloire. Comme César assis sur le trône du monde, il semble aussi se dire : Est-ce là tout !...

Et aussi, élevé si haut, peut-être craint-il d'être obligé de descendre ; car le pouvoir, malgré les dégoûts qui l'accompagnent, est un bien à la conservation duquel l'homme fait communément le plus de sacrifices par amour-propre. Peut-être encore, de plus près, ce génie, si pénétrant en tant de circonstances, mesure-t-il mieux les inconvéniens de la guerre qu'il va entreprendre ; s'en exagère-t-il moins les avantages. Quoiqu'il en soit, en marchant à l'accomplissement d'un dessein qu'une longue préméditation a mûri, on dirait qu'il subit une nécessité. Cet état de son âme paraît au dehors : en vain il s'efforce d'en comprimer la manifestation ; en vain, habile ordinairement à faire entrer, comme élémens dans la composition de sa force, les princes que cette force a soumis, il veut les enchaîner par des manières affectueuses, se montrer vis-à-vis d'eux agréable : son ton, son attitude, trahissent sa contrainte ; l'orgueil du plus grand nombre en est intérieurement irrité ; ils prennent pour du dédain cette satiété de grandeur ; le dédain est amer, surtout à celui qui s'humilie ; il porte dans le cœur un trait aigu, qui tôt ou tard doit en rejaillir. Il suffirait d'une élévation si écrasante, pour éveiller les jalousies qui enfantent les haines, et les haines les plus incapables. Anciennes ou récentes, ces haines comprimées par sa puissance, éclateront quand la Fortune l'aura dépouillé de cette égide d'invincibilité dont la renommée le revêt.

Et Marie-Louise aussi sème innocemment sa part des ressentimens. Elle jouit, elle triomphe de la suprématie de son époux, de celle même de la France, avec la vanité et l'ingénuité d'un enfant. L'orgueil autrichien en est ulcéré : sa belle-mère surtout, l'épouse de François, ne déguise pas le déplaisir qu'elle en éprouve.

Les peuples aussi affluent au rendez-vous des souverains, avides de saisir les traits, de pouvoir emporter l'image de cet homme, qui, du sommet d'un trône étranger, pèse sur eux du poids de son vaste génie, de ce maître de leurs maîtres!... Dans le cœur, ennemi du plus grand nombre, l'admiration n'éteint pas la haine. Néanmoins l'orgueil national de beaucoup s'abaisse. Le chef du grand Empire est célébré sur les théâtres. Des poètes poussent la flatterie, dans leurs pièces, jusqu'à le diviniser.

Par quelle route fleurie, il marche à son expédition désastreuse! A son retour, elle se trouvera transformée en précipice. Des murmures, des imprécations, seront près d'éclater aux mêmes lieux où tant d'adulation l'entoure. Il évitera de rencontrer ces regards qu'aujourd'hui sa présence attire. Il redoutera la défection de ces princes, courbés maintenant sous la crainte de son nom. Effet ordinaire, mais toujours frappant, de ces puissances exhaussées au-delà du terme que la prudence prescrit!

Cependant, s'arrachant aux douceurs, peut-être à la satiété de son brillant entourage, Napoléon arrive à Thorn le 2 juin. Son armée, dont les lignes s'étendent le long de la Vistule, offre une masse de quatre cent cinquante mille combattans;

dont deux cent soixante-dix mille appartiennent à la France actuelle, quatre-vingts mille à la Confédération du Rhin, trente mille à la Pologne, vingt mille à l'Italie; l'Autriche et la Prusse fournissent, chacune un contingent, la première de trente mille hommes, la seconde de vingt mille: alliés fidèles si nous triomphons, perfides si nous sommes vaincus.

Un roi, Murat; un vice-roi, Eugène; un prince polonais, Poniatowski; les généraux français les plus renommés, les premiers sans contredit de l'Europe, commanderont cette formidable armée, sous les ordres de l'Empereur.

Le 22, la campagne s'ouvre. La famine, qui cette année a désolé la France, a seule empêché qu'elle ne commençât plutôt.

Le même jour, Napoléon dit, par une proclamation, à son armée: » La seconde guerre de
» Pologne est commencée; la première s'est terminée à Friedland et à Tilsitt. A Tilsitt, la Russie
» a juré éternelle alliance à la France, et guerre
» à l'Angleterre; elle viole aujourd'hui ses sermens.... La Russie est entraînée par la fatalité: ses
» destinées doivent s'accomplir... La seconde guerre
» de Pologne sera glorieuse aux armes françaises
» comme la première.... » De son côté, l'empereur de Russie fait entendre à ses esclaves étonnés les noms, pour eux inintelligibles, de *liberté* et de *patrie*.

Plus tard, le métropolitain de Moscow présentera à son souverain l'image de saint Serge, comme une garantie certaine de la victoire. Dans son discours, Moscow sera appelé la *nouvelle Jérusalem*; Alexandre, comparé à *David*; et Napoléon, à *Goliath*.

Une armée russe, que les hostilités avec la Turquie retenaient aux frontières de cette puissance, deviendra disponible; une paix, dont Napoléon croyait la conclusion éloignée, l'ajoutera aux forces qu'Alexandre doit nous opposer. Néanmoins, ces forces demeureront encore inférieures aux nôtres, non seulement en valeur, mais encore en nombre.

Les 24 et 25, l'armée française a effectué le passage du Niémen; la veille du premier jour, Napoléon, dans une reconnaissance faite vers le soir, sur la rive de ce fleuve, sentit son cheval s'abattre. « Ceci est d'un mauvais augure; un Romain reculerait, dit une voix (on ne sait si ce fut celle de l'Empereur) ». Dans ce cas, il eût oublié qu'un capitaine de l'antiquité sut, dans une circonstance semblable, faire tourner les superstitions de ses troupes à son avantage, et feignit de considérer sa chûte comme une prise de possession de la contrée qu'il venait conquérir. Aucun ennemi ne nous dispute le passage du fleuve russe; et nous n'avons trouvé sur la rive opposée que la solitude. On a dit, et non sans raison, que

Napoléon aurait dû, avant que de franchir cette barrière, organiser le royaume de Pologne, et en assurer l'indépendance. Par là, il eût justifié un premier enthousiasme, calmé des craintes postérieures; on ne lui eût point supposé d'arrière-pensées contraires. Plus de cent mille guerriers, Polonais ou Lithuaniens, se seraient précipités sur ses traces, intéressés à le défendre, comme le pivot de leur existence politique. Mais il semble qu'il ait craint principalement l'enthousiasme de la liberté, en tous temps et en tous lieux.

Il fera aux demandes de ces peuples des réponses évasives, qui les indisposeront ou tout au moins refroidiront leur zèle. Il alléguera l'engagement qu'il a pris vis-à-vis de l'empereur d'Autriche, de lui garantir l'intégrité de ce qui lui reste de possessions en Pologne. Il semblera les abandonner à eux-mêmes, se borner à des vœux pour leur cause. En vain leurs députés lui diront : *Prononcez que le royaume de Pologne existe, et il existera.* Il se contentera de leur laisser espérer qu'il « récompensera leur dévoûment par tout ce qui pourra dépendre de lui, *dans les circonstances.* » Les Polonais jugeront alors qu'il les sacrifie cette fois-ci à sa politique, comme une première fois il les avait sacrifiés aux cajoleries d'Alexandre.

L'armée envahissante a rapidement occupé

Wilna; un mois plus tard elle conquerra Witepsk, après un combat heureux pour nos armes, mais sanglant. Un autre non moins glorieux avait été livré à Mohilow. Les Russes détruisent tout dans leur retraite; l'incendie éclaire leur marche, dont des cendres couvrent la trace.

Ils se sont fait un auxiliaire de la dévastation: c'est le seul ennemi qu'ils nous opposent dans le commencement; ils entraînent sur leurs pas les populations, les marchands avec leur or, les nobles et leurs serfs, ceux-ci par troupeaux. Quelques-uns sont employés au transport de ce que leurs maîtres ont pu soustraire à l'incendie: les autres suivent, exempts de regrets et d'inquiétudes. N'ayant rien, ils n'emportent avec eux rien qu'eux-mêmes; encore, vivante propriété de leur maître, ne sont-ils pas leur bien!

La place de Dunabourg, pleine de munitions, est, comme beaucoup d'autres villes, évacuée par l'ennemi. Ses fortifications, qu'il croyait inexpugnables, sont détruites par les mêmes mains qui, depuis quatre ans, travaillaient avec ardeur à les élever. Les Français s'en emparent sans combat; mais, c'est à Smolensk que les attend la résistance. A Smolensk, la grande armée russe, aux ordres du général Barclay de Tolly, doit laisser quinze mille hommes tués, blessés ou prisonniers, payant sa défaite; la victoire nous coûte infiniment moins.

C'est à Smolensk qu'eût dû s'arrêter le vainqueur; là, il eût pu se fortifier, assurer ses derrières, et attendre en sûreté une autre année, pour apparaître sur le sol moscovite avec ses légions, au même temps que les premiers jours d'une température adoucie. Cet avis fut proposé: on y avait pensé déjà avant l'ouverture de la campagne. L'Empereur parut s'y rendre: mais soit qu'il espérât amener promptement le czar à implorer la paix; soit que sa confiance se fût accrue par la victoire signalée de Gouvion-Saint-Cyr à Polotsk contre une autre armée russe; ou bien encore qu'il eût espéré multiplier pour ainsi dire, par l'activité, la mesure de temps que les approches de l'hiver qu'on ne vainc pas en ces climats, lui faisait trop courte; et qu'il eût cru pouvoir opérer avec des masses aussi pesantes, non moins rapidement qu'il l'avait fait aux jours de ses premiers succès avec des armées moins nombreuses et plus souples, il donna l'ordre de marcher en avant.

Long-temps encore, les Russes n'emploieront contre nous qu'une arme dont ils se déchirent avant que de nous en atteindre, leur dévastation. Mais Napoléon, aux murmures des siens qui s'en inquiètent, oppose Moscow, son abondance, qu'ils vont atteindre: c'est là qu'est la paix. Il la proclame; et sans doute aussi c'est sa pensée. Maître de cette riche capitale, qu'une bataille lui livrera sans doute tout comme Smolensk, l'orgueil d'Alexandre devra fléchir.

Enfin, Kutusow, vainqueur des Turcs, qui a pris le commandement en chef de l'armée, paraît déterminé à accepter le combat. Temporisateur par système, il cède au vœu hautement prononcé des siens. L'Empereur des Français tressaille aussitôt de joie et d'espoir. Les Russes, qui ont d'avance choisi et préparé le terrain, occupent des retranchemens formidables, mais qui ne résisteront pas à l'impétuosité de nos troupes. Un espace de vingt-cinq lieues les sépare de Moscow. L'action se passera près du village de Borodino dont, chez nos ennemis, le nom désignera cette bataille. Les Français lui donneront celui d'une rivière qui coule tout près, la Moscowa.

Kutusow tient à ses troupes, pour les animer, le même langage qu'il leur eût tenu en présence des Turcs : « Avant que le soleil de demain ait dispa-
» ru, leur dit-il, vous aurez écrit votre foi et votre
» fidélité dans les champs de votre patrie, avec le
» sang de l'oppresseur et de ses légions. » Comme si, dans cette guerre toute politique, on fût venu attaquer leur culte. Mais c'est le seul moyen d'émouvoir ces hommes qui ne s'appartiennent pas à eux-mêmes, chez lesquels l'idée de la liberté est ignorée, son nom presque inouï.

Napoléon dit à ses braves : « Soldats ! voilà la
» bataille que vous avez tant désirée ! Désormais la
» victoire dépend de vous.... Elle nous donnera
» l'abondance, de bons quartiers d'hiver, et un

» prompt retour dans la patrie. Conduisez-vous
» comme à Austerlitz, à Friedland, à Vitepsk, à
» Smolensk ; et que la postérité la plus reculée
» cite votre conduite dans cette journée; que l'on
» dise de vous : *Il était à cette grande bataille, sous*
» *les murs de Moscow....* »

Il se contente d'annoncer à ceux qu'il envoie
à la recherche des subsistances, que « s'ils ne sont
pas rentrés le lendemain, ils se priveront de
l'honneur de combattre. »

Le 6 septembre, quand il eut fait ses dispositions
pour la bataille, le soleil, qui jusqu'alors était demeuré caché, perça les nuages et colora les positions
occupées par les deux armées. « C'est le soleil d'Austerlitz, s'écria l'Empereur, à l'apparition de ses
rayons! » Sa confiance est aussi dans l'âme des siens.

L'action s'engagea enfin. Les Russes combattirent
avec opiniâtreté, avec bravoure. Même quand
la victoire se fut décidée pour nous, leurs masses
demeurèrent long-temps immobiles sous le feu de
notre terrible artillerie. Le nombre de ceux qui
tombèrent fut immense, et approximativement
évalué à quarante mille. Le prince Bagration,
beaucoup d'autres généraux furent tués ; mais
nous ne fîmes pas mille prisonniers! La retraite de
Kutusow ne fut point une déroute; aussi Napoléon devait-il dire que cette bataille, *son plus*
brillant fait d'armes, était celui qui avait produit
le moins de grands résultats.

Parmi nous, la victoire eut un aspect lugubre; notre perte fut des plus considérables, quoique moindre, de près de moitié, que celle de l'ennemi. L'armée eut à pleurer principalement les braves Montbrun, Caulincourt, généraux de division, et six généraux de brigade.

Au fort de la bataille, nos guerriers, les fantassins surtout, criaient à l'Empereur: « Tes soldats » ont juré de vaincre, et ils vaincront! » C'est ainsi qu'à l'imitation de leur chef, mais par enthousiasme, ils se promettent sans hésiter la victoire, comme s'ils commandaient aux destins.

Les Russes nous avaient opposé cent vingt mille combattans; nous en avions trente mille de moins. Cent mille coups de canon furent tirés par douze cents bouches, divisées, par nombre égal, entre les deux armées.

On attribua le peu de résultat de cette grande action, au manque de cavalerie, qui nous empêcha de faire un nombre considérable de prisonniers; quelques personnes, à l'inaction de la garde que l'Empereur voulut obstinément réserver.

Quoiqu'il en soit, cette victoire, suivie du combat et de la victoire de Mojaïk, nous donna Moscow, conquête funeste autant que désirée! L'armée française parut le 14 devant ses murs.

D'abord, l'avant-garde hésita à s'en approcher, étonnée du silence qui paraissait y régner; puis, quand une reconnaissance y fut entrée, on eut parcouru les rues solitaires, on hésita encore. On ne pouvait croire qu'une capitale aussi riche et aussi populeuse eût été désertée : quelque piége paraissait se cacher dans cette solitude.

Quand enfin on fut assuré que les habitans en étaient sortis, la joie d'en être maîtres domina chez la plupart l'inquiétude que son abandon devait inspirer.

Mais, bientôt l'incendie vient troubler la sécurité à laquelle ils se sont livrés. Rostopchin a pris la résolution, qui ne peut être justifiée que par une nécessité bien impérieuse, de faire dévorer par le feu cette ville dont le bois presque seul soutient les toits innombrables. Des mèches préparées à cet effet, sont ses moyens; des criminels, recevant la liberté pour prix d'un nouveau crime, ses exécuteurs. Une intention patriotique voilera l'odieux de cet acte aux yeux de beaucoup.

D'abord les Français s'imaginent n'avoir à éteindre qu'un incendie partiel; mais la flamme s'élève de plus d'un point, consume plus d'un quartier. Les maisons, vides de leurs habitans, renferment presque toutes un germe d'incendie, les mèches de Rostopchin. Plusieurs des misérables qu'il a déchaînés sont arrêtés; on les fusille : mais toutes les mesures sont inutiles pour arrêter la fureur des flammes; pendant sept jours, elle s'exercera sur Moscow, et ne se ralentira que quand l'aliment commencera à lui manquer.

Cependant le Kremlin, cet antique palais des czars, a été conservé. Napoléon, qui s'y était établi d'abord, avait été forcé de s'en éloigner, parce que la chaleur y était étouffante, et que les flammes attaquaient; et parce qu'aussi l'on disait que, dans les caves, étaient déposés des barils de poudre, qui ne pouvaient tarder à s'enflammer.

En sortant de cette vaste demeure, il eut à traverser des rues entières embrasées, des débris ardens. On ignorait la route qu'il fallait suivre. De tous côtés, au lieu d'issues, c'étaient des barrières de feu. Les cheveux et les sourcils de l'Empereur furent atteints et grillés, dans cet air tout de flammes : ses habits même furent brûlés. Enfin il parvint à sortir de ces décombres menaçans, et à gagner une petite maison de campagne de l'empereur Alexandre, à une lieue de la ville. Le côté qui s'y trouvait opposé, était tellement brûlant au toucher, qu'on n'y pouvait tenir les mains. De ce lieu, Napoléon put considérer le spectacle de vingt mille maisons, s'élevant dans les airs en nuages de flammes, ou s'affaisant et jonchant la terre d'un lit épais de charbons. « Jamais, en dépit de la poésie, toutes les fictions de l'incendie de Troie n'égaleront la réalité de celui de Moscow... C'était le spectacle d'une mer de feu; le ciel et les nuages paraissaient enflammés; des montagnes de flammes rouges et tournoyantes, comme d'immenses vagues de la mer, s'élançaient tout à coup, s'élevaient vers un ciel embrasé, et retombaient ensuite dans un océan de feu. Oh! c'était le spectacle le plus sublime, et le plus effrayant que le monde ait jamais vu (1)!

« Ce terrible incendie, dit encore Napoléon, ruina tout. J'étais préparé à tout, excepté à cela.... Car qui aurait pensé qu'une nation eût mis le feu à sa capitale?... Je me trouvais au milieu d'une belle ville, approvisionnée pour un an; car, en Russie, il y avait toujours des provisions pour plusieurs mois, avant que la gelée ne vînt. Les magasins de toute espèce étaient encombrés. Les maisons des habitans étaient bien pourvues. J'avais tout ce qui était nécessaire à mon armée, d'excellens quartier d'hiver, des approvisionnemens de toute espèce; et l'année suivante eût décidé du reste.... Il y avait, dans cette ville, quarante mille habitans qui étaient, pour ainsi dire, esclaves; car la noblesse russe tient tous ses vassaux dans une sorte d'esclavage. J'aurais proclamé la liberté de tous les esclaves en Russie, et aboli le vasselage et la noblesse. Cela m'aurait procuré l'union d'un parti immense et puissant. J'aurais fait la paix à Moscow, ou bien j'aurais marché l'année suivante sur Pétersbourg. Alexandre le savait bien; aussi envoya-t-il ses dia-

---

(1) Napoléon dans O'méara.

mans, ses objets précieux et ses vaisseaux en Angleterre. » Ces paroles de l'Empereur font naître deux réflexions : la première, que le projet, qu'il avoue, d'introduire la réforme dans les vieilles institutions de la Moscovie, suppose l'intention, non d'une incursion momentanée dont le rétablissement du royaume de Pologne eût été l'objet, mais d'une conquête durable; la seconde, que, quoiqu'il fît entrer, dans tous ses plans d'invasion, la ressource d'armer les intérêts généraux contre les intérêts privilégiés, il ne considéra jamais cette arme redoutable, que la révolution lui avait léguée, que comme un supplément à sa force, une arme de réserve qui devait ne sortir du fourreau que dans les cas extrêmes. Il en connaissait et peut-être s'en exagérait l'importance, malgré l'essai infructueux qu'il en avait fait en Espagne. Il craignait surtout qu'elle ne réagît contre la puissance de celui qui la lancerait.

Quand Moscow eut été consumé, l'armée y rentra et s'établit parmi ses ruines. Elles furent fouillées par le besoin de se procurer des subsistances d'abord; par la cupidité, ensuite. Quelques corps seulement avaient, dans le commencement, pris part à ce pillage; mais bientôt il s'étendit, et la garde elle-même se laissa gagner à sa contagion. Ce ne fut que très-tard, lorsque déjà la subsistance de plusieurs mois avait été consumée en quelques semaines, avec cet esprit de gaspillage et d'imprévoyance de l'avenir, si naturel à notre nation, qu'on essaya de mettre quelque ordre dans le désordre, et l'organisation dans cette maraude, la plus licite aux yeux de tous; car il leur semblait ne rien dérober qu'à l'incendie. Les corps d'armée durent y aller à tour de rôle : chacun eut son jour.

Cependant Napoléon était rentré dans sa conquête, quoique ruinée, comptant que des propositions de paix de la part du vaincu l'y viendraient trouver. Après un mois presque d'une vaine attente, et des efforts non moins vains pour faire parvenir à Alexandre l'offre qu'on n'en recevait pas, il fallut enfin prendre un parti. Deux seulement s'offraient : rester dans Moscow, s'y abriter, s'y fortifier au milieu des ruines, y subsister de ce qu'on pourrait encore y recueillir de vivres et de la chair des chevaux que l'on salerait; ou bien se retirer sur Smolensk, s'y arrêter, ou aller plus loin jusqu'à Witepsk, même par delà le Niémen, attendre le printemps. Ce dernier parti, le plus sage quinze jours avant, était devenu, par trop de délai, le plus périlleux. Une retraite, même volontaire, est pour des Français toujours un échec; et quelle retraite que celle qu'ils feraient à travers un pays dévasté, sans population, sans subsistances; pressés par les Russes, et peut-être par l'hiver contre lequel la bravoure, leur seul auxiliaire, ne pourrait rien! Mais d'un autre côté, comment passer six mois enfouis parmi des décombres, dans une ville détruite, sans communication avec la patrie ! Que penserait l'Empire, la France elle-même? car là était la source du pouvoir. On y répandrait infailliblement que l'armée et son chef auraient péri : le mécontentement élèverait sa bannière, que suivraient la crédulité et la faiblesse : nos alliés nous abandonneraient.... La retraite fut donc résolue, mais trop tard.

Ç'avait été pour l'Empereur un grand effort que de s'y résoudre. Si habile à conquérir, il ne savait pas à propos se dessaisir d'une conquête. Il coûte tant aux conquérans de rétrograder ! Jusqu'ici il s'est abusé, ou plutôt il a cherché à s'abuser sur sa situation; il a épaissi, autant qu'il a pu, sur ses yeux le voile d'une favorable illusion; il repousse les conseils, les raisons, se refuse aux éclaircissemens qui mettraient trop à nu son malheur ; défaut ordinaire de ceux qu'une prospérité trop continue a enivrés.

Après même qu'il a reconnu la nécessité de la retraite; lorsqu'il ne lui est même plus permis d'en paraître douter, la temporisation entre encore dans les mesures qu'il ordonne pour l'effectuer. C'est ainsi que les différens corps de l'armée doivent marcher séparés d'une ou de plusieurs journées, lorsqu'ils seront sous le coup des masses compactes d'un ennemi nombreux. Cependant, ces corps ainsi isolés soutiendront son choc avec intrépidité, même avec succès ; ils sortiront de la lutte, écrasés, détruits presque, mais non pas vaincus. Jamais le courage français n'aura brillé à un plus haut point que dans cette fatale retraite ; l'histoire n'aura rien offert de plus prodigieux.

Elle commence le 19 octobre, trop tard de quinze jours au moins, selon le plus grand nombre, de cinq jours seulement, suivant Napoléon. Le 23, Eugène chasse, avec dix-huit mille hommes, Français ou Italiens, cinquante mille Russes, de la position la plus formidable. C'est la victoire de Malo-Yaroslavets, victoire mémorable ! l'intrépide général Delsons y est frappé d'une balle. Son frère se précipite, pour soustraire à l'ennemi son corps expirant ; mais atteint aussi, leur sang se mêle, ils unissent leur dernier souffle ; leur destin est pénible, mais non sans douceur. Dix jours plus tard, le 3 novembre, le vice-roi soutiendra encore, mais à l'arrière-garde, et conjointement avec les maréchaux Ney et Davoust, tous les efforts de l'armée ennemie vers Viasma. Mortier, qui a quitté, le dernier, Moscow, le 23, après en avoir détruit les restes, surtout le Kremlin, étonne aussi, dans cette retraite, à Krasnoë, après Smolensk. Oudinot, que l'armée a recueilli sur la Duna, prépare à Borisow, par un beau fait d'armes, le passage de la Bérésina. Mais c'est à Ney que tous ces courages, auxquels l'imagination ne conçoit rien de comparable, doivent céder la palme. A l'arrière-garde, soldat, général, toujours vainqueur par le sang froid, par la valeur, quand le nombre l'accable, il étonne les Russes et préserve les siens.

Mais avant que d'arriver au terme de tous ces combats si remplis de gloire, retournons sur nos pas recueillir les désastres qui l'ont trop payée. Dès le commencement de la retraite, le désordre existait. Il venait d'un mélange de hussards, de dragons, ayant perdu leurs chevaux, d'hommes démontés de différens corps, de diverses nations, n'ayant du soldat que l'uniforme, n'étant pas fantassins et plus cavaliers; d'une caravane de femmes, d'enfans, de familles françaises, fuyant Moscow, ou plutôt la vengeance des Moscovites, au milieu desquels elles habitaient avant notre conquête; de caissons, de fourgons, de charriots de toute espèce, traînant le butin fait parmi les ruines qu'on abandonnait; mais en route, il s'accrut par la présence, l'urgence de l'ennemi, par la difficulté des distributions de vivres, par différentes causes. Déjà beaucoup ne songeaient qu'à eux, ne calculant pas qu'individuellement ils seraient tous faibles, faciles à détruire; que seulement unis, ils échapperaient, si le salut était possible. L'égoïsme est donc aussi aveugle, malgré sa froideur!

Pourtant, jusqu'alors, l'hiver était absent; et quoiqu'il fût proche, on s'en croyait séparé par quelque espace, quand, le 6 novembre, il se manifesta d'une manière terrible, devançant de quinze jours toutes les attentes : c'était la première fois, depuis cinquante ans, qu'il trompait ainsi.

Dans la première et l'unique guerre de son consulat qu'il ait dirigée personnellement, Napoléon l'avait éprouvé favorable. Vingt jours plutôt qu'à l'ordinaire, il s'était retiré du sommet des Alpes, comme pour lui laisser libre la route de Marengo. Cette fois-ci, c'était le contraire; ce n'était pas la première défection de sa fortune : elle vieillissait.

Par une autre fatalité, jamais le froid, sous ce climat de glace, n'était apparu si redoutable. « Le thermomètre descendit à dix-huit degrés, et presque tous les chevaux périrent. On en perdit trente mille en une nuit. On fut obligé d'abandonner presque toute l'artillerie, forte alors de cinq cents bouches à feu ; on ne put emporter ni munitions, ni provisions. Nous ne pouvions, faute de chevaux, faire de reconnaissance ni envoyer une avant-garde de cavalerie reconnaître la route. Les soldats perdaient le courage et la raison, et tombaient dans la confusion. La circonstance la plus légère les alarmait. Quatre ou cinq hommes suffisaient pour jeter la frayeur dans tout un bataillon. Au lieu de se tenir réunis, ils erraient séparément pour chercher du feu. Ceux qu'on envoyait en éclaireurs, abandonnaient leurs postes et allaient chercher les moyens de se réchauffer dans les maisons. Ils se répandaient de tous côtés, s'éloignaient de leurs corps, et devenaient facilement la proie de l'ennemi. D'autres se couchaient sur la terre, s'endormaient ; un peu de sang sortait de leurs narines, et ils mouraient en dormant. Des milliers de soldats périrent de cette manière. Les Polonais sauvèrent quelques-uns de leurs chevaux et un peu de leur artillerie ; mais les Français et les soldats des autres nations n'étaient plus les mêmes hommes. La cavalerie a surtout souffert. Sur quarante mille hommes, je ne crois pas qu'il en soit échappé trois mille (1). »

Les corps d'armée des maréchaux Victor et Oudinot, laissés en arrière lors de l'invasion et encore intacts, loin de pouvoir arrêter, modérer au moins, le cours de ce torrent qui s'écoule depuis Moscow, de plus en plus affaibli et égaré, ne s'y joignent que pour se perdre dans son désordre. La désorganisation les gagne, et leur rend plus pénible la recherche des subsistances, plus intolérable la rigueur du froid. Il y a encore, malgré des pertes immenses, beaucoup d'hommes épars, mais peu dans les rangs. De l'arrière-garde aux avant-postes, il ne se trouve pas un bataillon entièrement réuni. Partout règne la confusion

---

(1) Napoléon dans O'méara.

qui prépare à la gelée et à la faim leur proie. C'est, dans un espace de quelques lieues, le spectacle d'un naufrage de cent mille hommes.

Enfin, nos débris informes garnissent les rives de la Bérésina. Du passage de cette rivière, dépend le salut de tout ce que n'ont point encore moissonné les deux grands fléaux auxiliaires des Russes, et celui de Napoléon lui-même, à qui toute issue se trouve fermée, s'il ne s'effectue; car en vain des Polonais lui ont proposé de le conduire hors de tout danger, par des chemins à eux connus : il a repoussé cette voie honteuse ; il ne veut quitter ceux qui l'ont suivi avec tant de confiance, que lorsqu'il les jugera en sûreté.

Tandis que l'ennemi, trompé par une fausse démonstration, attend notre passage à Borisow ; Napoléon a fait jeter deux ponts à quatre lieues au-dessous, à Wesłowo. Mais cette inspiration du chef a besoin d'être secondée d'un effort de courage de la part des troupes, d'un effort sublime, le dernier, peut-être : c'est encore Ney qui le dirigera.

A la tête des débris de son corps d'armée, de celui d'Oudinot, qui vient d'être blessé, de celui de Poniatowski, il en impose à Tschitchakow, et le contraint de renoncer au combat. Le passage du fleuve est opéré pour le plus grand nombre ; néanmoins, on est forcé de faire sauter les ponts avant que plusieurs milliers d'hommes débandés, obstinément fixés, pour la plupart, auprès des charriots qui contiennent le butin qu'ils ont recueilli, aient pu les franchir. Un grand nombre de ces infortunés, parmi lesquels se trouvent des femmes, même des enfans, s'élançant, aussitôt qu'ils voient la flamme les embraser, sur ces deux seules planches de leur salut, s'abiment bientôt avec elles au milieu du fleuve, en poussant des cris déchirans. D'autres, avant cette catastrophe (ce sont les plus faibles par le sexe, l'âge ou toute autre cause), ont été précipités dans ses ondes par le torrent d'une foule impétueuse, mélange de fantassins, de cavaliers, d'artilleurs, sans obéissance, sans chef, soumise à un seul sentiment, celui de sa conservation; et pour accroître le désordre, de peuples et de langages divers.

Cependant, tant de désastres devaient influer défavorablement sur l'esprit intérieurement hostile de nos alliés. Déjà les Autrichiens, dont les dispositions étaient plus que douteuses, avaient semblé se détacher de notre cause, en découvrant, sans nécessité, la ville de Minsk, notre seconde place de dépôt, qui, soit trahison, soit lâcheté ou impéritie de son gouverneur, tomba aussitôt au pouvoir des Russes. C'est ce qui avait déterminé la retraite par Borisow. D'un autre côté, on n'avait pas moins à redouter la défection des Prussiens, ou plutôt de leur général, Yorck; car pour ces troupes, elles paraissaient nous soutenir franchement. Cette défection, qui déjà s'agite sourdement, attendra néanmoins, pour éclater, la fin de l'année.

La Bérésina, une fois bien derrière l'armée, Napoléon, jugeant les plus grands dangers épuisés pour elle, se détermine à la laisser sous la direction de son beau-frère Murat. Ce n'est pas sans de fortes raisons qu'il a pris ce parti, qu'on lui a tant reproché. A Paris, était le centre de ses ressources. De là, brandissant le sceptre du grand Empire, il espérait en imposer à son beau-père, à la Prusse. Peut-être aussi un autre motif le déterminait : il avait appris à Smolensk la conspiration de Mallet. On sait que le gouvernement de la capitale fut sur le point d'être envahi par ce général, prisonnier d'état, et quelques complices, au moyen d'un bataillon de la garde nationale, dont un de ceux-ci disposait ; et que les conjurés, après s'être assurés du ministre et du préfet de la police, qui se laissèrent arrêter sans résistance, à la nouvelle de la mort de leur maître, échouèrent devant la perspicacité du prince archichancelier. Cette tentative audacieuse, cette attaque du pygmée contre un colosse, eut moralement, aux yeux de Napoléon, plus d'importance qu'il ne sembla lui en accorder. Si elle ne mit pas le trône du monde sur une pente périlleuse, elle étonna du moins celui qui voulait faire croire à l'Europe que sa puissance en imposait aux conspirateurs ; il en fut d'autant plus vivement frappé qu'elle coïncidait avec ses revers, et qu'elle était d'un fâcheux exemple, au moment où tant de mécontentement pouvait être soulevé à la nouvelle de la désastreuse issue de son expédition impopulaire.

Cependant cette considération ne put l'engager à rien taire des calamités auxquelles son armée avait été en butte, ni des coups funestes qu'elles lui avaient porté. Son vingt-neuvième Bulletin fut la vérité tout entière, la vérité dans toute son horreur. Il savait qu'on obtient tout des Français, avec l'appui de la franchise et du malheur. C'est de Malodeczno, à vingt lieues de Borisow, qu'il expédia, le 3 décembre, ce fameux Bulletin qui devait le précéder de deux jours seulement dans sa capitale. C'est de Smorgoni, deux jours plus tard, qu'il partit lui même pour s'y rendre, accompagné de quelques officiers dévoués.

On lui a souvent reproché ce départ, regardé par beaucoup comme une faute, et même comme l'abandon de ceux qui jusqu'alors lui avaient fait un rempart de leur courage. C'est à tort, selon nous. Sans doute, Napoléon fut téméraire, et surtout malheureux, dans cette expédition funeste; mais il ne fut point lâche, insensible, égoïste, ni même aussi imprévoyant qu'on l'a dit. Le péril était certes plus grand au passage de la Bé-

résina, qu'à Smorgoni; et cependant il a refusé de s'y soustraire isolément ; il n'en veut sortir qu'avec son armée. Le salut de cette armée a été l'objet de sa sollicitude, depuis le jour où commença sa fatale retraite. Ce jour là, il écrivait à Mortier « de charger, sur les voitures de la jeune
» garde, sur celles de la cavalerie à pied, et sur
» toutes celles qu'il trouverait, des hommes qui
» restaient encore dans les hôpitaux. Les Romains
» donnaient des couronnes civiques à ceux qui
» sauvaient des citoyens; le duc de Trévise en
» méritera autant qu'il sauvera de soldats. Il faut
» qu'il les fasse monter sur ses chevaux, sur ceux
» de tout son monde. C'est ainsi que lui, Napoléon,
» avait fait à Saint-Jean-d'Acre.... Qu'il assemble
» donc tous les généraux et officiers sous ses
» ordres, pour leur faire sentir l'importance de
» cette mesure; et combien ils mériteront de l'Em-
» pereur, s'ils lui ont sauvé cinq cents hommes. »
Quant à l'accusation d'imprévoyance, ses instructions, ses lettres y répondent; on y lit « qu'on va
» faire la guerre dans un pays nu, où l'ennemi
» détruira tout, et qu'il faut se préparer à s'y suffire à
» soi-même.... Pour des masses comme celles-ci,
» si les précautions ne sont pas prises, les mou-
» tures d'aucun pays ne pourront suffire.... Il faut
» que les caissons puissent être employés et chargés
» de farine, pain, riz, légumes et eau-de-vie,
» hormis ce qui est nécessaire pour les ambulances.

» Le résultat de tous mes mouvemens réunira
» 400,000 hommes sur un seul point. Il n'y aura
» rien alors à espérer du pays, il faut tout avoir
» avec soi. »

Et conformément à des recommandations de ce genre, mille fois réitérées, des provisions de toute espèce s'étaient amoncelées à Dantzig, dans Thorn, et plus tard à Wilna, à Minsk, à Smolensk, dans beaucoup d'autres places. D'immenses moyens de transport avaient de même été préparés, ainsi que tout ce qui pouvait être utile à une armée; mais toutes ces choses ayant été poussées en avant sur les pas du chef, on ne s'occupa point de se mettre en état de suppléer à leur perte, au cas qu'elle survînt. Beaucoup d'administrateurs, n'étant plus stimulés par l'œil vigilant de l'Empereur, jugèrent que le temps était venu de se reposer de l'activité momentanée à laquelle sa présence les avait forcés. Ils s'assoupirent et semblèrent s'en remettre à sa fortune, qu'ils ne prévoyaient pas devoir lui manquer au point qu'il fût contraint à une retraite désordonnée. Il est des extensions de puissance qui mettent les subordonnés hors de la portée d'une seule vue humaine. Telle est l'extension de celle de Napoléon. Quelque étonnante que fût en lui la faculté d'embrasser cette vaste complication de rapports qui forment l'action collective appelée gouvernement, cette faculté ne pouvait s'accroître avec les limites de son empire; et il ne pouvait du Niémen au Tage maintenir le même ressort d'administration que du Rhin aux Alpes. Ce ressort, en s'étendant, dut se relâcher. C'est ce qui fit qu'à l'armée de Russie, l'on vit tant d'hommes inhabiles ou insoucians que son œil sûr n'avait pu choisir, glisser leur inutilité aux principaux emplois dans les vivres, et préparer la continuation de nos revers, en ne préparant pas les moyens d'y remédier. A cette cause des malheurs de notre armée, s'en joignirent encore deux autres : l'impatience qui poussa son chef sous le coup imminent du redoutable hiver moscovite, et l'imprudente temporisation qui l'y retint; l'une, fruit du caractère trop entreprenant de l'Empereur; l'autre, produit des illusions de sa fortune.

Mais écoutons Napoléon lui-même parler de cette guerre, dont l'issue pèse sur sa gloire : « Sont-ce les efforts des Russes qui m'ont anéanti ? Non, la chose n'est due qu'à de purs accidens, qu'à de véritables fatalités : c'est une capitale incendiée en dépit de ses habitans, et par des intrigues étrangères; c'est un hiver, une congellation dont l'apparition subite et l'excès furent une espèce de phénomène; ce sont de faux rapports, de sottes intrigues, de la trahison, de la bêtise, bien des choses enfin qu'on saura peut-être un jour, et qui pourront atténuer ou justifier les deux fautes grossières, en diplomatie comme en guerre, que l'on a le droit de m'adresser : celle de m'être livré à une telle entreprise, en laissant, sur mes ailes, devenues bientôt mes derrières, deux cabinets dont je n'étais pas le maître, et deux armées alliées que le moindre échec devait rendre ennemies; mais, pour tout conclure enfin sur ce point, et même annuler tout ce qui précède d'un seul mot, c'est que cette fameuse guerre, cette audacieuse entreprise, *je ne les avais pas voulues*; je n'avais pas eu l'envie de me battre : Alexandre ne l'avait pas davantage. Mais une fois en présence, les circonstances nous poussèrent l'un sur l'autre; la fatalité fit le reste. » Cependant d'autres aveux et d'autres renseignemens nous autorisent à penser qu'il mit au contraire la plus grande ardeur à entreprendre cette guerre, et que cette ardeur ne commença à faiblir en lui que lorsqu'il fut sur le point d'en venir à l'exécution. Napoléon dit ailleurs qu'après la prise de Smolensk, Alexandre lui fit proposer de traiter, s'il consentait à repasser le Niémen; mais qu'il n'accepta pas, quoiqu'il eût désiré ne pas pousser plus loin la guerre, parce qu'il pensa que le cabinet russe ne faisait point cette offre franchement. Il dit encore, toujours au sujet de cette guerre, « qu'avec plus de lenteur, il eût paré à tout; mais avec sa carrière déjà parcourue, avec ses idées pour l'avenir, il fallait que sa marche et ses succès eussent quelque chose de surnaturel.... » Un Français a eu dans ses mains les destinées du monde ! S'il avait eu le jugement et l'âme à la hauteur de sa situation, s'il eût été bon Suédois, ainsi qu'il l'a prétendu, il pouvait rétablir le lustre et la puissance de sa nouvelle patrie, reprendre la Finlande, être sous Saint-Pétersbourg avant que Napoléon eût atteint Moscow.

« Si l'Empereur fût resté à l'armée, ou qu'il en eût laissé le commandement au prince Eugène, elle n'aurait jamais dépassé Wilna : un corps de réserve était à Varsovie, un autre à Kœnisberg ; mais on s'en laissa imposer par quelques Cosaques... C'est de cette époque surtout que datent les grandes pertes de cette campagne ; et c'était un des malheurs des circonstances que cette obligation où se trouvait Napoléon dans les grandes crises, d'être à la fois à l'armée et à Paris. »

Tandis que Napoléon court rapidement au travers de la Pologne qu'il essaie de rassurer, de la Silésie où il manque d'être arrêté, de la Saxe dont il revoit le roi dans Dresde, et qu'il arrive enfin dans sa capitale le 18 décembre, la retraite de l'armée se trouvait encore davantage appesantie par le froid, descendu à vingt-cinq degrés, et rendue plus désordonnée par son absence. Ce qui restait de liaison dans nos bataillons réduits, ne tarda pas à se dissoudre dans les mains inhabiles de Murat. Wilna ne put nous rallier ; et ses magasins abondamment pourvus ne fournirent, à nos soldats, faute de moyens de transport, que la subsistance de quelques étapes. La ligne de la Vistule ne nous arrêta pas plus que Wilna. Nous évacuâmes rapidement toutes les places que nous occupions en Pologne; et Kœnisberg venait d'être pris, lorsque des lettres venues de Naples, y rappelant son roi, Eugène receuillit le commandement de l'armée, c'est-à-dire de ses débris.

Cependant Ney n'a pas abandonné sa tâche glorieuse. Il semble avoir été seul chargé du salut de l'armée; après, tout comme avant la Bérésina, c'est encore lui qu'on voit la défendre contre les Russes, mollement assaillans, mais dont les masses pourraient l'accabler par leur seul poids et sans nul effort, si la surprise où ils sont de leurs triomphe ne les tenait tout comme enchaînés. Réduit souvent à ses aides de camp, toujours il se cherche, toujours il retrouve une arrière-garde, une poignée de braves, qu'il oppose au front de l'ennemi. Cinq fois depuis que dure la retraite, cette arrière-garde s'est dissipée, rebutée ou détruite; autant de fois, son activité y a suppléé.

Tous les lieutenans de Napoléon n'imitèrent pas la tenacité de ce maréchal. Les plus courageux arrivés en deçà des frontières russes, ne virent plus que la France; ils ne virent plus que leurs palais, leurs richesses, leurs honneurs. Leur cœur en fut amolli. Leur valeur, si sublime en présence des dangers, s'affaissa subitement, quand leur imminence eût passé. Inébranlables sous le faix d'un ciel de glace, ils perdirent tout ressort, quand une perspective plus douce eut saisi leur imagination.

Quoique les talens d'Eugène aient avantageusement remplacé l'incapacité de Murat, il ne peut organiser une armée redoutable, car il ne peut créer des soldats ; mais il fera avec ordre sa retraite des frontières septentrionales de la Prusse, jusqu'au midi de la Saxe : à la tête de trente mille hommes, il attendra de la France, des renforts et l'Empereur.

Celui-ci, jusqu'à ce qu'il pût reparaître formidable encore sur les champs de bataille, s'était rejeté sur la politique. Il la faisait servir au besoin de consolider sa puissance, au desir de la perpétuer. Un sénatûs-consulte détermina la forme de la régence, sous la minorité de l'héritier de l'Empire ; un autre, en accordant une levée extraordinaire de gardes nationaux, institue les gardes d'honneurs, véritables gardes du corps, qui seront pris au nombre de dix mille, dans les familles nobles, de nouvelle ou d'ancienne date, et à défaut, dans la bourgeoisie la plus opulente. Cette création tout aristocratique lui est, comme beaucoup d'autres, soufflée par la manie, qui le domine, de vouloir se légitimer prématurément. Après sa chûte, il devait dire : « Je me serais relevé du pied des Pyrénées, si seulement j'eusse été mon petit-fils ». C'est égaré par cette idée, vraie au fond, que depuis long-temps sa politique exhume une partie des abus du régime passé. Il ne voit pas que cette sanction incompréhensible, que le temps donne aux dynasties comme à toutes les institutions, le temps seul peut la donner; qu'on ne les vieillit pas en les masquant, en les entourant d'abus antiques, dans quelque lointain que leur origine se perde; de même qu'on ne transforme point un jeune homme en vieillard, en le revêtant d'un gothique habit. Un trône élevé par le peuple ne peut se maintenir que par un gouvernement populaire, au moins dans les commencemens; et d'ailleurs, tout doit être nouveau dans une dynastie nouvelle, tant que l'ancienne oppose des compétiteurs.

Mais un des actes les plus importans de la politique impériale fut le fameux concordat de Fontainebleau. Napoléon l'arracha, dit-il, au pape, par la seule force de sa conversation privée.

Par cet acte, l'Empire était chargé de la dotation du saint siége. Le Pape avait un revenu de deux millions; deux palais au moins, l'un à Rome, l'autre à Paris. A Paris, le chef de l'Empire lui destinait l'archevêché, auquel devaient être réunis les bâtimens de l'Hôtel-Dieu, pour les gens de sa maison. L'île de la Cité et celle de St.-Louis eussent formé le quartier pontifical.

« Si je fusse revenu vainqueur de Moscow, dit

Napoléon, j'allais relever le Pape outre mesure : je l'eusse amené à ne plus regretter son temporel ; j'en aurais fait une idole : il fût demeuré près de moi. Paris fût devenu la capitale du monde chrétien, et j'aurais dirigé le monde religieux, aussi bien que le monde politique.... J'aurais eu mes sessions religieuses, comme mes sessions législatives. Mes conciles eussent été la représentation de la chrétienté ; les papes n'en eussent été que les présidents... Quel empire désormais sur tous les pays catholiques! et quelle influence sur ceux mêmes qui ne le sont pas, à l'aide des membres de cette religion qui s'y trouvent répandus!... Si cette suprématie avait échappé aux empereurs depuis Charlemagne, c'est qu'ils avaient fait la faute de laisser résider loin d'eux les chefs spirituels.... La Russie, l'Angleterre et plusieurs états du nord la possédaient : on ne peut gouverner sans elle. »

Pendant que Napoléon essaye, par ces diverses mesures, de raffermir la base de son grand Empire ébranlé, la Russie s'avance lentement, mais sans relâche, entraînant dans ses desseins la Prusse, dont le roi pourtant paraît, par délicatesse, hésiter quelques instants. L'Autriche, s'applaudissant de nos désastres, mais dissimulant par circonspection, attendra, dans une attitude menaçante, que la fortune nous ait porté des coups plus terribles encore, ou que le nombre de nos ennemis devienne, par la défection avouée ou tacite de nos alliés, tellement accablant, qu'il y ait bien moins à combattre, qu'à entrer en partage des fruits de la victoire.

Devenu d'une prudence excessive depuis l'audacieuse entreprise de Mallet, Napoléon, près de partir pour l'armée, organise un conseil de régence que Marie-Louise doit présider. Tranquille sur ce point, il vole alors au sein de la Saxe, où l'ont précédé deux cents mille conscrits. Quelques jours après son arrivée, le 2 mai, cette jeunesse, espoir de la France, doit cueillir sa première palme aux champs de Lutzen. Car très-peu ont pris part au combat de Weissenfelds, livré par Ney, ainsi qu'à celui que les généraux Souham et Kellermann ont glorieusement terminé au défilé de Rippach.

La bataille de Lutzen fut occasionnée par une tentative du général russe Witgenstein, pour pénétrer sur les derrières de notre armée. Le maréchal Macdonald ayant arrêté son mouvement, les colonnes ennemies s'ébranlèrent, se portant sur notre centre; et l'engagement dès lors devint général. Nos conscrits rivalisèrent d'ardeur, et presque de sang froid, avec les soldats les plus éprouvés. Aussi Napoléon les anima, les soutint de ses paroles et de son exemple : « Ce n'est rien, mes enfans, disait-il, en soutenant de son cheval en travers le troisième rang de l'infanterie. Tenez ferme · la patrie vous regarde ; sachez mourir pour elle!... Quand on ne craint pas la mort, on la fait rentrer dans les rangs ennemis. » Des artilleurs de notre marine, neufs aussi sur un change de combats, dont ils n'ont pas encore fait l'épreuve, étonnent par de vrais prodiges. Ney, toujours lui, *le brave des braves*, enflamme tout ce qui l'entoure. Girard et Souham marchent sur ses traces. Ailleurs, c'est Compans, Mortier, Drouot, enfin Bertrand; tous font leur devoir. Et Labedoyère, d'un avenir si plein de malheur, est élevé, sur ce champ de victoire où vient de briller son courage, au grade de colonel.

Les alliés abandonnent vingt mille tués ou blessés, perte double de la nôtre. L'insuffisance de notre cavalerie, en ne nous permettant point de poursuivre l'ennemi, et par conséquent de lui faire un nombre considérable de prisonniers, borne à peu de chose l'avantage matériel de notre victoire, mais son influence morale peut être immense en réimprimant le sentiment de la supériorité de nos légions, dans le cœur d'elles-mêmes et de leurs ennemis.

A quelques jours de cette bataille, Napoléon fit son entrée dans Dresde. Il adressa à la députation des habitans de cette ville, implorant une clémence dont leur conduite vis-à-vis de ses ennemis leur imposait le besoin, cette réprimande éloquente : « Vous mériteriez que je vous traitasse en pays conquis. Je sais ce que vous avez fait, pendant que les alliés occupaient votre ville; j'ai l'état des volontaires que vous avez habillés, équipés, armés contre moi, avec une générosité qui a étonné l'ennemi lui-même. Je sais quelles insultes vous avez prodiguées à la France, et combien d'indignes libelles vous avez à cacher ou à brûler aujourd'hui. Je n'ignore pas à quels transports hostiles vous vous êtes livrés lorsque l'empereur Alexandre et le roi de Prusse sont entrés dans vos murs. Vos maisons nous présentent le débris de vos guirlandes, et nous voyons encore sur le pavé le fumier des fleurs que vos jeunes filles ont semées sur les pas des monarques. Cependant je veux tout pardonner. Bénissez votre roi, car il est votre sauveur. Qu'une députation d'entre vous aille le prier de vous rendre sa présence. Je ne pardonne que pour l'amour de lui; aussi bien, vous êtes déjà assez punis : vous venez d'être administrés par le baron de Stein, au nom de Kutusow; et vous savez maintenant à quoi vous en tenir sur les beaux sentimens des alliés. Je ne vous demande pour mes troupes, que ce que vous avez fait pour les Russes et les Prussiens. Je veillerai même à ce que la guerre vous cause le moins de maux qu'il sera possible, et je commence à vous donner un gage de ma clémence; c'est le général Durosnel, mon aide de camp, qui sera votre gouverneur; le roi lui-même le choisirait pour vous. Allez. »

Marchant encore avec l'appui des deux rois allemands, ceux de Saxe et de Wirtemberg, mieux disposés pour lui que leurs peuples, Napoléon partit de Dresde, le 18 mai, et arriva le lendemain sur le champ de Bautzen, où devait, le 21, s'engager à la suite de plusieurs manœuvres habiles, une action meurtrière pour l'ennemi, mais aussi pour nous, quoique beaucoup moins. Ce succès continué à Wurtschen, en ajoutant des pertes à celles des alliés, en mêle à nos lauriers une bien cruelle. Un même boulet atteint et tue le général du génie Kirgener, et Duroc, grand-maréchal du palais de Napoléon, particulièrement cher à son cœur. *A demain tout*, dit l'Empereur, en apprenant cet événement funeste! Puis, se rendant auprès du maréchal mourant : « Duroc, lui dit-il, il est une autre vie ; c'est là que vous irez m'attendre, et que nous nous reverrons. » Duroc avait des sentimens religieux. Le commencement de la campagne avait été signalé par une autre mort non moins déplorée, celle de Bessières, également tué d'un boulet.

Les alliés, pressés par des victoires rapidement successives, qui ont porté nos troupes aux environs de Berlin, se déterminent à envoyer leur adhésion à un armistice que Napoléon avait proposé presque immédiatement après la victoire de Lutzen. On signa, de part et d'autre, le 4 juin, à Plewitz, une convention d'après laquelle les hostilités devaient demeurer suspendues jusqu'au 20 juillet, terme qui ensuite fut prolongé jusqu'au 10 août. Cet armistice fut une faute dans les intérêts de la France. Il fallait un effort encore, et peut-être notre armée eût dicté la paix dans la capitale des états prussiens. Napoléon et les confédérés cherchèrent également à gagner du temps, lui pour tirer des renforts de la patrie, eux pour se fortifier aussi par des recrues, et en outre mûrir la défection des alliés de leur ennemi.

Un congrès ouvert le 3o juin, sous la médiation de l'Autriche qui doit quinze jours plus tard accéder à la coalition de nos ennemis, se termine sans aucun résultat. Enfin, quelques jours après l'expiration de l'armistice, les troupes avec lesquelles nous l'avions conclu, nous assaillent, renforcées de la coopération de la Suède et de l'Autriche, présage d'une succession rapide d'autres défections.

La campagne s'ouvre pour nous sous des auspices peu favorables. Oudinot a été accablé près de Berlin, par Bernadotte trop supérieur en nombre. Nos troupes se replient sur plusieurs points. Gouvion-Saint-Cyr est pressé sur Dresde par la masse des armées alliées; et c'est avec peine qu'il s'y maintient, quand Napoléon, pénétrant promptement l'intention qu'a l'ennemi de lui couper sa retraite du Rhin, vole au secours de son maréchal. Il arrive à Dresde, le soir du 26, avec la plus grande partie de ses troupes, ayant fait, sans distributions, quarante lieues en trois jours. Quelques heures plus tard, il n'était plus temps; la ville était prise. Napoléon est à peine venu, et déjà l'ennemi sent sa présence; mais c'est le lendemain que les combinaisons de son génie doivent encore amener un de ces grands résultats qui frappent d'étonnement. Avec des forces inférieures, non-seulement il vaincra, mais il coupera l'ennemi de sa gauche, forcera vingt mille Autrichiens de se rendre, et suppléera ainsi, par l'habileté de ses manœuvres, au manque de cavalerie. Soixante canons, d'innombrables caissons, dix-huit drapeaux seront, en outre, nos trophées dans cette journée.

Au fort de l'action, Napoléon, a fait pointer sur un groupe d'officiers qui paraissaient observer nos positions, une douzaine de pièces. Là était Moreau, venu d'Amérique, à la sollicitation de Bernadote, perdre, dans la Saxe, la vie et l'honneur. Un boulet lui frappe les deux cuisses et les enlève. Au mouvement qu'alors on voit s'opérer dans les rangs ennemis, on conjecture qu'un grand coup a été porté. Le lendemain, le prince de Schwartzemberg est signalé comme la victime. « C'était un brave homme, dit le vainqueur à cette fausse nouvelle; mais sa mort a cela de consolant que c'était évidemment lui que menaçait l'augure malheureux de son bal (1). » Sans doute, après que

---

(1) On se rappelle qu'une salle de bal que ce prince, qui était ambassadeur à Paris lors du mariage de Marie-Louise,

Napoléon eut connu la fausseté du rapport qu'on lui avait fait, la superstition reprit ses droits; son esprit, ses craintes.

Cependant François, aussi prompt à la soumission qu'à la perfidie, accourt, après la bataille, auprès du vainqueur; il implore *son cher fils;* il le supplie « au nom de sa *très-chère fille,* dont il est l'époux, *de ne pas le perdre entièrement,* de se réconcilier avec lui. » Mais Napoléon sait à quoi s'en tenir sur les protestations de repentir dont on essaie de l'abuser; il a éprouvé combien les liens de famille sont impuissans communément à retenir les rois. Aussi, quelques douceurs que lui offre intérieurement son union avec Marie-Louise, plus d'une fois il regrettera de l'avoir contractée. Il doit dire un jour « que ce mariage l'a perdu ; que s'il ne s'était pas cru tranquille et même appuyé sur ce point, il aurait retardé de trois ans la résurrection de la Pologne; qu'il aurait attendu que l'Espagne fût soumise et pacifiée; » et, ailleurs, toujours au sujet de cet hymen, « que son assassinat à Schonbrunn eût été moins funeste pour la France. »

Malheureusement, bientôt la fortune changea,

---

avait fait construire dans les jardins de son hôtel, fut avec plusieurs personnes qu'elle renfermait, la proie des flammes, et que l'Empereur se montra vivement affecté de cet événement, comme étant d'un sinistre présage.

et avec elle, les dispositions du souverain de l'Autriche. Macdonald, auquel Napoléon a confié le commandement des troupes qu'il a laissées en Silésie, lorsqu'il est accouru au champ de bataille de Dresde, succombe dans deux engagemens successifs, sous les forces extrêmement supérieures du prussien Blücher. Vandamme, après des efforts extraordinaires de courage, reste prisonnier avec sept mille hommes dans les défilés de la Bohême, où il s'est trop audacieusement engagé : c'est le combat d'Ulm. D'un autre côté, Davoust est forcé de rétrograder vers la Stecknich; Ney, à la tête de forces imposantes, mais bien inférieures en nombre aux troupes qui l'attaquent, est accablé par Bernadotte auquel le général Jomini, Suisse de naissance, transfuge de nos rangs, chef d'état major du maréchal, a révélé son projet d'attaque contre Berlin. Tous ces échecs engagent les trois grandes puissances coalisées à resserrer, dans l'enceinte de Toeplitz, leur triple alliance, à laquelle accédera le roi de Bavière, le 15 octobre. L'Angleterre a signé aussi à Toeplitz, avec l'Autriche, le 3 du même mois, un traité préliminaire, ayant pour but avoué « d'établir un juste équilibre entre les puissances.»

Mais à tous ces revers, à tant d'ennemis, Napoléon osera encore, dans les champs de Leipsick, opposer ses braves et son génie. Pendant deux jours, avec des forces moindres d'au moins moitié, il soutient glorieusement le choc de l'ennemi ; et le troisième mettait enfin dans nos mains la palme du triomphe, quand la trahison la plus lâchement coupable vint nous l'arracher.

Les Saxons passèrent dans les rangs de nos ennemis, et tournèrent aussitôt contre nous trois batteries de vingt pièces chacune, qui, un instant avant, nous secondaient. L'exemple de ces traîtres, impuissant sur deux de leurs régimens, qui nous demeurèrent fidèles, ainsi que leur roi, entraîna plusieurs bataillons Wirtembergeois. L'Empereur conserva cependant jusqu'à la nuit son champ de bataille. Enfin, jugeant la retraite nécessaire, il l'opéra avec ordre, et sans perte d'abord; mais le lendemain, le roi de Saxe, la garnison saxonne de Leipsic, et une partie de notre arrière-garde tombèrent dans cette ville, ou près de ses murs, au pouvoir des coalisés.

Néanmoins le gros de l'armée se retirait avec cette confiance que donnent un grand courage et la conscience de beaucoup de gloire; trop faible désormais pour assaillir; assez forte encore pour en imposer à l'ennemi le plus audacieux : mais la défection successive de plusieurs corps de la confédération du Rhin; l'impatience française cherchant à devancer, au défilé de Lindenau, la marche trop pesante de l'artillerie et des bagages, et surtout la rupture prématurée du pont de ce nom qu'un caporal fit sauter, non pas après le passage de notre arrière-garde, comme l'ordre en avait été donné, mais avant que plusieurs de nos divisions, et presque tout notre matériel eussent atteint la rive opposée, portèrent dans nos rangs une grande confusion, et livrèrent aux coalisés le fruit de la trahison des Saxons, que, sans cela, ils n'eussent que bien imparfaitement recueilli. A ce passage de fatale mémoire, qu'un grand nombre osent tenter à la nage, se confiant à eux-mêmes ou à leurs chevaux, une foule de braves, et parmi eux Poniatowsky, ayant réservé pour des blessés une barque qui pourrait lui procurer une traversée exempte de danger, disparurent dans les flots de l'Elster. Macdonald, plus heureux, vainquit leur fougue : plusieurs généraux ne la défièrent pas ; ils devinrent prisonniers d'un ennemi que son nombre, non sa valeur, rendait accablant. Cependant nos troupes, excessivement réduites par un concours d'événemens si funestes, doivent écraser sous les murs d'Hanau une armée austro-bavaroise, commandée par de Wrede, élève ingrat, formé dans nos rangs, et qui a conçu le présomptueux espoir d'interdire à ses anciens frères d'armes le retour dans la patrie.

Ils y rentrèrent donc par une victoire et chargés de gloire. Ce fut une consolation bien insuffisante, mais pourtant une consolation des immenses pertes que la trahison leur avait fait éprouver. Malheureusement, derrière le Rhin, au-delà de cette barrière protectrice que la nature a placée entre eux et les masses alliées, un autre ennemi, un ennemi plus redoutable, plus irrésistible, les attend, la contagion. Long-temps, ils lui fournirent une proie journalière au sein de Mayence, où ils l'auront introduite, jusqu'à ce que des mesures repressives, la vigilance, le temps, la saison l'aient vaincue à son tour, et exemptent le Rhin de ce fardeau de cadavres dont, dans sa course, il épouvantait ses rives jusqu'à l'Océan.

Ainsi se termina la campagne de Saxe, qui fut, au jugement de Napoléon, « le triomphe du courage inné dans la jeunesse française; celui de l'intrigue et de l'astuce dans la diplomatie anglaise; celui de l'esprit chez les Russes; celui de l'impudeur dans le cabinet autrichien. »

Après que nos troupes actives eurent abandonné l'Allemagne, il resta éparses, sur ce sol tout hérissé d'inimitiés, nos garnisons dans les places fortes, comme des matelots, après un naufrage, sont entassés sur des rochers, pressés d'une mer furieuse. Gouvion-Saint-Cyr, que les murs de Dresde n'ont pu préserver, en doit sortir avec vingt-trois mille hommes, à la suite d'une convention signée le 11 novembre, libre de se retirer au-delà du Rhin; mais cette convention sera violée avec la mauvaise foi la plus insigne : ce qui fera d'autant plus regretter qu'on n'ait pas suivi l'avis ouvert et vivement soutenu par le comte Lobau, de forcer l'armée de siége, et débloquant Torgau, aller, accrus de sa garnison, recueillir encore celle de Wirtemberg, puis de Magdebourg, et, ainsi de suite, se trouver réunis au nombre de cent mille sur les derrières de l'ennemi, où le moindre service qu'ils eussent pu rendre, eût été de contenir les levées en masse qui l'y opposaient.

Plus loin, le Danemarck, notre plus sincère et dernier allié dans le nord, contraint par les progrès des coalisés à se séparer de notre cause, laissera Davoust et son corps d'armée, sans aucun secours, sans voie de retraite, au sein de Hambourg. L'occupation d'Amsterdam et d'Utrecht, par les Prussiens, aura entraîné la défection de la Hollande; nos armées d'Espagne, trop affaiblies par les détachemens que depuis long-temps elles font aux armées du nord, seront refoulées sur nos frontières, malgré les prodiges de leur valeur; Eugène seul soutiendra en Italie la supériorité des armes françaises par quelques succès.

Napoléon, déchu d'une partie de sa puissance, appelera à son secours la politique, mais trop tard. Il laissera libre d'aller à Madrid Ferdinand VII, pour fermer au moins un des cratères de ce volcan européen, qui, de toutes parts, semble prêt à vomir ses laves dévastatrices sur le sol de la France; et renverra plus tard à Rome, quand les derniers fils de son pouvoir lui échapperont, le souverain pontife, dans le but de se réconcilier les Italiens, dont la fidélité, comme celle de tant d'autres, peut ne pas résister à l'influence de nos revers. Mais, cette politique, dont souvent il use avec les souverains, par laquelle il cherche à adoucir des haines étrangères, il néglige de l'employer envers son peuple. Le dédaigne-t-il? Cependant c'est le peuple, comme il doit le dire, qui fait les monarques, et, aussi, les défait. C'est aux Français qu'il doit son trône; eux seuls aujourd'hui peuvent le soutenir, s'il réveillait pour lui leur enthousiasme par le seul moyen qui puisse y porter une nation éclairée, des institutions libérales; au lieu de leur ravir les débris de celles dont il ne les a point encore entièrement dépouillés. Il semble qu'il éprouve le besoin de peser sur la France de tout le poids dont viennent de s'alléger les peuples qui, d'envahis long-temps par nos armes, menacent de nous envahir à leur tour. C'est ainsi qu'il proroge arbitrairement les pouvoirs d'une série sortante du corps législatif, qu'il supprime les listes de candidats à la présidence, et se fait autoriser par un simple sénatûs-consulte à lever un supplément d'imposition. Précédemment, du sein de l'Allemagne, il avait, cassant la décision d'un jury, renvoyé des *absous* devant des juges qui n'étaient pas leurs *juges naturels*. Mais la suppression du corps législatif fut, de ses actes despotiques d'alors, celui qui souleva le plus de rumeur. Cette mesure fut amenée par un rapport d'une commission de cette assemblée, formée des députés Raynouard, Lainé, Gallais, Flaugergues, Maine de Biran, à l'effet de prendre connaissance des pièces relatives aux négociations ouvertes avec les souverains coalisés. Cette commission, au travail de laquelle le corps législatif, sortant de l'engourdissement auquel il s'est condamné durant tant d'années, donne son assentiment, proclame, le 30 décembre, après s'être plaint qu'on ne lui « ait pas donné communication des bases générales et sommaires des négociations; qu'il lui paraît indispensable qu'en même temps que le gouvernement proposera les mesures les plus promptes pour la sûreté de l'état, Sa Majesté soit suppliée de maintenir l'entière et constante exécution des lois qui garantissent aux Français les droits de la *liberté*, de la *sûreté*, de la *propriété*, et à la nation, le *libre exercice des droits politiques*. » Beaucoup improuvèrent une opposition si tardive, et apparaissant seulement aux jours du malheur; mais on improuva davantage encore l'ordre d'après lequel fut fermée, le soir même, la salle où se réunissaient les députés, et le décret qui le lendemain les ajourna indéfiniment. La réponse de l'Empereur à la députation chargée de lui porter le rapport de la commission, offrait, entre autres paroles étranges, ces mots : « Moi seul je suis le représentant du peuple.... Le corps législatif n'est qu'une partie de l'état *qui ne peut pas même entrer en comparaison* avec le sénat et *le conseil d'état. Au reste... la France a plus besoin de moi que je n'ai besoin d'elle.* »

Déjà, en l'an 12 (1804), la question de la suppression du corps législatif avait été agitée contradictoirement, sous la présidence de Napoléon, entre trois conseillers d'état ; mais la séance fut levée alors, sans que le chef du gouvernement laissât rien percer de ses intentions : il n'en avait plus été question depuis.

Les propositions de paix, que depuis quelque temps faisaient les monarques alliés, paraissaient à Napoléon trompeuses et dilatoires ; et effectivement, l'exigence toujours croissante de ces souverains, pouvait autoriser cette idée ; ils se montraient bien rigoureux, bien durs même, envers celui qui s'était montré si clément naguères, trop clément sans doute envers eux. D'abord, ils proposaient de renfermer la France dans ses limites naturelles, le Rhin, les Pyrénées et les Alpes ; puis, presque immédiatement, quand ils virent que l'Empereur allait accéder à ces conditions, ils voulurent la réduire à ses anciennes frontières. Peut-être avaient-ils dès lors conçu l'espoir de lui imposer une paix humiliante au sein de sa capitale.

Déjà leurs armées débouchaient, avec le consentement secret des chefs du canton de Berne, sur le territoire neutre de la Suisse. Plus tard, le 31 décembre, jour auquel la ville de Genève ouvrira ses portes aux troupes autrichiennes, les

Prussiens, sous Blücher, franchiront le Rhin de Manhein à Coblentz, sans autre obstacle que celui du fleuve.

Bientôt les légions succéderont aux légions. L'Europe militaire s'agglomérera sur une portion d'elle-même, comme la population guerrière de cette portion s'épandit autrefois sur elle. Un million d'hommes, Cosaques, Russes, Suédois, Danois, Prussiens, Autrichiens, Bavarois, Saxons, Wirtembergeois, Allemands de divers états, au nord; Anglais, Espagnols, Portugais, Sardes, Siciliens, Napolitains, au midi, peseront hostilement sur le sol de la France, qui n'aura à leur opposer que cent cinquante mille braves, en y comprenant l'armée d'Italie; car cent soixante mille seront inactifs dans des places fortes, au sein des conquêtes qui nous échappent, et où des bandes armées, nées, en ces lieux mêmes, de l'insurrection, doivent les contenir; et les Français n'ont pas assez l'enthousiasme d'une cause qui semble moins la leur que celle du maître qui récemment encore a appesanti sur eux son joug, pour que ce maître puisse compter beaucoup sur leurs sacrifices et surtout leur coopération en masse. Napoléon ne veut pas voir que, par un juste retour de son égoïsme, la nation depuis long-temps se détache de lui; il persiste à la dédaigner, à la traiter en esclave soumise, qui jamais ne doit murmurer. L'amour du soldat s'acquiert et se conserve par une grande renommée militaire; mais il n'en est pas de même de celui du peuple, moins passif, plus raisonné. Il faut, pour l'alimenter, l'intention franche de satisfaire à ses besoins, de gouverner selon ses vœux: chez une nation éclairée surtout, il ne vit que de liberté. Une telle nation ne se résigne pas volontiers à n'être que l'instrument de l'ambition de l'un de ses membres; ses conquêtes même l'humilient, si, dans la soumission de tous, elle n'a d'autre rang que celui de première esclave; et si cela n'a pas eu lieu pour nous, si nous n'avons pas maudit les victoires de nos héroïques armées, si nous nous en sommes glorifiés au contraire, c'est qu'elles ne paraissaient et n'étaient effectivement que la suite de la coalition des souverains contre notre indépendance.

Le 25 janvier, Napoléon part de Paris, laissant encore une fois la régence à l'Impératrice, et le commandement de Paris à Joseph, l'un et l'autre bien au-dessous du fardeau dont il les charge, comme il apparaîtra par l'expérience. Il recommande son épouse et son fils à la garde nationale: « Vous m'avez élu, dit-il à ses bataillons, je suis votre ouvrage. » Il semble qu'il pressente que son droit au trône doit être contesté. Effectivement, il doit tout craindre; sa position n'est pas rassurante. Les armées des coalisés se sont avancées au cœur de la France; les fonds publics, ce thermomètre de la confiance que l'opinion accorde à la stabilité des gouvernemens, sont tombés à 47 fr. 50 cent. Au loin, dans le nord, la garnison de Dantzick, capitulant à des conditions honorables, après une résistance dont l'héroïsme, dirigé par Rapp, excède les bornes que conçoit l'imagination, éprouve le sort de celle de Dresde. D'un autre côté, Murat, trahissant notre cause devenue malheureuse, et égaré par le désir de conserver la couronne qu'il doit à son beau-frère, offre contre lui à ses ennemis le secours de trente mille de ses Napolitains. A peine à la tête de son armée, l'Empereur a repris Saint-Dizier, et vaincu à Brienne; mais à la Rothière, où, avec quarante mille hommes, il ose en attaquer cent dix mille, il perd des canons et des prisonniers; pourtant bientôt il sera relevé de cet échec, à Champ-Aubert, à Mont-Mirail, à Vaux-Champs, à Nangis, à Montereau théâtres successifs d'une série des plus brillans faits d'armes, dans l'espace de neuf jours.

Nos succès commencèrent à Champ-Aubert, où le général Alzufiew et ses Russes nous laissèrent dix mille des leurs tués, blessés ou pris, et tous leurs canons; le lendemain la plaine de Mont-Mirail fut témoin d'un triomphe plus décisif encore, également remporté contre les Russes commandés par Sacken. Le 14, ce fut le tour de Blücher et de ses Prussiens, aux plaines de Vaux-Champs. Deux jours après, le 16, Napoléon va, à trente lieues de distance, battre à Nangis l'autrichien Schwartzemberg, et arrêter la marche de ses épaisses colonnes sur la capitale. Le lendemain, la victoire se continua à Montereau, dont les habitans secondèrent efficacement l'armée française du haut de leurs toits. A Montereau, Napoléon, paraissant trop s'exposer aux yeux des soldats qui en murmuraient : « Ne craignez rien, mes amis, leur dit-il, le boulet qui me tuera n'est pas encore fondu. »

Après cette action des plus brillantes, dans laquelle un prince de Hohenlohe fut tué, Napoléon s'écria : « Mon cœur est satisfait, je viens de sauver la capitale de mon Empire. »

Pourtant le succès de cette journée pouvait être immensément plus grand, plus décisif. La majeure partie de l'armée ennemie, son général, les souverains de Russie et de Prusse pouvaient tomber au pouvoir du vainqueur sans les obstacles qu'opposaient la Seine, devenue protectrice de nos ennemis, et, il faut aussi l'avouer, sans la mollesse d'action de quelques-uns de nos chefs.

Et en effet, ces chefs, pour la plupart, ayant encore du courage, n'avaient plus ni audace, ni activité. Armé de la corruption de ses titres, de ses dotations, Napoléon semblait s'être ligué avec les glaces de l'âge, pour éteindre en eux le noble enthousiasme du patriotisme. « Ses lieutenans, ainsi que lui-même le devait dire, n'étaient plus ceux du début de notre révolution... Il les avait gorgés de richesses, et désormais ils ne voulaient que du repos. Le feu sacré était éteint; ils eussent voulu être des maréchaux de Louis XV. »

Seul ou presque seul, le chef de tous ces chefs vieux et renommés, qui ont conquis l'Europe qui à son tour va les conquérir, conserve presque entière sa première vigueur.

Il emploie encore ses marches forcées, ses apparitions inattendues à de grandes distances, son système d'attaquer successivement les forces éparses d'un ennemi trop nombreux; il lutte avec son génie, son activité et une poignée de braves, comme autrefois, quinze ans auparavant, à la tête de ses armées d'Italie ou d'Égypte.

Malgré l'éclat et la rapidité de nos succès, malgré que Napoléon ait refusé un armistice que les alliés demandaient, ceux-ci, confians dans leurs masses, ne veulent de la paix qu'à des conditions toujours très-dures. L'Empereur, trop enflé peut-être des avantages qu'il vient d'obtenir, répond indigné à la communication de leur exigeance : « Les alliés oublient que je suis plus près de Munich qu'ils ne le sont de Paris. »

Au combat de Montereau, succède celui de Méry-sur-Seine, quatre jours après. Ce combat et quelques autres achèvent de déterminer la retraite des armées ennemies, et amènent la reprise de Troyes. Le 2 février, Bernadote a reçu du quartier-général l'ordre de s'arrêter dans les environs de Liége, où il se trouve avec ses légions. Dans ces circonstances, l'empereur de Russie, vivement alarmé, voulait qu'on fît la paix aux conditions que le plénipotentiaire français désirerait : son anxiété fut telle, qu'il s'écria à plusieurs reprises que « la moitié de sa tête en grisonnerait. »

Quelques revers éprouvés par des lieutenans de Napoléon, la prise de la Fère, celle de Soissons, que les Prussiens ravirent sans effort à la molesse de leurs gouverneurs, et qui livrèrent, l'une vingt millions en matériel, l'autre, le point de jonction des deux armées du Nord et de Silésie, tirèrent les souverains coalisés de la stupeur où la rapidité des victoires de l'Empereur les avait jetés.

Nos soldats sont vainqueurs partout où c'est Napoléon qui les guide; ils triomphent sous lui à Craone, le 7 mars; à Reims, les 13 et 14; à Arcis sur-Aube, les 20 et 21. A Arcis, un obus, qui vient tomber devant un carré de la garde, y excite un flottement. Aussitôt l'Empereur, qui l'a remarqué, s'approche de ces vieux soldats, et faisant flairer à son cheval le redoutable projectile, il témoigne sa surprise du mouvement qu'une telle circonstance a pu occasionner dans leurs rangs: presque en même temps l'obus éclate, et lançant dans le vide ses meurtriers débris, justifie le courage et le sang-froid du chef de l'armée française.

La victoire d'Arcis a produit la jonction du

corps d'armée, que commandait l'Empereur (dixhuit mille hommes), et de celui qui obéissait au maréchal Macdonald (trente mille combattans). Schwarzemberg qu'il a vaincu, lui en opposait cent mille.

Fort de près de cinquante mille hommes, Napoléon marche sur Saint-Dizier, où il écrase un corps de dix mille cavaliers russes. Diverses versions existent sur les intentions de cette marche; mais il est probable que, se jetant ainsi sur les derrières de l'ennemi, il voulait l'inquiéter sur la sûreté de ses communications et couper court, par ce moyen, sa marche vers Paris. Mais quand il sut que cette marche n'en était point ralentie, et que sa capitale était près d'être prise, il abandonna, pour accourir à son secours, le projet d'une diversion désormais insuffisante. Pourtant il devait dire à cette occasion : « Je manquai de caractère. Je devais poursuivre imperturbablement toute ma pensée, continuer vers le Rhin, me renforçant de toutes mes garnisons, m'entourant de toutes les populations insurgées; j'eusse eu bientôt une armée immense; Murat me serait revenu, et lui et le vice-roi eussent été me donner Vienne, si les alliés eussent osé me prendre Paris. »

Cependant deux des grandes armées alliées, l'une aux ordres de Blücher, l'autre sous le commandement de Schwarzemberg, réunies à Meaux le

26, se portent immédiatement sous Paris, qui, grâce à l'incapacité militaire de Joseph, n'était pourvu d'aucuns des moyens propres à opposer une résistance efficace et longue. Les maréchaux Marmont et Mortier, refoulés depuis le combat de la Fère-Champenoise, combat glorieux quoique malheureux, où le courage tenta de soutenir le choc écrasant d'une quintuple supériorité numérique, jusqu'aux villages voisins de la capitale de l'Empire, y avaient pris position. Le 30, les deux tiers de ce qui existait à Paris de garde nationale armée et organisée (dix mille hommes environ), unirent leur dévoûment à celui des élèves des écoles d'Alfort et Polytechnique, et de vingt mille soldats de troupes de ligne; seule force à opposer à la force de deux cent mille coalisés. Le croira-t-on? une si faible armée contraignit l'ennemi à engager toutes ses réserves, et long-temps opposa une digue insurmontable à un océan de soldats du nord. Les élèves de l'école Polytechnique servaient sur la butte St.-Chaumont plusieurs batteries, avec une telle activité, une telle précision, que l'ennemi sur ce point seul perdit huit mille hommes; mais malheureusement, par l'imprévoyance, pour ne pas dire plus, du duc de Feltre, Clarke, ministre de la guerre, leur feu dut s'éteindre au plus fort de l'action, faute de munitions. Quand la valeur des troupes françaises céda enfin au concours réuni de l'abandon des chefs du gouvernement, et du nombre supérieur des coalisés, pas un prisonnier, pas une seule pièce n'orna le triomphe inglorieux du vainqueur.

Le lieutenant de Napoléon, Joseph avait fui précipitamment, autorisant les deux maréchaux, qui soutenaient avec avantage encore les efforts des coalisés, à conclure une capitulation que sa pusillanime conduite et celle du ministre de la guerre, ignoble imitateur de sa faiblesse, avaient seules rendue désormais nécessaire. Joseph entraînait avec lui, derrière la Loire, l'Impératrice, son fils et une partie du ministère. Un moment, Marie-Louise avait manifesté l'intention de demeurer, quels que fussent les événemens, au milieu des Parisiens : cette résolution pouvait avoir les plus heureux effets, surtout si l'on eût accordé aux instances d'une foule de citoyens dévoués, les armes que Clarke semblait réserver aux troupes coalisées; mais cette princesse céda bientôt à l'ascendant qu'avaient acquis sur elle des personnes que leur zèle ou leur faiblesse égarait alors.

La place se trouvant abandonnée par ceux auxquels il importait le plus de s'y maintenir (les dépositaires de la puissance impériale), des hommes de vœux et d'intérêts bien opposés, l'envahirent aussitôt. Les souverains de la coalition furent circonvenus par les amis de l'ancienne dynastie, amis improvisés, pour la plupart, que séduit l'idée des faveurs que leur zèle, vrai ou simulé, peut leur attirer d'un autre pouvoir; ou bien encore la perspective d'un repos pour eux-mêmes, et d'une sécurité pour leurs fortunes, que ne leur laissait pas espérer un chef dont l'active audace pouvait les entraîner sans fin à de nouveaux hasards, mais qu'un trône relevé sous les auspices de l'Europe alliée semblait devoir leur garantir. L'Angleterre incline avec eux pour le rétablissement des Bourbons. L'empereur de Russie, que suit le roi de Prusse, semble vouloir attendre, avant que de se déterminer, la manifestation du vœu national. L'empereur d'Autriche témoigne, mais faiblement, le désir de conserver l'héritage de la France à son petit-fils. « Tout semble prouver que le résultat qui prévalut alors, était loin d'être dans les intentions de l'Autriche; qu'elle y a été probablement jouée, trahie, ou au moins enlevée d'assaut... La fatalité des mouvemens militaires a fait que les alliés sont entrés dans Paris, sans que le cabinet autrichien y ait concouru. La déclaration d'Alexandre contre Napoléon et sa famille a été faite sans que cette même puissance ait été consultée; et M. le comte d'Artois ne pénétra en France qu'en s'y glissant en dépit du quartier-général autrichien, qui même lui avait refusé des passe-ports (1). »

---

(1) M. Las-Cases, d'après des confidences qu'il dit tenir de personnages de la haute diplomatie.

Bientôt, Alexandre se laissera persuader que toute la France redemande avec force le trône des lis. La molle opposition de l'Autriche disparaîtra devant la perspective d'une ample augmentation de territoire; la défection de tous les corps de l'état sera consommée. Talleyrand, ex-évêque d'Autun, ex-constituant, ministre du directoire, puis de l'empire, premier prince titulaire de la création de Napoléon, mais ayant, dit-on, contre lui un grave sujet de ressentiment, tint le principal fil de cette grande intrigue. Président du sénat, il n'eut pas de peine à décider les membres de ce corps, guidés alors, comme ils le furent toujours, par des considérations d'intérêt individuel, à proclamer la déchéance du souverain aux pieds duquel ils s'étaient si lâchement prosternés. Afin qu'aucun genre d'opprobre ne manque à leur honte, ils joignent l'insulte à leur défection. Comme tout ce qui est vil, ils ne savent effacer leurs bassesses passées que par d'autres bassesses changées d'objet. Napoléon, en apprenant l'acte de ces hommes, s'écrie, indigné : « Le sénat s'est permis de disposer du gouvernement français; il a oublié que l'Empereur a sauvé une partie de ses membres de l'orage de la révolution, tiré de l'oubli et protégé l'autre contre la haine de la nation... Comme premier corps de l'état, il a pris part à tous les événemens... *Un signe était un ordre pour le sénat qui toujours faisait plus qu'on ne* désirait de lui... Si l'enthousiasme s'est mêlé dans les adresses et les discours publics, alors l'Empereur a été trompé; mais ceux qui lui ont tenu ce langage doivent s'attribuer à eux-mêmes la suite de leurs flatteries... Si long-temps que la fortune est demeurée fidèle à leur souverain, ces hommes sont restés fidèles; et nulle plainte n'a été entendue sur les abus du pouvoir. »

Ainsi, dans la défection de presque tous les suppôts de son despotisme, Napoléon recueille le fruit de sa complaisance à sacrifier à la vanité et aux intérêts de ce qu'il y avait au monde de plus corrompu, les intérêts les plus chers d'une nation éclairée, ses libertés.

Quoique l'occupation de la capitale et la défection de son sénat ne fussent point son seul malheur; malgré la reddition prématurée de Lyon, mollement défendu par un de nos capitaines, jadis les plus braves, par Augereau; celle de Bordeaux, livré par son maire, le comte de Lynch, d'ancienne noblesse, au duc d'Angoulême et aux Anglais; nonobstant enfin plusieurs autres désavantages, fruit de la position où beaucoup d'ambitions se trouvent placées par les prétentions désormais alarmantes de la maison de Bourbon, Napoléon ne fut pas abattu. « Son plan était arrêté. Il devait entrer de suite dans Paris, à la faveur de l'obscurité. Toutes les classes inférieures du peuple auraient attaqué en même temps les alliés dans les maisons; et ceux-ci, ayant à combattre contre des troupes qui connaissaient les localités, auraient été taillés en pièces, et contraints d'abandonner la ville avec une perte immense. Le peuple était tout prêt. Une fois chassés de Paris, la masse de la nation se serait soulevée contre eux. »

Malheureusement des hommes qui lui devaient tout, qu'il avait élevé au sommet des grades militaires, séparant des embarras de sa position la fortune qu'il leur avait faite, le poussaient à abdiquer en faveur de son fils, et lui faisaient trop sentir, par leur insistance, que, s'il s'y refusait, leur appui lui manquerait. Ils se targuaient de la déclaration faite par les souverains alliés, qu'ils ne traiteraient point avec 'Empereur. Napoléon s'imagina trop sans doute qu'aux dispositions de ces chefs était attachée la fidélité de l'armée. « On veut, s'écriat-il, me faire abdiquer en faveur du roi de Rome (1); je le ferai, *puisqu'on le désire*, mais ce n'est pas l'intérêt de la France. » Pour comble de malheur, son abdication conditionnelle n'est pas acceptée : on la veut absolue. Pourtant les ennemis de Napoléon devaient s'attendre à ce que ce caractère, qu'ils avaient sujet de croire opiniâtre, et que tant de circonstances extraordinaires avaient dû tremper, opposerait à cette extrême rigueur une

---

(1) C'était le titre qu'on donnait au prince impérial.

extrême résistance; et, peut-être aussi aurait-il tenté l'exécution du plan qu'on l'a plus haut entendu révéler, ou se serait-il jeté au centre de la France, où le dévoûment de ses soldats pouvait lui offrir quelques chances de succès encore, sans la défection d'un maréchal dont il avait surveillé l'éducation militaire et ensuite l'avancement, *avec la sollicitude d'un père*. Marmont, trop piqué des reproches que lui avait adressés l'Empereur dans le premier mouvement du dépit qu'il avait ressenti de la reddition de Paris, venait de conclure une convention particulière avec Schwartzemberg. Ses troupes, en s'éloignant, découvrirent leur Empereur, et le mirent presqu'à la discrétion de l'ennemi; troupes, braves cependant!.... Elles ne furent pas complices de la trahison de leur chef, qu'elles ne pénétrèrent qu'au sein de Versailles, où les cernaient les innombrables masses des coalisés. Alors, elles poussèrent des imprécations de rage, mais vainement.

Dès-long-temps avant, Marmont avait été préparé au parti qu'il venait de prendre, par l'influence de son épouse, l'une de *ces tiges anciennes*, que Napoléon, croyant cimenter son autorité, avait tant à cœur d'unir à ses lieutenans: juste prix d'une politique égoïste! c'était aussi cette même politique, fausse autant qu'intéressée, qui avait déterminé la nomination du comte de Lynch à la place de maire de Bordeaux, qu'il avait livré. Les hommes qui flattaient le plus ce funeste entrainement de l'Empereur vers l'aristocratie, étaient ceux auxquels il accordait le plus de confiance. C'est ainsi que Clarke, l'un de ces esprits obtus qu'émerveille l'avantage d'une antique origine, Clarke, général dont toutes les campagnes s'étaient faites dans les anti-chambres, ou tout au plus au sein des bureaux, Clarke, militaire incapable sous l'empire, autant que diplomate inhabile sous la république, mais habile généalogiste, a le porte-feuille de la guerre, dans l'occurence la plus grave! Jusqu'au temps du malheur, il fut serviteur obséquieux de Napoléon : plus tard, il obtint un ministère en le dénigrant.

L'Empereur s'est résigné ; il rédige et signe une nouvelle formule d'abdication ainsi conçue : « Les puissances alliées ayant proclamé que l'Empereur Napoléon était le seul obstacle au rétablissement de la paix en Europe, l'Empereur, fidèle à son serment, déclare qu'il renonce, pour lui et ses héritiers, aux trônes de France et d'Italie, parce qu'il n'est aucun sacrifice, même celui de la vie, qu'il ne soit prêt de faire à l'intérêt de la France. »

Cet acte porte la date du 11 mars. Après l'avoir signé, Napoléon s'était trouvé comme allégé d'un lourd fardeau, au rapport de quelques-uns ; selon d'autres au contraire, il fut tellement atterré de sa chûte, qu'il forma immédiatement la résolution de n'y pas survivre, et dès le soir même, prit un poison que Cabanis avait inventé. Ces deux versions opposées nous paraissent également invraisemblables, et sont démenties, l'une par le caractère ; l'autre, par les principes connus de l'Empereur. Ambitieux comme il l'était, il ne put considérer de sang-froid la perte d'une couronne, mais il émit trop souvent l'opinion que le suicide était au moins un acte de faiblesse, pour qu'on puisse supposer qu'il ait eu l'intention de l'imposer comme terme à une vie qui avait brillé de tant courage. Nous citerons d'abord ces paroles d'un ordre du jour adressé à sa garde en l'an x, au sujet d'un soldat qui avait mis volontairement fin à ses jours. « Un soldat doit savoir vaincre la douleur.... Il y a autant de vrai courage à souffrir avec constance les peines de l'âme, qu'à rester fixe sur la mitraille d'une batterie. » S'abandonner au chagrin sans résister, se tuer sans s'y soustraire, c'est abandonner le champ de bataille avant d'avoir vaincu. »

Plus tard il devait dire : « Il faut laisser le suicide aux âmes mal trempées et aux cerveaux malades. Quelle que soit ma destinée, je n'avancerai jamais ma fin dernière d'un seul moment. » Et ailleurs : « Cela a toujours été mon principe, qu'un homme montre plus de courage réel dans la patience et la résistance, au milieu des calamités qui lui arrivent, qu'en se détruisant. Ce dernier parti est celui d'un joueur qui a tout perdu, ou d'un prodigue ruiné, et ne prouve qu'un manque de courage. »

Un aveu postérieur de Napoléon rend plus improbable encore la sinistre résolution qu'on lui a prêtée. En signant l'abdication de Fontainebleau, il concevait l'espoir de reconquérir bientôt un trône vers lequel il prévoyait que les fautes du nouveau gouvernement lui ouvriraient un retour facile. Pourtant, si l'on ajoute foi à ses confidences, il devait être ramené, moins par l'ambition de *reconquérir un trône*, que par la nécessité *d'acquitter une dette*, dans le cas où son successeur ne satisferait pas le vœu de la France.

Les vomissemens irrécusables du 11 avril s'expliquent facilement par la commotion que dut produire, dans Napoléon, le grand événement de cette journée. « Il était suffoqué, blessé dans ses affections les plus chères, dit, à cette occasion, le docteur Antomarchi, qui l'a assisté à ses derniers jours; il eut un débordement de bile affreux, mais jamais il n'eut la pensée d'abréger ses jours. »

On doit donc regarder l'anecdote de l'empoisonnement de l'Empereur, en 1814, comme fort douteuse au moins, si même on ne doit la ranger sur la même ligne que l'aventure tant rebattue du ballon du champ de Mars, et l'intention d'une émigration chez les Turcs, en 1794 : l'une et l'autre formellement désavouées par Napoléon.

L'Empereur trouvait au-dessous de sa dignité de faire avec les alliés aucune convention personnelle ; mais le petit nombre de personnes qui lui étaient demeurées attachées dans son malheur, stipulèrent, pour lui et sa famille, des conditions dont l'exécution devait être éludée, en grande partie, par le nouveau gouvernement. Il eut la souveraineté de l'île d'Elbe, où une croisière anglaise devait l'observer : celle de Parme et de Plaisance dut échoir à ses héritiers. Il conserva son titre d'*empereur*; un revenu modéré, mais suffisant s'il eût été payé fidèlement, fut alloué, non seulement à lui, mais encore aux divers membres de sa famille, et à l'ancienne impératrice, Joséphine, dont le pied déjà touchait la tombe. Telles furent les bases principales du traité de Fontainebleau.

Lord Castlereagh avait fait offrir au souverain détrôné un asile en Angleterre : était-ce un piége? On peut au moins croire qu'un an plus tard cette offre influa sur la détermination prise par l'Empereur de se confier à la générosité anglaise.

Napoléon demeura à Fontainebleau jusqu'au 20. A ce jour, il dut se séparer enfin des soldats de sa garde; il descendit dans les cours où ces vieux braves étaient rangés pour l'attendre, et péniblement préparés à une dernière entrevue. « Soldats de ma vieille garde, leur dit-il d'une voix émue, je vous fais mes adieux.... Depuis vingt ans, je suis content de vous, je vous ai toujours trouvés sur le chemin de la gloire.

» Avec vous et les braves qui me sont restés

fidèles, j'aurais pu entretenir la guerre civile pendant trois ans; mais la France eût été malheureuse.

» Soyez fidèles au nouveau roi que la France s'est choisi; n'abandonnez pas notre chère patrie, aimez-la toujours, aimez-la bien cette chère patrie!

» Ne plaignez pas mon sort; je serai toujours heureux lorsque je saurai que vous l'êtes.

» J'aurais pu mourir: rien ne m'eût été plus facile; mais je suivrai sans cesse le chemin de l'honneur (1); j'ai encore à écrire ce que nous avons fait.

» Je ne puis vous embrasser tous, mais j'embrasserai votre général... Venez, général... (Il serre dans ses bras le général Petit) Qu'on m'apporte l'aigle.... Chère aigle! que ces baisers retentissent dans le cœur de tous les braves!.... Adieu, mes enfans!... mes vœux vous accompagneront toujours; conservez mon souvenir. »

Il ne put de même faire ses adieux à son épouse et à son fils. En vain on lui avait fait la promesse

---

(1) Ces paroles qui font connaître les principes de l'Empereur relativement au suicide, corroborent l'opinion que nous avons émise au sujet de celui dont on lui a supposé l'intention. Se serait-il exprimé ainsi, ayant la conscience d'une tentative aussi récente, faite dans le but d'abréger ses jours?

qu'ils se rejoindraient : il ne doit plus les revoir.

Quatre cents braves suivent avec lui la route de l'exil. La garde toute entière s'était offerte; mais un *maximum* avait été déterminé par les *hauts souverains*. Néanmoins, les généraux Bertrand, Drouot, Cambronne, et quelques officiers de la maison de l'Empereur, qui ne faisaient point partie du nombre fixé, obtinrent de partager l'exil de l'île d'Elbe, ayant déclaré qu'ils ne pouvaient consentir à se séparer de leur bienfaiteur devenu malheureux.

Plus tard, Napoléon eût pu réunir autour de lui plusieurs milliers de ses anciens compagnons de gloire, si ses moyens eussent pu suffire à les entretenir. Tous les jours de vieux soldats abordaient dans l'île, malgré les mesures de surveillance les plus rigoureuses maintenues par les gouvernemens anglais et autrichien. Napoléon se voyait forcé de refuser leurs services. Dans les commencemens, il avait permis à des officiers de prendre du service auprès de lui comme simples soldats; bientôt il dut s'interdire même cette faveur, car c'en était une.

La colonie impériale s'embarqua à Saint-Cephan sur une frégate anglaise : Napoléon regardant comme une honte pour la nation, dont il quittait le gouvernement, qu'un de ses bâtimens le conduisît au lieu de sa détention.

Tandis que l'Empereur et sa suite fidèle s'installaient sur la terre d'exil, Paris offrait le spectacle des scandales qui se voient à tous les changemens politiques importans. Quand les intérêts privés des principaux acteurs de la grande scène qui venait de se passer eurent été réglés, il resta à satisfaire les intérêts publics, auxquels les hommes d'état n'accordent toujours qu'une pensée tardive.

On n'attachait que peu d'importance à un modèle de constitution que le sénat avait rédigé, pour avoir l'occasion probablement d'y stipuler ses intérêts et sa conservation comme corps de l'état; mais le roi lui-même avait dit dans une déclaration datée de Saint-Ouen, le 3 mai, veille de son entrée dans Paris : « Résolu *d'adopter* une constitution libérale, nous convoquerons le sénat et le corps législatif, *nous engageant à mettre sous leurs yeux* le travail que nous aurons fait avec une commission choisie dans le sein de ces deux corps. » On était autorisé à croire, par ces paroles, que la constitution de l'état serait librement discutée : quel ne fut pas l'étonnement public, quand le ministre d'Ambray vint annoncer que le roi, » en pleine possession de ses droits héréditaires, ne veut exercer *l'autorité* qu'il tient *de Dieu et de ses pères*, qu'en posant *lui-même* les bornes de son pouvoir.... qu'il *déploie l'appareil imposant de la royauté, pour apporter à son peuple le bienfait précieux d'une ordonnance de réformation.* » Dès-lors le germe du mécontentement se glissa dans cette classe éclairée, aujourd'hui nombreuse, dont les gouvernemens n'obtiennent la confiance et l'affection que par des garanties franches et entières.

On n'avait pas attendu si long-temps pour exaspérer l'élite de l'armée, ulcérée déjà par ses revers. Les hommes influens du nouveau pouvoir avaient poussé l'oubli de toute convenance, ou la cruauté, jusqu'à vouloir que les soldats de la vieille garde ornassent l'entrée triomphale du souverain dont le retour était la conséquence de leurs malheurs; ces vieux braves y parurent, mais mornes, silencieux, laissant percer sur leurs mâles visages le mécontentement dont leurs cœurs étaient aigris. Ils déplurent; on les éloigna de la capitale, pour y appeler des troupes de ligne; mais les sentimens de ces troupes étaient les mêmes. Au ressentiment d'une plaie récente, se joignait, dans l'âme de tous les soldats, l'indignation, partagée par la France entière, d'entendre des hommes, nouveaux également pour eux et pour elle, sortant d'un exil où leurs fautes les avaient jetés, calomnier, ravaler notre gloire; une gloire qui, vingt-cinq ans, avait été leur honte, des victoires remportées dans le but de repousser leur joug odieux.

Mais leur indignation s'accrut, quand ces mêmes hommes leur furent donnés pour chefs; quand on leur ravit leurs officiers, compagnons à la fois de leurs succès et de leurs revers. D'un autre côté, ces hommes incorrigibles, obéissant au même égoisme qui, vingt-cinq ans avant, les avait guidés, non contens de voir rétablie la dynastie dont les intérêts avaient jusqu'alors servi de prétexte à leurs déclamations anti-nationales, croyaient que rien n'était reconquis, s'ils ne voyaient renaître, à leur profit, cette foule d'abus dont le peuple entier avait si énergiquement rejeté le joug.

Ils alarmaient les acquéreurs de biens nationaux par leurs insinuations imprudentes, et les habitans des campagnes, par leur arrogance; ils en vinrent à faire craindre le retour de la féodalité. Le clergé sembla aussi croire le temps venu de relever son ancienne influence; on redouta ses usurpations. Beaucoup de ses membres agitèrent, au sein des populations étonnées, les torches de l'intolérance.

Plus tard, les restrictions apportées à la liberté de la presse, devenue une clause illusoire de la charte constitutionnelle, et d'autres mesures contre-révolutionnaires, achevèrent d'aliéner l'opinion au nouveau gouvernement.

D'abord la satisfaction avait été générale. On n'avait vu que la paix et le monarque dont on proclamait les libérales intentions. Bientôt on vit moins la paix; on vit moins le roi; on vit plus ses entours, cette foule d'hommes avides, étrangers à nos mœurs, en arrière de nos lumières, et prétendant à nous dominer!... L'ancien régime s'offrit, comme un épouvantail, à toutes les imaginations.

Presque tous les regards se portèrent alors vers l'île d'Elbe. De deux maux, on choisissait le moindre. L'idée du despotisme de Napoléon excitait moins d'éloignement, inspirait moins de craintes, que les prétentions de l'émigration. On songeait que, sous son règne, il y avait beaucoup plus d'égalité de fait au moins; car ces institutions, dignes du moyen âge, germe trop tôt fécondé d'une aristocratie nouvelle, n'en laissaient pas espérer pour l'avenir beaucoup davantage.

Cependant Napoléon, qui semblait avoir pour toujours abjuré ses penchans militaires et ses désirs de puissance et de gloire, paraissait concentrer toute sa prodigieuse activité vers le but de la prospérité agricole et commerciale du petit pays dont il avait la souveraineté. De tous ses titres passés, il ne faisait plus valoir que celui de *grand entrepreneur*, que lui avaient mérité du peuple de Paris, les monumens utiles ou majestueux dont il couvrit le sol de cette capitale, celui de la France et d'une partie de l'Europe. En quelques mois, les Elbois virent de nombreuses routes sillonner leur île presque impraticable auparavant au voyageur, des plantations embellir leurs campagnes, des fontaines s'élever pour les besoins et l'ornement de leur métropole. Le respect que toute l'Europe, et les états barbaresques même, portaient au nom de leur souverain, était passé à leur pavillon; leur commerce s'étendait; ils s'enrichissaient du tribut que le génie de l'homme, auquel leur sol servait d'asile, imposait à la curiosité européenne. Napoléon surveillait personnellement l'exécution des travaux ordonnés dans des vues d'utilité publique. C'est du sein de ces paisibles occupations que jaillit subitement le projet de l'expédition la plus gigantesque. Il connaissait l'état où se trouvait la France. Une révolution y était devenue inévitable; elle pouvait être républicaine; elle pouvait laisser la couronne à la dynastie régnante, à certaines conditions, ou la transmettre à un nouveau roi. On parlait d'Eugène. Napoléon, dans ces graves circonstances, pensa qu'il pourrait être accueilli comme un libérateur, surtout par les troupes; il comptait bien aussi sur le retour de l'affection populaire, quoiqu'il en fût moins certain.

Le 26 février, à une heure après-midi, la garnison de l'île d'Elbe, forte d'environ onze cents hommes, la plupart soldats de la vieille garde, reçut l'ordre de se tenir prête à partir. A huit heures du soir elle s'embarqua sur quatre bâtimens, dont le principal était le brick l'*Inconstant*, de vingt-six canons. Napoléon, en confiant encore une fois aux flots sa fortune, s'était écrié : « Le sort en est jeté! » L'allégresse animait sa petite troupe ; elle ignorait quelle était sa destination, mais Napoléon le savait ; elle était tranquille. Pourtant elle supposait que l'Italie était son but, peut-être Naples, quand l'Empereur leva tous ses doutes, en disant : « Grenadiers, nous allons en France, nous allons à Paris. » Le cri de *vive la France! vivent les Français!* proféré avec le plus vif enthousiasme, accueillit cette communication.

La petite escadre, échappée à la surveillance, fort peu sévère au moins, de la croisière anglaise, jeta l'ancre tout près de Cannes, dans le golfe Juan, le 1er mars, après une traversée de trois jours. Le bivouac de l'Empereur fut établi dans un champ d'oliviers. « Voilà, dit-il, un heureux présage; puisse-t-il se réaliser ! » Il détacha aussitôt, vers Antibes, un capitaine et vingt-cinq hommes, pour y insurger la garnison ; mais ils échouèrent et furent faits prisonniers par le gouverneur. C'est le seul échec qu'éprouvera l'Empereur dans toute sa marche jusqu'à Paris.

Des proclamations éloquentes, dans lesquelles il a dit depuis qu'était toute sa conspiration, annonçaient son triomphe et ne contribuèrent pas peu à le rendre facile. « Soldats! disait-il, en s'adressant à l'armée, nous n'avons pas été vaincus; deux hommes sortis de nos rangs ont trahi nos lauriers, leur pays, leur prince, leur bienfaiteur.

» Soldats! dans mon exil, j'ai entendu votre

voix ; je suis arrivé à travers tous les obstacles et tous les périls.

» Votre général, appelé au trône par le choix du peuple, et élevé sur vos pavois, vous est rendu : venez le joindre.

» Arrachez ces couleurs que la nation a proscrites, et qui, pendant vingt-cinq ans, servirent de ralliement à tous les ennemis de la France; arborez cette cocarde tricolore : vous la portiez dans nos grandes journées.... reprenez ces aigles que vous aviez à Ulm, à Austerlitz, à Jena, à Eylau, à Wagram, à Friedland, à Tudela, à Eckmühl, à Essling, à Smolensk, à la Moscowa, à Lutzen, à Wurtchen, à Mont-Mirail...

» Les vétérans des armées de Sambre-et-Meuse, du Rhin, d'Italie, d'Égypte, de l'Ouest, de la Grande Armée, sont humiliés; leurs honorables cicatrices sont flétries. Leurs succès seraient des crimes, les braves seraient des rebelles, si, comme le prétendent les ennemis du peuple, des souverains légitimes étaient au milieu des armées étrangères. Les honneurs, les récompenses, les affections, sont pour ceux qui les ont servis contre la patrie et nous.

» Soldats! venez vous ranger sous les drapeaux de votre chef : son existence ne se compose que de la vôtre; ses droits ne sont que ceux du peuple et les vôtres; son intérêt, son honneur, sa gloire, ne sont autres que votre intérêt, votre honneur et votre gloire. La victoire marchera au pas de charge; l'aigle, avec les couleurs nationales, volera de clocher en clocher jusqu'aux tours de Notre-Dame. Alors vous pourrez montrer avec honneur vos cicatrices; alors vous pourrez vous vanter de ce que vous aurez fait.

» Dans votre vieillesse, vous pourrez dire avec orgueil : « Et moi aussi je faisais partie de cette « Grande Armée qui est entrée deux fois dans les « murs de Vienne, dans ceux de Rome, de Berlin, « de Madrid, de Moscow... »

Sa proclamation au peuple n'était pas moins éloquente; il s'offrait à lui comme devant être désormais le soutien de ses droits : « Élevé au trône par votre choix, y disait-il, tout ce qui a été fait sans vous est illégitime. »

Ce fut en avant de Sisteron que la colonne impériale eut connaissance, pour la première fois, d'un détachement envoyé contre elle. Jusque là, elle avait marché sans trouver de troupes, au milieu des cris enthousiastes de toute la population. L'Empereur, à la proposition qui lui avait été faite par les paysans, en plusieurs endroits, de l'accompagner en masse, avait répondu : « Vos sentimens me font connaître que je ne me suis point trompé : ils sont pour moi un sûr garant des sentimens de mes soldats; ceux que je rencontrerai se rangeront de mon côté. Plus ils seront, plus mon succès sera assuré. Restez donc tranquilles chez vous. » Napoléon ne s'abusait point dans son espoir.

Le détachement avec lequel son avant-garde s'était rencontrée à Sisteron, avait retrogradé de trois lieues pour prendre position; il s'élevait à huit cents hommes, faisant partie de la garnison de Grenoble. L'Empereur leur envoya d'abord le chef d'escadron Raoul pour les haranguer; mais la défense qui avait été faite de communiquer, ayant rendu vains les efforts de cet officier, il y alla lui-même, suivi de ses grenadiers, se soutenant à peine après une longue marche, et portant leurs armes renversées. « Eh quoi! mes amis, s'écria-t-il, vous ne me reconnaissez pas? je suis votre Empereur. S'il est parmi vous un seul soldat qui veuille tuer son Empereur, il le peut.... » Un cri de *vive l'Empereur!* l'interrompit; et il compta, dans sa petite armée, huit cents braves de plus.

L'enthousiasme des habitans de Vizille surpassa tout ce qu'on avait vu jusqu'alors. « C'est ici (le Dauphiné), disaient-ils, qu'est née la révolution; c'est nous qui, les premiers, avons réclamé les priviléges des hommes. C'est encore ici que ressuscite la liberté française, et que la France recouvre son honneur et son indépendance. »

Entre Vizille et Grenoble, la colonne impériale fut abordée par un adjudant du 7e. de ligne. Il annonçait que le jeune Labedoyère, son colonel, « profondément navré du déshonneur qui couvrait la France, s'était détaché de la division de Grenoble, et venait au pas accéléré à la rencontre de l'Empereur. » C'est fortifié de ce régiment, que Napoléon se présenta devant les murs de cette ville.

Les portes en étaient fermées; mais les remparts retentissaient des cris de *vive l'Empereur!* proférés avec une ardeur égale par la garnison et par le peuple. Pas un soldat pourtant ne sortit des rangs pour ouvrir les portes; il fallut que la troupe extérieure les enfonçât; alors, assaillans et assaillis se mêlèrent avec des cris d'ivresse. Telle fut généralement la manière dont les troupes secondèrent le retour de Napoléon. Elles ne furent point séditieuses. Tant qu'elles demeurèrent sous le drapeau royal, leur coopération fut toute *négative*; elles n'employèrent d'autre force, pour assurer le triomphe de leur ancien chef, que la *force d'inertie*. Mais une preuve irréfragable du sentiment patriotique qu'elles nourrissaient, c'est que chaque soldat avait en réserve, au fond de son sac, sa vieille cocarde aux couleurs nationales, et qu'on n'eut aucun besoin d'en distribuer. « C'est la même, disaient-ils en passant devant l'Empereur, que nous portions à Austerlitz; celle-ci, disaient d'autres, nous l'avions à Marengo. »

A peine l'Empereur fut-il installé dans le logement qui lui avait été destiné, qu'on annonça une députation de Grenoblois : « Nos magistrats, dit leur orateur, ont refusé d'ouvrir les portes; nous vous les apportons. » Et effectivement, ils en apportaient les débris.

C'est à Grenoble que Napoléon s'écria : «Tout est décidé maintenant, nous sommes sûrs d'aller à Paris. »

L'Empereur partit de Grenoble le 9; les témoignages de l'ivresse populaire continuèrent de l'accompagner dans sa route. « Il y a long-temps que nous vous attendions, disaient les habitans de Bourgoin; vous voilà enfin arrivé pour délivrer la France de l'insolence de la noblesse, des prétentions des prêtres, et de la honte du joug de l'étranger. »

Napoléon marchait entouré d'une multitude de paysans faisant retentir l'air de chants patriotiques. A ce tableau, qui lui rappelait une autre époque de liberté et de gloire, que lui aussi avait accueillie de quelque enthousiasme, il s'écria : « Je retrouve ici les sentimens qui, il y a vingt ans, me firent saluer la France du nom de grande nation ! Oui, vous êtes toujours la grande nation, et vous le serez toujours. »

A Lyon, l'Empereur fut reçu comme il l'avait été sur toute la route. Vainement le maréchal Macdonald, le duc d'Orléans, le comte d'Artois (1),

_____

(1) Aujourd'hui Charles x.

s'y étaient rendus pour y organiser quelque résistance à l'audacieux mais populaire envahisseur. Ni l'argent, ni les promesses, ni les menaces, ni les prières, ne purent déterminer un seul soldat à le combattre. Passant devant le 13e de dragons, le comte d'Artois avait dit à un de ses vétérans : « Allons, mon camarade, crie donc *vive le roi!* — Non, monsieur, avait répondu le vieux brave; aucun soldat ne combattra contre son père; je ne puis vous répondre qu'en criant *vive l'Empereur!* Et cette réponse, accueillie par les acclamations du régiment, avait arraché au prince ce mot de détresse : « Tout est perdu! »

Le frère du roi vit sa garde lyonnaise, garde composée de nobles en majorité, l'abandonner, à l'exception d'un seul homme, dont l'Empereur voulut récompenser la fidélité. « Je n'ai jamais, dit-il, laissé une bonne action sans récompense ». Et il lui donna la croix de la légion d'honneur. Moins heureux encore que le comte d'Artois, Macdonald faillit succomber à la poursuite de quelques hussards.

L'enthousiasme s'était élevé à son plus haut période, il ne pouvait plus croître; mais de Lyon à Paris, il se soutint.

Ce fut à Auxerre que le maréchal Ney vint faire sa soumission à son ancien chef. En partant des Tuileries, il avait trop promis : sa conduite, à cette période de notre histoire, prouva que le plus grand courage guerrier ne suppose pas toujours le courage moral, le courage politique. Pourtant Ney, malgré la faiblesse de son caractère, qui le soumettait à trop d'influences, avait, quand il se trouvait abandonné à lui même, le cœur d'un vrai patriote. « Sire, dit-il à l'Empereur, dans son entrevue d'Auxerre, je vous aime, *mais la patrie avant tout !* »

Napoléon arriva à Fontainebleau le 20 mars; il voulut entrer le soir même dans la capitale, sans autre cortége que celui d'une centaine d'hommes faisant partie des troupes campées à Ville-Juif pour arrêter sa marche, sans autre pompe que la splendeur de son triomphe.

Cette résolution fut déterminée par l'impatience de son caractère; c'est ainsi qu'il y était rentré après son retour d'Égypte, de Marengo, d'Austerlitz, de Tilsitt même, sans se soumettre au retard d'un vain cérémonial, ridicule mascarade propre à émouvoir la curiosité d'une foule au moins frivole, mais au-dessous de son esprit naturellement grand.

Il se mêla à son impatience un autre motif empreint d'une légère teinte de superstition : c'était le 20 mars, jour anniversaire de la naissance de son fils; un jour heureux! il ne se serait décidé, par cette seule raison, qu'avec beaucoup de peine, à différer son entrée jusqu'au lendemain.

Ses ennemis arguèrent contre sa popularité de

cette entrée nocturne (à huit heures du soir); ils prétendirent qu'elle n'était pas sans intention; qu'il avait voulu éviter la manifestation d'une opinion hostile; et persévérèrent dans cette absurde prétention, malgré que les acclamations universelles de faveur des jours suivans l'eussent réfutée surabondamment.

Néanmoins, nous en conviendrons : une politique bien entendue commandait que l'Empereur n'entrât à Paris qu'environné de ses fidèles grenadiers de l'île d'Elbe, et d'une partie des troupes que le gouvernement, qui venait de s'évanouir, avait envoyées pour le combattre. Ces sortes de spectacles sont, il est vrai, le mépris du sage, qui n'y voit que du charlatanisme; mais la raison publique est si loin encore d'être entièrement débarrassée de ses langes! Et si l'élite des nations a atteint le sommet de la civilisation, tant d'hommes se trouvent dans leur sein, qui à peine commencent d'en gravir la base! Tant d'hommes encore, comme de vrais enfans, se laissent séduire par de vaines parades !

La soumission de Paris entraîna celle de toute la France. La duchesse d'Angoulême, après de vaines tentatives faites à Bordeaux auprès des troupes pour les engager à défendre une cause désespérée, s'était vue forcée de s'embarquer précipitamment. Huit jours plus tard, son époux, qui s'était avancé au cœur du Dauphiné, suivi de quelques mille partisans et de deux ou trois régimens de ligne, était forcé de se rendre à discrétion, par la défection de ces régimens, et par la valeur et la supériorité numérique des troupes impériales.

L'Empereur transmit, par le télégraphe, l'ordre de faire embarquer sur-le-champ le prince à Cette. Quelques personnes lui conseillant des mesures acerbes, il répondit : « Je veux pouvoir me vanter d'avoir reconquis mon trône, sans qu'une goutte de sang ait été versée, ni sur le champ de bataille, ni sur l'échafaud. »

Il ne mit pas long-temps à reconstituer la tête de l'administration. Les Bourbons, d'ailleurs, n'avaient pas tout éliminé. Beaucoup de hauts fonctionnaires qui avaient, grâce à leur souplesse, conservé leurs emplois après sa chute, les gardèrent après son retour, et eurent encore le secret de n'être point impliqués dans sa seconde infortune. Que d'ignominies mit au jour la rapidité des événemens! Des adresses revêtues des mêmes signatures, les unes exprimant le dévoûment le plus absolu à la royauté chancelante, les autres (postérieures de quelques jours), un attachement non interrompu à la dynastie impériale alors triomphante, arrivèrent simultanément aux Tuileries. Là, des lettres, des placets, abandonnés sur une table dans le cabinet du roi, révélèrent à Napoléon bien des défections, bien des lâchetés, bien des outrages de la part des personnages qui venaient de solliciter et d'obtenir de lui des emplois. Sa première pensée fut de faire imprimer ces pièces et de retirer ses bienfaits; mais nous sommes si volatils, si inconséquens, si faciles à enlever, qu'il ne demeurait pas prouvé que ces mêmes gens ne fussent revenus réellement de bon cœur à lui; et il allait peut-être les punir, quand ils recommençaient à bien faire.... Il valait mieux ne pas savoir : il fit tout brûler. Tel était Napoléon : indulgent pour les vices et les faiblesses honteuses, il ne redoutait que les passions généreuses et nobles; à elles seules, il ne pardonnait jamais entièrement.

Pourtant il se repentit de n'avoir pas fait compulser tous ces papiers; il pensa qu'il aurait pu s'y trouver des révélations qui l'eussent mis en garde contre les trahisons dont l'armée fut victime à Waterloo.

Parmi ces lettres, il s'en trouva une de l'épouse d'un de ses annoblis à l'une de ses amies : « Nous sommes délivrés de cet homme, y disait-elle, et nous aurons les Bourbons. Dieu soit loué ! *nous serons donc de vraies comtesses !* » Ainsi Napoléon, en instituant une noblesse, s'était abusé doublement dans sa politique; c'était un renfort qu'il créait à ses ennemis. La plupart ne lui jugeaient pas le droit de les illustrer, et attendaient, du souverain de l'ancienne dynastie, la confirmation de leurs titres; tout comme les évêques qu'il nommait ne se croyaient point légitimes prélats, si le pape n'avait pas approuvé leur exaltation.

Les émigrés qui avaient vécu près de lui, comblés de ses bienfaits, ayant vis-à-vis des princes rétablis les torts les plus graves, furent aussi ceux qui accumulèrent, contre Napoléon terrassé, le plus d'outrages. Pourtant les nominations aux principaux emplois de la cour prouvèrent qu'il avait conservé sa malheureuse passion pour les grands seigneurs d'autrefois; il lui en fallait à tout prix; s'il n'eût point été entouré de l'ancienne noblesse, il se serait cru au milieu de la république. Le plus grand nombre d'entre eux l'avaient lâchement renié en 1814, et étaient devenus les plats valets des Bourbons; mais il n'en voulait rien croire; il avait la faiblesse de tous les princes, de regarder ses courtisans les plus bas, comme ses sujets les plus dévoués (1). »

Une autre faute de Napoléon, ce fut de rappeler à la tête des armées des généraux presque universellement accusés de trahison, en qui les troupes n'avaient nulle confiance, et qui, au moins las ou usés, avaient montré plus d'ardeur à conquérir leur repos qu'à défendre l'indépendance et la liberté de leur patrie.

---

(1) M. Fleury de Chaboulon, baron, secrétaire de l'Empereur.

Cependant, les premiers jours qui suivirent son retour, l'Empereur affectait de répondre aux protestations d'attachement des courtisans : « Ce sont les gens désintéressés qui m'ont ramené à Paris ; ce sont les sous-lieutenans et les soldats qui ont tout fait ; c'est au peuple, c'est à l'armée que je dois tout. »

Et d'abord il avait paru déterminé à en témoigner au peuple sa reconnaissance, en ne s'occupant plus que de ses intérêts et de ses vœux : « Les Français seront contens de moi, avait-il dit. Je sens qu'il y a du plaisir et de la gloire à rendre un grand peuple libre et heureux. Je donnerai à la France des garanties : je ne lui avais point épargné la gloire, *je ne lui épargnerai point la liberté.* »

On rapportait, en outre, de lui, diverses paroles propres à faire croire qu'il voulait quitter l'ornière gothique dans laquelle il s'était engagé sur les pas des anciennes monarchies, pour rentrer dans celles de la philosophie et de la raison ; il défendit qu'on employât désormais dans ses lettres familières cette formule, *Sur ce, je prie Dieu qu'il vous ait en sa sainte garde*, en disant : « Il faut laisser toutes ces antiquailles ; elles sont bonnes pour les rois par la grâce de Dieu. »

Ce changement, opéré momentanément dans les procédés politiques de Napoléon, fut le produit des témoignages de l'ivresse publique, témoignages qui l'émurent si profondément, que, de son aveu, l'époque qui l'en vit l'objet fut la plus heureuse de sa vie. Plus tard, l'intègre et si judicieux Carnot, son ministre de l'intérieur, ne cessa de lui proposer des réformes qui eussent achevé de le rendre un monarque entièrement populaire. « Les Français, lui disait-il, sont devenus un peuple libre. Ce titre de *sujet*, que vous leur donnez sans cesse, les blesse et les offusque; appelez les *citoyens*, ou nommez les vos enfans. Ne souffrez pas non plus qu'on appelle *monseigneur* vos ministres, vos maréchaux, vos grands officiers : il n'y a pas de *seigneurs* dans un pays où l'égalité fait la base des lois : il n'y a que des *citoyens* (1). »

---

(1) Carnot, faisant un sacrifice de ses principes à son patriotisme, avait accepté le titre de comte, pour ne pas, dans des circonstances aussi graves que celles où l'on se trouvait, donner l'exemple d'une intempestive opposition, au sein même du ministère; mais il ne se soumit pas à cette nécessité de son anoblissement, sans en avoir exposé le ridicule. « On propose aux fondateurs de la république, dit-il à l'Empereur dans une lettre, des rubans au lieu de palmes, et des broderies au lieu de couronnes de chêne! Était-ce donc avec des rubans que vous faisiez le blocus de Mantoue, ô vainqueur de l'Italie! Et quand Bonaparte fit baisser la paupière à l'aigle autrichienne, était-ce devant un habit doré, ou devant sa redingote grise? » Mais l'illustre patriote ajoutait : « Mon imprudent refus va livrer à la dérision le monarque, et à l'instabilité intérieure la nouvelle monarchie... C'est quand l'état

Mais déjà avait paru un appendice aux sénatus-consultes, seule constitution antérieure de l'Empire, dont cet acte parut à l'opinion la continuation plutôt que la réforme : et ce fut là son plus grand défaut. Quoiqu'il maintînt l'aristocratie et laissât au souverain une part d'autorité un peu trop forte, il garantissait plus de liberté qu'il n'y en avait dans la charte royale; mais ce n'était point assez. On aurait désiré que les intérêts du peuple fussent réglés par le peuple, à la suite immédiate d'une révolution opérée par lui; car l'armée, principal instrument de l'expulsion de l'ancienne dynastie, sort du peuple et y retourne. Les paroles de l'Empereur aux Lyonnais avaient d'ailleurs encouragé cet espoir : « Je reviens pour protéger et défendre les intérêts que notre révolution a fait naître; je reviens pour *concourir, avec les représentans de la nation*, à la formation d'un pacte de famille, qui conserve à jamais la liberté et les droits de tous les Français... Je veux vous donner une constitution inviolable, et *qu'elle soit l'ouvrage du peuple et de moi.* » Mais, tombant dans la même faute que son successeur avait commise, il produisit aussi, sous le nom *d'acte additionnel aux constitutions de l'Empire*, son acte de réforma-

---

est tranquille, quand son chef est heureux, qu'on peut appeler de ses actes à l'opinion nationale. » Il se résigna.

tion, devant être soumis, à la vérité, à l'acceptation de la nation, mais non point, selon la promesse impériale, à la discussion de ses représentans. En vain les amis d'une sage liberté, qui avaient été appelés à la confection de cet acte, les Benjamin Constant, les Carnot, les amis même de Napoléon, MM. de Crés, Caulincour, etc., cherchèrent à lui inspirer une résolution contraire. Déjà il faisait moins un appel à l'amour du peuple qu'aux *vieux bras de l'Empereur*. On le crut impatient de se soustraire, par la victoire, au joug de la reconnaissance que la faveur nationale lui avait imposée; et dès-lors il fut perdu dans l'opinion des hommes éclairés.

Ce ne fut point la forme seule dans laquelle eut lieu la présentation de l'acte additionnel, que l'on blâma : plusieurs de ses rédacteurs avaient voté pour une seule chambre; et le plus grand nombre eût désiré que la dignité de pair ne fût au moins que viagère. Caulincourt avait fortement appuyé cet avis. Ce fut surtout à cette hérédité de la pairie, que s'attacha l'animadversion générale : le peuple des provinces, bien moins instruit qu'on ne se l'imagine dans la capitale sur les institutions politiques, principalement secondaires, ne croyait pas que les titres impériaux fussent transmissibles à la descendance des titulaires; néanmoins la conservation de la nouvelle noblesse fut loin d'obtenir son assentiment.

Les députés apportèrent, de leurs départemens, les germes du mécontentement que l'acte additionnel y avait fait naître : il pénétra dans la chambre des pairs, quoique les membres en fussent de la nomination de l'Empereur : mais il les avait pris parmi les hommes désignés par l'opinion. En vain, pour effacer l'impression fâcheuse de son addition constitutionnelle, dans une assemblée qu'il a convoquée à Paris, sous le nom de *Champ-de-Mai*, et où se sont réunies de nombreuses députations du peuple et de l'armée, Napoléon a dit : « Empereur, consul, soldat, je tiens tout du peuple. Dans la prospérité, dans l'adversité, sur le champ de bataille, au conseil, sur le trône, dans l'exil, la France a été l'objet unique de mes pensées et de mes actions. Français ! ma volonté est celle du peuple ; mes droits sont les siens ; mon honneur, ma gloire, mon bonheur, ne peuvent être autres que l'honneur, la gloire et le bonheur de la France. » La méfiance s'était établie entre le chef de l'état et les représentans de la nation. Ceux-ci craignirent la guerre ; ils craignirent également et ses revers, et ses victoires : ses revers, qui eussent ramené l'étranger sur le sol de la patrie ; ses victoires, dont Napoléon se serait appuyé pour rétablir son autorité despotique.

De son côté, l'Empereur croyait voir des semences de républicanisme dans toutes les étincelles de patriotisme et de liberté ; il ne se prêtait qu'avec répugnance à l'organisation définitive et à l'armement des fédérés formés dans le premier élan. Leur orateur avait terminé une harangue, tout empreinte des sentimens les plus libéraux, par le triple cri de *vive la nation! vive la liberté! vive l'Empereur!* Et cette circonstance avait suffi pour éveiller en lui les craintes que lui avaient, de tout temps, inspirées ces associations populaires, qui, vingt cinq ans avant, avaient si efficacement contribué à la chûte de la royauté. « Sous prétexte que le nombre des fusils n'était point suffisant, il ne fit donner des armes qu'aux fédérés de service, en sorte qu'elles passaient journellement de main en main, et ne restaient par conséquent en la possession de personne (1). » Ainsi, Napoléon redoutait de laisser un trop libre essor à l'énergie populaire, craignant qu'elle ne réagît contre lui, car il n'ignorait pas le service qu'il en pouvait retirer. « Ils ne connaissent pas ma force, disait-il, en parlant des souverains alliés; si je mettais le bonnet rouge, ils seraient tous perdus. » Il n'eût pas eu besoin de mettre le *bonnet rouge*, mais seulement de ne pas comprimer l'enthousiasme des citoyens, de les laisser se former en sociétés patriotiques. Certes, on ne pouvait craindre le retour des excès révolutionnaires, en horreur à la géné-

---

(1) Fleury de Chaboulon, secrétaire de l'Empereur.

ration actuelle ; mais telle était la prévention de Napoléon pour tout ce qui pouvait contrebalancer le pouvoir, qu'il ne voyait de la liberté que ses écarts.

Cependant l'armée s'organisait avec une promptitude merveilleuse. La France avait à peine 80,000 hommes en état de tenir campagne avant le 20 mars ; au mois de juin, elle comptait 559,008 soldats, dont 363,000 de troupes de ligne, « sur lesquels 217,000 étaient présens sous les armes, habillés, instruits. Au premier octobre, la France aurait eu un état militaire de 8 à 900,000 hommes complétement organisés, armés et habillés ; le problème de son indépendance consistait désormais à pouvoir éloigner les hostilités jusqu'au premier octobre.......... A cette époque, les frontières de l'Empire eussent été des frontières d'airain, qu'aucune puissance humaine n'eût pu franchir impunément. » Pourtant, l'indépendance de la France ne tenait pas uniquement à cet immense déploiement de forces : plusieurs moyens de salut, de triomphe même, s'offraient plus immédiatement à elle. « La nuit même de son arrivée à Paris, Napoléon délibéra si, avec 35 ou 36,000 hommes, les seules troupes qu'il put réunir dans le nord, il commencerait les hostilités le premier avril, en marchant sur Bruxelles, et rallierait l'armée Belge sous ses drapeaux........ Mais on nourrit des espérances de paix..... La France la voulait : elle aurait blâmé hautement un mouvement offensif prématuré. » Un autre parti se présentait : demeurer sur la défensive, laissant les alliés prendre sur eux tout l'odieux de l'agression. » Cependant, la déclaration du congrès de Vienne et l'attitude hostile des puissances confédérées, rendant illusoire désormais tout espoir de paix, on se décida pour un troisième plan, consistant à attaquer, le 15 juin, avec 140,000 hommes que nous réunissions sur les frontières du nord, les forces confédérées anglo-hollandaises et saxo-prussiennes, s'élevant à 220,000 combattans, mais qu'on pouvait battre séparément. Ce projet avait divers avantages : « Si l'on battait l'armée anglaise et prussienne, la Belgique se souleverait, et son armée recruterait l'armée française; la défaite de l'armée anglaise entraînerait la chûte du ministère anglais, qui serait remplacé par l'opposition protectrice de la liberté et de l'indépendance des nations : cette seule circonstance terminerait la guerre. S'il en était autrement, l'armée victorieuse en Belgique irait rallier le cinquième corps resté en Alsace; et ces forces réunies se porteraient sur les Vosges, contre l'armée russe et autrichienne. »

Napoléon partit donc pour l'armée, dans la nuit du 12 juin. Mais avant que d'exposer les événemens de la campagne courte et funeste qui va s'ouvrir, nous nous arrêterons pour recueillir divers événemens quelque peu antérieurs, et exposer les causes secondaires qui, outre le motif principal (la crainte de cette soif de conquêtes qui avait comme dévoré le chef de l'Empire), déterminèrent chacune des principales puissances coalisées. L'Angleterre, ou plutôt son gouvernement, n'avait pas tardé à manifester ses dispositions hostiles; elle avait secondé, quoique faiblement, dans la Vendée, par des débarquemens d'armes et de munitions, des mouvemens assez insignifians, qu'avaient presque entièrement comprimés, dès leur naissance, les généraux Lamarque, Travot et dix-sept mille braves. L'empereur Alexandre, qui, lors de la première abdication, avait paru n'être pas éloigné de laisser à Napoléon le trône de la France, se montrait alors le plus ardent de tous dans le dessein de l'en précipiter. Le motif de ce changement a été diversement expliqué. Quelques personnes prétendent qu'il fut le résultat de la responsabilité que ce prince croyait avoir contractée, en s'opposant, en 1814, à ce que Napoléon fût confiné à Sainte-Hélène, et en insistant pour qu'il obtînt la souveraineté de l'île d'Elbe. Napoléon donne une autre cause à son animosité: selon lui, elle aurait été excitée par les fausses confidences d'un de ses anciens courtisans (Talleyrand probablement), qui lui aurait rapporté, comme ayant été proférés par le souverain déchu, des propos propres à piquer son amour-propre, qui, à ce qu'il assure, est des plus irritables.

Quoiqu'il en soit, en vain Napoléon essaya de détacher de la coalition le monarque russe, en lui donnant communication d'un traité trouvé aux Tuileries, par lequel la France royale, l'Angleterre et l'empire d'Autriche s'unissaient contre la Russie et la Prusse, au sujet de quelques différends survenus dans le partage des débris du grand Empire : il fut inébranlable. L'Autriche d'abord paraissait disposée à demeurer neutre, si Napoléon lui cédait l'Italie, comme il s'y montrait déterminé ; mais l'irruption inconsidérée faite dans les états autrichiens de cette contrée par le roi de Naples, que la versatilité de son caractère et les dispositions malveillantes des vieilles dynasties envers sa dynastie nouvelle avaient ramené depuis quelque temps à Napoléon, perdit tout de ce côté.

Quelque peu de génie qui eût présidé à l'échauffourée de Murat ; quelque inopportune que fût son attaque, le cabinet autrichien s'obstina à la regarder comme une inspiration de son beau-frère. « Pourtant, dit Napoléon, j'avais défendu à Murat d'agir ; mais cet insensé s'avança en Italie, et fut dispersé comme la plume... Metternich dit : Oh! l'Empereur est toujours le même, un homme de fer ; le tour qu'il a fait à l'île d'Elbe ne l'a pas changé ; rien ne pourra le corriger : tout ou rien, voilà sa devise. L'Autriche se joignit à la coalition, et ma perte fut consommée. Sans cette démarche téméraire de Murat, les Russes se seraient retirés; ainsi les Anglais fussent restés seuls, et auraient été enchantés de faire la paix (1). »

Au reste, de plusieurs personnes de confiance que Napoléon avait dépêchées aux souverains alliés, mais particulièrement à son beau-père, aucune ne put parvenir à sa destination. Il avait été convenu, entre les monarques, qu'ils ne recevraient aucune communication de sa part.

La guerre était donc devenue nécessaire; mais l'opposition qu'on redoutait dans la chambre des communes éclata; elle éclata de même à la chambre des pairs, quoique moins vive; les deux chambres, resplendissantes des plus hauts talens, obéissant aux meilleures intentions, méritèrent peut-être le reproche de n'avoir pas assez compris que la popularité de l'Empereur était la seule forte alors; qu'elles pourraient tout avec elle sur le peuple, et rien sans; et que, dans tous les cas, mieux valait le joug de Napoléon, s'il devait le réimposer, que celui de l'étranger.

Et aussi quelques uns des conseillers, disons

---

(1) Cette opinion, celle de Napoléon, ne détruit point ce que nous avons dit de l'animosité de l'empereur de Russie. Pourtant, dans le cas de la neutralité de l'Autriche, il eût été possible qu'Alexandre fît céder son ressentiment aux intérêts de sa politique.

des courtisans de Napoléon, au lieu de chercher à dissiper sa méfiance et ses ombrages, les nourrirent au contraire ; et l'éloignement réciproque étant sans cesse accru des deux parts, tout rapprochement devint impossible entre le chef suprême du peuple et ses trop courageux représentans.

Napoléon, avant que d'aller se mettre à la tête des armées, se présenta devant les chambres. Dans le discours qu'il adressa à celle des députés, on remarqua ces mots : « N'imitons pas l'exemple du bas Empire, qui, pressé de tous côtés par les Barbares, se rendit la risée de la postérité, en s'occupant de discussions abstraites, au moment où le bélier brisait les portes de la ville. »

Ces paroles n'avaient en elles-mêmes rien que de raisonnable, et n'étaient point offensantes ; mais le ton dont elles furent proférées, le regard indicateur surtout qui les accompagna, blessèrent des âmes indépendantes.

L'Empereur arriva à l'armée le 14 juin ; elle était divisée en cinq corps principaux obéissant aux généraux Drouet, Reille, Vandamme, Mouton et Grouchy : ce dernier, tout récemment récompensé, par le grade de maréchal, de la part qu'il avait eue à la soumission du duc d'Angoulême, au Pont Saint-Esprit.

En quelques mots, Napoléon sut réveiller, dans

le cœur de ses soldats, le mépris et la haine de leurs ennemis divers : « A Jéna, leur dit-il, contre ces mêmes Prussiens aujourd'hui si arrogans, vous étiez un contre trois ; à Mont-Mirail, un contre six !...... Que ceux d'entre vous qui ont été prisonniers des Anglais, vous fassent le récit de leurs pontons, et des maux affreux qu'ils y ont soufferts! »

C'était le 14, jour de son arrivée. Dans la nuit même, l'armée marche : elle doit surprendre l'ennemi ; mais un traître, suspect déjà par ses sentimens anti-français, que l'Empereur n'avait consenti à conserver dans le rang des braves que sur la recommandation d'un de ses généraux les plus dévoués, passa à l'ennemi ; c'était un général : nous ne voulons pas que son nom souille ces pages. Il entraînait avec lui deux officiers de l'état-major du brave général Gérard, dont il était chef, et portait à l'ennemi le secret de nos opérations; Napoléon dut en modifier le plan.

Dès le matin du 15, nos soldats, poursuivant un brillant avantage remporté sur un corps prussien, entrèrent, pêle-mêle avec lui, dans Charleroi, dont bientôt nous prîmes possession aux cris unanimes de *vive l'Empereur! vive la France!* proférés par ses habitans.

D'un autre côté, les hauteurs de Fleurus devenaient encore pour nos armes un champ de victoire : les Prussiens nous abandonnaient cinq canons et trois mille hommes tués, blessés ou pris ;

mais la mort de l'intrépide général Letort, aide de camp de l'Empereur, paya ce succès.

Le 16, 90,000 Prussiens, obéissant à Blücher, étaient en position sur les hauteurs de Bry et de Sombref, occupant les villages de Saint Amand et de Ligny; le dernier devant donner son nom à la victoire qui allait couronner nos drapeaux.

L'Empereur résolut d'attaquer l'armée prussienne, avant qu'elle eût été jointe, et par l'armée anglaise, et par ses réserves. Il venait de mettre les généraux, qui jusqu'alors avaient eu le commandement immédiat de leurs corps, sous les ordres des maréchaux Ney et Grouchy. Ce fut une faute, comme le doit prouver l'expérience, et une faute dont les conséquences furent des plus funestes.

L'intention de Napoléon était que, tandis qu'il attaquerait l'ennemi de front, Ney culbutât les Anglais qui devaient être peu nombreux aux Quatre-Bras, et après s'être emparé de cette position, fît un détachement qui tombât rapidement sur les derrières des Prussiens. Cette intention ne fut pas remplie.

L'action s'engagea à la pointe du jour : les Prussiens se battirent opiniâtrément; mais enfin ils durent céder à la valeur irrésistible, ou plutôt à la rage de nos troupes. Jamais, depuis les temps révolutionnaires, une semblable exaspération ne s'était vue. La brigade du général Gerard, à laquelle les munitions manquaient momentanément, demandait, avec fureur, des *cartouches et des Prussiens*.

L'ennemi nous abandonna 40 pièces de canon, plusieurs drapeaux, 25,000 hommes blessés ou tués, mais peu de prisonniers. Le prince régnant de Brunswick fut tué; Blücher lui-même, renversé de son cheval et foulé aux pieds de nos cavaliers, ne leur échappa qu'à la faveur de ce trouble qui accompagne les combats.

Cependant, Ney avait perdu douze heures en vaines hésitations, s'imaginant que toute l'armée anglaise était réunie devant lui. Il avait donné à l'ennemi le temps de se fortifier dans sa position, et d'accourir en assez grand nombre; mais enfin, quand, sur les ordres successifs de l'Empereur, qui lui faisait dire que *le sort de la France était entre ses mains*, il eut commencé le combat, vers deux heures, il s'y enfonça avec son courage de lion, et avec trop peu de forces; il oublia, au milieu du feu, et dans l'ardeur qui toujours l'animait, de faire le détachement que l'Empereur lui avait commandé. Le général Drouet, qui commandait sa réserve (20 mille hommes), que le maréchal avait laissée trois lieues en arrière, pour assurer sa retraite en cas de revers, les conduisit enfin, d'après un ordre direct, du quartier impérial sur les derrières de l'armée prussienne, mais un peu trop tard. Ney, après s'être battu avec avantage, mais sans pouvoir les débusquer, contre des ennemis successivement accrus jusqu'à 50,000, dut se borner à prendre position.

Napoléon avait dit, au milieu de la bataille : « Il se peut que, dans trois heures, le sort de la guerre soit décidé ; si Ney exécute bien ses ordres, il n'échappera pas un seul canon de l'armée prussienne ; elle est prise en flagrant délit. » Et ce n'est pas seulement la ruine complète de cette armée, que Ney, avec moins d'irrésolution, pouvait entraîner. S'il eût attaqué à la pointe du jour, comme il en avait l'ordre, avec ses 43,000 hommes, la position importante des Quatre-Bras, il eût détruit ou pris la division des 9000 Belges ou soldats de Nassau qui la défendaient, et eût pu écraser ensuite successivement plusieurs divisions d'infanterie anglaise, s'avançant isolément par la chaussée de Genape et de Nivelle, harassées de fatigue, sans cavalerie, ni presque d'artillerie pour les soutenir. L'armée anglaise, ainsi fortement endommagée et affaiblie, n'eût pu soutenir même l'approche de nos troupes victorieuses.

L'Empereur, malgré qu'il n'eût pas recueilli de sa victoire tout le fruit qu'il en avait espéré, en reçut néanmoins un tel encouragement, qu'il voulait, dès le lendemain, à la pointe du jour, attaquer l'armée anglo hollandaise. Il en fut détourné par le conseil de ses généraux, qui lui objectaient la fatigue des troupes. Mais, bientôt se repentant de leur avoir cédé, il dirigea son armée vers les hauteurs du mont Saint-Jean, où les Anglais s'étaient retirés, en abandonnant leur position des Quatre-Bras. Il était six heures du soir, quand on arriva en présence de l'armée ennemie; il restait trop peu de jour pour la durée d'une bataille. Napoléon, dans le chagrin qu'il en éprouvait, s'écria, en regardant le soleil : « Que ne donnerais-je pas pour avoir aujourd'hui le pouvoir de Josué, et retarder sa marche de deux heures! »

Cette exclamation lui était arrachée par la crainte que Wellington ne profitât de la nuit pour se retirer sous Bruxelles, où les débris de l'armée prussienne eussent pu le joindre; et effectivement, le général anglais s'y disposait, lorsque Blücher qui, grâce à la mollesse et à la lenteur de Grouchy, que l'Empereur avait détaché à sa poursuite avec 34,000 hommes et 108 pièces de canon, s'était mis en communication avec le duc, par Ohain, le fit prévenir qu'il pourrait opérer une diversion puissante sur notre droite; il resta.

Le lendemain, Napoléon découvrit, avec la plus grande joie, que l'armée anglaise, conformément à plusieurs renseignemens qu'il avait reçus, n'avait pas quitté ses positions. Battue, elle ne pouvait opérer sa retraite : la forêt de Soignes, à laquelle s'appuyaient ses derrières, ne communiquant avec Bruxelles que par des défilés. Mais, malheureusement, la pluie avait tombé à torrens pendant toute la nuit; et il fallut laisser aux terres inondées le temps de s'étancher, pour que l'artillerie et la cavalerie pussent y manœuvrer. Cette circonstance nous fut des plus contraires. Si les Français eussent pu attaquer dès la pointe du jour, l'armée anglaise eût été rompue et anéantie, avant que les Prussiens eussent pu atteindre le champ de bataille; et alors « qu'on se figure la contenance du peuple de Londres, en apprenant la catastrophe de son armée, et que l'on avait prodigué le plus pur de son sang, pour soutenir la cause des rois contre celle des peuples, du privilége contre l'égalité, des oligarques contre les libéraux, des principes de la sainte alliance contre ceux de la souveraineté du peuple! »

Napoléon avait envoyé à Grouchy l'ordre de faire une irruption vigoureuse sur les corps prussiens qu'il avait en tête vers Vavres, et d'envoyer ensuite, le plus rapidement qu'il lui serait possible, un détachement considérable sur le théâtre de la bataille qu'il allait livrer.

Cet ordre, assez semblable à celui qui avait été donné au maréchal Ney, le matin de la bataille de Ligny, fut encore moins exécuté, et eut des conséquences plus terribles.

Les Français commencèrent l'attaque aussitôt qu'elle fut jugée possible, vers midi et demi. L'armée anglaise, comptant de 85 à 90,000 combattans (20,000 au moins de plus que la nôtre), avait en outre l'avantage d'une formidable position.

Les Prussiens, à Ligny, s'étaient bien battus; les Anglais se battirent mieux : pourtant, n'étant point animés, comme nos soldats, d'un vif enthousiasme, ils furent contraints, malgré la résistance la plus opiniâtre, d'abandonner les plus importantes de leurs positions. « Le désordre, dit Blücher, se mettait dans les rangs anglais; la perte avait été considérable; la réserve avait été avancée en ligne; la position du duc était des plus critiques; le feu de mousqueterie continuait le long du front; l'artillerie avait été retirée en seconde ligne. » Dans la joie que lui inspirait l'apparence d'une prochaine retraite, l'Empereur s'écria, à plusieurs reprises : « Ils sont à nous; je les tiens. »

Effectivement, les charrois, les blessés, les fuyards anglais, belges, hollandais, se pressaient sur les derrières de l'armée ennemie, et se précipitaient vers Bruxelles; mais alors un renfort considérable arrivait à l'armée anglaise chancelante : c'était Bülow et 30,000 Prussiens qui n'avaient pas pris part à la bataille du 16. Long-temps ses éclaireurs avaient été pris pour des soldats de Grouchy; mais enfin, n'ayant plus de doute que ce ne fût une colonne ennemie, Napoléon s'était écrié, en s'adressant à son major général (le maréchal Soult): « Nous avions ce matin quatre-vingt dix chances pour une; l'arrivée de Bülow nous en fait perdre trente; mais nous en avons encore soixante contre quarante. » Le général Mouton, comte de Lobau, détaché contre les Prussiens avec 10,000 hommes, eut d'abord de la peine à les contenir; mais, après trois heures d'un combat assez vif, ils furent forcés de se replier. Pendant ce temps, les intrépides charges de notre cavalerie avaient compromis le salut de l'armée anglaise, et nous avaient conquis la plus grande partie du champ de bataille qu'elle occupait; des cris de victoire s'élevèrent de nos rangs. « C'est trop tôt d'une heure, dit l'Empereur; cependant il faut soutenir ce qui est fait. » En conséquence, il envoya au général Kellermann l'ordre de se porter, avec ses cuirassiers, sur le plateau resserré entre les villages de Saint-Amand et de la Haye-Sainte, et où nos intrépides cavaliers manœuvraient vainqueurs. Par une fatalité, que peut seule expliquer l'ardeur de nos troupes, la division de grosse cavalerie de la garde suivit le mouvement de celle de Kellermann, et s'engagea, avant que l'ordre, qui lui fut envoyé par l'Empereur, de s'arrêter et de rentrer en seconde ligne, eût pu l'atteindre. Cette division, forte de 12,000 hommes, fit des prodiges, et détruisit tout ce qui osa lui faire résistance; mais l'Empereur se trouva, dès cinq heures, privé de sa réserve, *de cette réserve qui, bien employée, lui avait donné tant de fois la victoire.* Pourtant, il était sept heures; et notre brave cavalerie conservait encore ses conquêtes; Bülow était repoussé. « L'ennemi, pour la seconde fois de la journée, crut la bataille perdue, et voyait avec effroi combien le mauvais champ de bataille qu'il avait choisi allait apporter de difficultés à sa retraite (1). La victoire était gagnée; la joie était sur toutes les figures, et l'espoir dans tous les cœurs. »

Sur ces entrefaites, Blücher arrivait avec 30,000 hommes. Bulow s'arrêta dans sa retraite; Wellington reprit courage, et revint à la charge. Néanmoins, nos troupes soutinrent ce nouveau débordement de colonnes ennemies avec fermeté, et se maintenaient dans leurs positions, animées par l'espoir que Grouchy arriverait enfin. Mais à la Haye-Sainte, le corps qui défendait ce poste, n'opposa pas assez de résistance. « Quoiqu'attaqué par des forces quadruples, s'il se fût crenelé dans les maisons (il était nuit), Blücher n'aurait pas eu le temps de forcer le village; » les deux armées eussent pu conserver le champ de bataille qu'elles occupaient; et le lendemain, fortifiées enfin des troupes fraîches de Grouchy, nous pouvions encore ressaisir la victoire: malheureusement, il en

---

(1) Wellington eût deux fois opéré sa retraite dans cette journée, si cela lui eût été possible... O étrange bizarrerie des événemens humains! Le mauvais choix de son champ de bataille, qui rendait toute retraite impossible, a été la cause de son succès!!! » (*Napoléon, Campagne de* 1815.)

fut autrement. « La trouée faite, la ligne rompue par le trop peu de vigueur des troupes de la Haye (c'est là qu'on dit avoir entendu le cri de *sauve qui peut*), la cavalerie ennemie inonda le champ de bataille.... le désordre devint épouvantable..... la nuit l'augmentait et s'opposait à tout.... La garde se mit en retraite : le feu de l'ennemi était déjà à quatre cents toises sur les derrières, et les chaussées coupées ... cavalerie, artillerie, infanterie, tout était pêle-mêle. »

Pourtant, un dernier bataillon de réserve tient encore, quand tous les autres s'écoulent tumultueusement ; Napoléon et son état-major s'y sont jetés. « *C'est ici qu'il faut mourir,* s'écrie-t-il dans son désespoir; *il faut mourir sur le champ de bataille.* Et il dirige avec ardeur le feu de deux à trois pièces de campagne, dont la dernière décharge enlève la cuisse d'un général anglais, le marquis d'Anglesia; mais la multitude des assaillans, croissant toujours, devenait accablante, et la résistance désespérée. Il y avait, à chaque instant, des hommes de tués autour de l'Empereur, devant, derrière, de tous côtés. « Retirez-vous, ose enfin lui dire un de ses grenadiers fidèles : *vous voyez bien que la mort ne veut pas de vous.* » Soult lui fait observer qu'effectivement il ne sera pas tué, mais fait prisonnier. Le maréchal saisit alors la bride de son cheval, tandis qu'à coups de crosses deux grenadiers forcent ce belliqueux animal, qu'on dirait animé de l'ardeur de son maître, à se retourner. Mais le carré que l'Empereur vient de quitter n'en reste pas moins inébranlable sous le feu croisé des batteries de l'ennemi, et ses charges écrasantes. Les Anglais admirent, en le déplorant, un si grand courage : « Rendez-vous, braves Français, s'écrient-ils avec l'accent de l'intérêt. — Non, répond Cambrone, qui commande l'intrépide carré ; *la garde meurt, elle ne se rend pas.* » Paroles immortelles, non moins que la valeur qui les justifie ! Le bataillon continue sa résistance ; tous ceux qui le composent doivent tomber.

Les Anglais se montrèrent généreux dans la victoire ; il n'en fut pas de même des Prussiens : ils furent impitoyables, massacrant indistinctement tout ce qui était Français. Des soldats, pour ne pas tomber sous les coups de ces barbares, se fusillèrent entre eux. Un officier de cuirassiers, les voyant venir, dit : « Ils n'auront ni moi, ni mon cheval ; » au même instant, ses pistolets lui servent à exécuter sa sombre menace. Mille exemples d'un semblable désespoir eurent lieu, et distinguèrent cette bataille de toutes les batailles. Certes, les Français furent les héros de cette journée, quoique vaincus. Pourtant, les Anglais se montrèrent infiniment braves. Après les fautes et la trahison de quelques-uns de nos généraux, leur valeur et l'habileté de Blücher, qui sut rallier et conduire sur le champ de bataille tout ce qui lui restait de forces, contribuèrent le plus à notre défaite : les talens de Wellington et la valeur des troupes prussiennes n'y furent pour rien.

La perte de l'armée anglaise, en tués ou blessés, égala presque la nôtre : nous perdîmes de plus cent soixante-dix canons, et 6,000 prisonniers.

Mais pendant toute cette journée, dont le terme fut si désastreux, qu'avait fait Grouchy, à qui l'Empereur avait envoyé ordre sur ordre de venir le joindre? Au lieu de partir de Gembloux (où il s'était arrêté la veille, n'ayant fait que deux lieues), à la pointe du jour, comme il l'avait annoncé par une dépêche datée de deux heures après minuit, il n'avait commencé son mouvement qu'à dix heures. Entre midi et une heure, la canonnade de Waterloo attira l'attention des troupes du maréchal, à moitié chemin de Gembloux à Vavres, une lieue et demie de l'un et de l'autre; « ne sentez-vous point, dit Excelmans, qui commandait la cavalerie, que le canon fait trembler la terre sous vos pas?..... Un feu si terrible ne peut pas être une simple rencontre : monsieur le maréchal, il faut marcher sur le feu. Je suis un vieux soldat de l'armée d'Italie; j'ai cent fois entendu le général Bonaparte prêcher ce principe. Si nous prenons à gauche, nous serons, dans deux heures, sur le champ de bataille. » Déjà le général Gérard avait donné le même avis, en l'appuyant des plus fortes raisons. « Si Blücher est réuni à Wellington, disait-il au maréchal, nous le trouverons sur le champ de bataille; et, dès lors, votre ordre (celui de le suivre) est exécuté. S'il n'y est pas, notre arrivée décidera de la bataille... et si nous avons détruit l'armée anglaise, que nous fait Blücher déjà battu?» Un moment le maréchal parut se rendre à ces conseils; mais bientôt son avant-garde s'étant engagée avec l'arrière-garde de l'armée prussienne, aux ordres de Thielmann, il crut avoir sur les bras toute cette armée, et voulut obstinément s'en tenir à l'exécution littérale de ses instructions. Il perdit deux heures à ranger son armée en bataille contre un ennemi que quelques mille hommes pouvaient écraser. Enfin, à sept heures du soir, ayant reçu de l'Empereur l'ordre de le rejoindre, il se mit en devoir de l'exécuter et fit passer la Dyle, à Lymale, à 12,000 hommes, sous le brave général Pajol; mais bientôt la nuit survint; le canon de Waterloo ne se faisait plus entendre, il prit position. Le lendemain, il se préparait à continuer aveuglément sa route vers Bruxelles, quand la nouvelle de notre désastre de la veille vint l'arrêter.

«Le maréchal Grouchy, dit Napoléon, a trouvé le secret qui paraissait introuvable, de n'être, dans la journée du 18, ni sur le champ de bataille de Mont-Saint-Jean, ni sur Wavres...... Sa conduite était aussi imprévoyable que si, sur la route, son armée eût éprouvé un tremblement de terre qui l'eût engloutie.»

Il est à croire que plusieurs des officiers que l'Empereur dépêcha au maréchal dans le courant de la journée, et dont aucun ne parvint jusqu'à lui, ou tombèrent entre les mains de l'ennemi, ou, ayant fait un long détour pour l'éviter, s'égarèrent. On prétend que quelques-uns se rendirent volontairement au quartier-général des confédérés, reproduisant ainsi la trahison des officiers, qui, dès l'ouverture de la campagne, avaient abandonné les drapeaux français.

L'armée accusa Grouchy de l'avoir trahie, et la conduite postérieure de ce maréchal, équivoque au moins, fut faite pour donner quelque poids à cette imputation : pourtant Napoléon devait émettre l'opinion qu'il n'avait été coupable que de mollesse, et que s'il s'était trouvé des traîtres, c'était parmi les officiers composant son état-major.

Les efforts de Napoléon, pour rallier l'armée à Charleroi, furent vains; mais il eut la satisfaction d'apprendre que Jérôme avait réuni vingt-cinq mille hommes sous Avesnes; il lui ordonna de les amener sous Laon, et partit pour Paris. Il avait hésité à prendre cette résolution, craignant qu'on ne lui fît le même reproche qu'au retour de l'Égypte et à celui de Moscow. Il croyait n'aller passer dans la capitale que cinq à six jours, pour en organiser la résistance, et revenir se mettre à la tête des troupes : il en fut autrement.

Les Chambres, à la nouvelle de nos désastres, avaient été dans une grande fermentation. Trop confiantes dans les paroles des souverains coalisés, elles s'imaginèrent que Napoléon seul était, comme il le disaient, le but de leurs armemens. « Je ne vois qu'un homme entre nous et la paix, dit un député. » Et l'abdication de cet homme fut demandée avec une sorte de fureur.

Il était manifesté à l'Empereur que la tête de la nation l'abandonnait. Le corps tout entier lui demeurait bien affectionné encore ; mais il n'était point douteux que si la scission qui existait entre les Chambres et lui venait à percer, sa popularité en serait endommagée. Dans cette grande circonstance que pouvait-il faire ? Usurper une dictature temporaire ; et, cassant les Chambres, se mettre à la tête du peuple et de l'armée, ou bien se présenter devant les députés, offrir de déposer le sceptre, de le remettre au plus digne, dans l'espoir d'exciter leur générosité, mais aussi courir le risque d'être pris au mot. Le premier parti était trop violent, et pouvait entraîner la guerre civile ; le second, d'un succès au moins douteux, répugnait à la fierté de son caractère. Après beaucoup d'hésitations, il abdiqua en faveur de son fils.

Dans le conseil qui avait été tenu relativement au plus ou moins de nécessité de cette mesure, Carnot seul y montra une vive opposition, disant qu'elle serait le coup de mort de la patrie : il voulait qu'on se défendît jusqu'à extinction; et quand enfin il vit qu'il était seul de son opinion, quand il vit l'abdication résolue, il s'appuya la tête de ses deux mains, et se mit à fondre en larmes.

Ainsi, l'homme qui seul avait osé s'élever contre l'ambition de Napoléon, lorsqu'il avait usurpé le pouvoir souverain, était le seul aussi maintenant qui s'opposât à ce qu'il s'en démît, toujours guidé par le même motif, l'intérêt de la France. Il fallait songer à garantir son indépendance d'abord, et attendre qu'elle fût assurée, pour asseoir sa liberté; car, sans indépendance nationale, la liberté ne peut exister.

Une commission exécutive fut prise au sein des deux Chambres; elle se composa du ministre de la police Fouché, du général Caulincourt, de l'intègre Carnot et des députés Quinette et Grenier. Fouché en fut nommé président. La disgrâce dont cet homme avait été long temps l'objet, au temps de la plus grande puissance de Napoléon, lui obtint, du plus grand nombre des patriotes, une confiance contre laquelle son immoralité bien connue eut dû les mettre en garde.

Cependant Napoléon, descendu à l'Élysée-Bourbon, s'y vit entouré d'une foule nombreuse, manifestant par ses acclamations, par son attitude, l'intérêt le plus vif pour son malheur. Plusieurs personnes escaladèrent les murs du palais, dans l'espoir de le voir et de lui adresser quelques mots consolateurs.

L'éloignement de Napoléon de la capitale parut aux Chambres non moins essentiellement nécessaire que son abdication à la conclusion de la paix; car, tant qu'il serait proche, les alliés pouvaient douter que sa renonciation à l'empire fût réelle et de bonne foi. Il partit donc pour la Malmaison le 25, et de cette demeure, le 29, pour Rochefort, d'où les capitaines des deux frégates la Saale et la Méduse, avaient reçu du gouvernement l'ordre de le conduire au lieu qu'il désignerait. Le général Becker fut chargé de l'escorter. Avant son départ, il avait proposé à la commission de se mettre à la tête des troupes comme simple général; et Carnot était d'avis qu'on agréât son offre qui pouvait être fatale à un imprudent ennemi, et relever la gloire et l'indépendance de la France: mais l'influence de Fouché la fit rejeter: Napoléon la renouvela en route sans plus de succès.

Pendant qu'il s'achemine lentement à travers des populations dont son malheur n'a pas refroidi le zèle, quittons un instant ses pas pour suivre la marche du nouveau gouvernement. Les Chambres persistaient toujours dans leur funeste pensée, que la paix deviendrait facile quand Napoléon serait éloigné: comme si l'expérience ne leur eût pas appris déjà quelle foi l'on pouvait accorder aux paroles de ces ennemis, qui, à l'abri de négociations captieuses, venaient enfin d'arriver sous les murs de notre capitale. Mais, d'un autre côté, ces Chambres abusées par trop de patriotisme, mais non pas mal intentionnées, montraient la résolution la plus inflexible de repousser toute condition humiliante pour la France, et qu'on eût voulu forcément lui imposer. Portés à négocier par un motif de philantropie, l'idée de repousser la force par la force en dernière ressource, ne leur inspirait pas d'effroi. Un des membres les plus distingués de la Chambre des communes, si resplendissante de distinctions de tous genres (M. Bory de Saint-Vincent), avait proféré le mot de Vendée républicaine, et un bruit d'épouvante en avait, assure-t-on, retenti jusqu'au sein des camps alliés. Cette Chambre avait voté une adresse éloquente à l'armée, qui forte de soixante-dix mille combattans, pouvait faire à Paris un rempart de sa valeur. Des commissaires furent envoyés pour la haranguer: leur écharpe tricolore, leur langage patriotique enflammèrent le cœur de nos braves; tous jurèrent que l'ennemi n'arriverait, qu'en passant sur leurs cadavres, dans le sein de la capitale. Wellington et Blücher, en s'avançant au cœur de la France avec leurs armées considérablement réduites par la défaite de Ligny, et leur victoire même de Waterloo, s'étaient exposés à une destruction complète. Malheureusement, l'ardeur de nos soldats n'était pas dans le cœur des principaux chefs. L'occasion s'offrit d'anéantir presque entièrement l'armée prussienne, que la témérité de son chef avait isolément aventurée sur la rive gauche de la Seine, mais Davoust, à la fois ministre de la guerre et généralissime, Davoust qui n'avait montré d'énergie que dans sa haine contre l'ex-Empereur, et qui, depuis quelque temps, proclamait, ainsi que Grouchy, la nécessité du rappel de l'ancienne dynastie, laissa échapper cette occasion par son irrésolution. Paris, qui avait sur la rive droite de la Seine des fortifications militaires formidables, et qui, avec plus d'activité dans les directeurs, eût vu s'achever rapidement celles qu'on avait commencées sur la rive gauche; Paris, qu'on eût pu défendre avec succès, est livré, en vertu d'une capitulation, à laquelle Fouché et Davoust contribuent principalement. Les alliés y réinstallent les princes qui, quelques mois auparavant, n'avaient pu trouver aucune chance de s'y maintenir. Les vengeances doivent bientôt suivre. Ney paiera de son sang la défection à laquelle il fut entraîné par ses troupes; Labédoyère succombera de même à la fureur de la réaction. Intéressante victime!... dans toute sa conduite il n'avait vu que la patrie; ses intentions ne purent le sauver. Les généraux Chartran, Mouton-Duvernet, Faucher (frères), jugés, ainsi que lui, par des commissions militaires, seront aussi fusillés. Dans le midi, la rage d'une foule d'hommes abjects s'abreuvera du sang des guerriers dont la France s'honorera toujours... Heureusement pour Napoléon, ces horreurs ne se passeront que quelque temps après qu'il aura quitté le rivage de la France, humiliée et gémissante. Pourtant leur lugubre récit doit aller, traversant les mers, joindre son deuil aux tristesses de son exil.

Arrivé à Rochefort, Napoléon y recueillit le témoignage du plus entier dévoûment, de la part des troupes et de la population; il pouvait se mettre à la tête des garnisons du voisinage, rallier les troupes que Clausel commandait à Bordeaux, et l'armée victorieuse de la Vendée. Des généraux venaient à chaque instant l'en solliciter. Il résista, objectant la guerre civile qui allait désoler nos malheureuses contrées; mais le joug de l'étranger était-il donc préférable? Déterminé alors à quitter la France, il avait à opter entre divers moyens. Il eût pu se jeter dans l'île de Corse, où long-temps il eût été inexpugnable; mais son but, la paix intérieure de la France, n'était pas atteint : sa proximité de ce pays y nourrirait l'inquiétude et l'agitation, et puis (il ne voulait pas gagner seul le port dans le naufrage du peuple français). Il voyait bien au loin l'Amérique, tendant les bras à son infortune; mais des mers sillonnées par de nombreux ennemis élevaient entre elle et lui leur mobile barrière. De jeunes aspirans, pleins de zèle, offrant de conduire deux chasse-marées à travers la croisière anglaise, déclaraient la possibilité d'y atteindre : ils déclaraient aussi la nécessité de relâcher dans un port d'Espagne ou de Portugal, pour y renouveler leurs vivres, ce qui rendait leur projet des plus hasardeux. Un Français, commandant un bâtiment de marine danois, proposait de prendre l'Empereur à son bord, de le soustraire à toute recherche ; mais Napoléon crut ce parti au-dessous de sa dignité. « Enfin la croisière anglaise n'était pas forte... Il est hors de doute qu'en courant risque de sacrifier deux bâtimens, on serait passé ; mais le capitaine commandant était faible ; il refusa de sortir... Probablement il avait reçu des instructions de Fouché, qui déjà trahissait ouvertement, et voulait livrer l'Empereur (1). »

Napoléon, en rejetant les divers partis que nous venons d'exposer, les uns impraticables ; les autres, parce qu'il lui répugnait de s'y soumettre, se trouvait réduit à la nécessité de réclamer la générosité anglaise. C'est la résolution qu'il prit. Mais avant que de se rendre à bord du Bellérophon, qui devait le conduire avec sa suite sur les

---

(1) Cette opinion, comme tout ce qui est entre guillemets sans citation d'auteur, est de Napoléon.

côtes d'Angleterre, il écrivit au prince-régent de ce royaume la lettre suivante :

« Altesse royale, en butte aux factions qui divisent mon pays, et à l'inimitié des plus grandes puissances de l'Europe, j'ai consommé ma carrière politique. Je viens, comme Thémistocle, m'asseoir sur le foyer du peuple britannique ; je me mets sous la protection de ses lois, que je réclame de votre Altesse royale, comme celles du plus puissant, du plus constant, du plus généreux de mes ennemis. »

En mettant le pied sur le Bellérophon, Napoléon dit à son commandant, le capitaine Maitland : « Je viens à votre bord me mettre sous la protection des lois d'Angleterre. »

Le 24, le Bellérophon jeta l'ancre dans la rade de Torbay. Aussitôt qu'on eut su que l'Empereur était à bord de ce bâtiment, une multitude de curieux l'environnèrent dans des barques. Des canots armés les éloignèrent bientôt à coups de rames, à coups de fusils même ; il paraît qu'on craignait un enlèvement.

Deux jours après, l'ordre vint au capitaine Maitland d'appareiller immédiatement pour Plymouth. Ce départ fut accompagné des bruits les plus sinistres : ce n'était qu'à Plymouth qu'en devait avoir lieu la confirmation officielle. L'amiral Kleist déclara, au nom de son gouvernement, que Napoléon était considéré comme prisonnier de l'Angleterre, et qu'il serait transporté immédiatement à l'île de Sainte-Hélène, où il demeurerait exilé.

L'Empereur opposa à cette notification une protestation éloquente, qui se terminait par ces mots : « J'en appelle à l'histoire ! elle dira qu'un ennemi, qui fit vingt ans la guerre au peuple anglais, vint librement, dans son infortune, chercher un asile sous ses lois... Mais comment répondit-on en Angleterre à une telle magnanimité? On feignit (1) de tendre une main hospitalière à cet ennemi; et quand il se fut livré de bonne foi, on l'immola. »

---

(1) Ce n'était point au capitaine Maitland (commandant du Bellérophon), que s'adressait cette accusation de perfidie, quoique cet officier, abusé par sa propre générosité, eût laissé percer l'opinion que son gouvernement répondrait dignement à la confiance du souverain déchu qui lui venait demander un asile. En passant de son bord sur celui du Northumberland, Napoléon le voyant triste et comme accablé de ce qu'il s'était si étrangement mépris, lui adressa ces paroles : « La postérité ne peut, en aucune manière, vous accuser de ce qui arrive; vous avez été trompé aussi bien que moi. »

Napoléon avait toujours distingué les Anglais de leur ministère. Peu de temps avant que de se déterminer au parti qu'enfin il embrassa, il disait : « Leur gouvernement ne vaut rien, mais la nation est grande, noble, généreuse : ils me traiteront comme je dois l'être ».

A Plymouth, l'affluence des curieux fut encore plus considérable qu'à Torbay. Les journaux anglais avaient répandu la nouvelle de l'arrivée de l'ex-Empereur dans ce port. Bientôt les routes furent couvertes de voitures et de chevaux; les logemens y devinrent rares. On eût cru que toute l'Angleterre se précipitait vers le point où était indiquée la présence de son ennemi naguère le plus redoutable. Les barques qui approchaient le plus du bâtiment qu'il montait, se louaient jusqu'à soixante napoléons. Le nombre s'en accrut tellement, que l'espace de mer, compris entre le Bellérophon et la terre, disparaissait sous leur multitude. Tous les soirs, vers les cinq heures, à l'instant que l'Empereur paraissait sur le pont, une oscillation des plus remarquables avait lieu dans cette foule symétriquement rangée sur plusieurs lignes. Il était visible que le sort d'un homme aussi extraordinaire excitait l'intérêt universel. Tous, à son apparition, le saluaient; quelques-uns même demeuraient découverts aussi long-temps qu'il restait en vue : beaucoup poussaient des acclamations dans lesquelles on ne pouvait certainement soupçonner rien d'hostile : c'était, au contraire, le tribut payé par un peuple éclairé, au génie long-temps redoutable, mais alors malheureux. Des jeunes gens, de jeunes femmes en vinrent jusqu'à se parer d'œillets rouges, emblèmes de nos couleurs proscrites. Soit qu'on craignit l'exaltation de sentimens aussi peu équivoques; soit, comme on l'a prétendu, qu'un officier public fût parti de Londres avec un ordre d'*habeas corpus*, pour réclamer la personne de l'Empereur, au nom des lois ou d'un tribunal; le Bellérophon appareilla en toute hâte de Plymouth le 4 août. Il jeta l'ancre le soir même dans un fort mauvais mouillage, quoiqu'on fût tout proche de la rade sûre de Torbay, ce qui semble confirmer la version d'un officier envoyé de Londres par les magistrats. En effet, dans ce cas, il était de l'intérêt du gouvernement que cet officier ne sût où trouver l'amiral et son illustre captif, et par conséquent à qui adresser sa réclamation. Enfin, le 7, le contre-amiral Cockburn arriva avec le Northumberland, destiné à transporter l'Empereur au lieu de son exil, et deux frégates qui devaient conduire les troupes auxquelles sa garde serait confiée. Napoléon ne put emmener avec lui que quatre officiers de sa maison: ce furent les généraux Bertrand, Montholon, Gourgaud, et le conseiller d'état Las-Cases, son chambellan; il emmenait, en outre, son domestique composé de onze personnes parmi lesqu'elles nous citerons Marchand, son premier valet de chambre; Cypriani, son maître d'hôtel, Noverraz, Saint-Denis, les frères Archambaud, Pieron, Santigny, Mesdames Bertrand et Montholon, avec leurs enfans, accompagnaient leurs maris.

Il avait été prescrit aux officiers du Northumberland de ne donner au souverain déchu que le titre de général. « Qu'ils m'appellent comme ils voudront, dit Napoléon ; ils ne m'empêcheront pas d'être moi. » Pourtant, il leur faut rendre justice : les officiers anglais répondirent mal à l'intention de leurs ministres, si elle fut, comme on n'en peut douter, d'humilier leur ennemi ; ils lui témoignèrent tous les égards, la déférence même, que réclamaient et son génie et son malheur.

L'escadre commandée par le contre-amiral Cockburn avait appareillé des côtes d'Angleterre, le 10 août ; elle arriva en vue de Sainte-Hélène, le 15 octobre, après une traversée de 68 jours, faite sans incident remarquable. L'Empereur et sa suite ne débarquèrent que le surlendemain au soir. Ils passèrent la nuit dans un hôtel garni, que le contre-amiral leur avait loué. Le lendemain, pour échapper à l'importune curiosité des habitans de la ville, il alla s'établir dans un petit pavillon, d'une seule pièce de 15 à 16 pieds de longueur, où fut placé son lit de camp. Ce pavillon faisait partie de l'habitation d'un négociant anglais, appelée *les Briars* (les Ronces), et renommée dans l'île pour sa situation romantique. Ce fut là qu'il passa 53 jours, en attendant qu'on eût réparé, et étendu par de nouvelles constructions la maison de Longwood, séjour ordinaire du lieutenant-gouverneur. Cette habitation, élevée de deux mille pieds au-dessus

du niveau de la mer, couronne un plateau exposé à l'intempérie du climat le plus variable. Ce lieu, le plus malsain de l'île, est continuellement inondé de pluie ou couvert de brouillards, lorsque le soleil du tropique ne darde pas à plomb sur lui ses rayons torréfians. On n'y trouve point d'eau, nul ombrage, aucune culture ; rien n'y croît, qu'un arbre bas et rachitique (l'arbre à gomme), dont l'aspect est monotone, et dont la feuille exigüe ne donne pas d'ombre. Tel est l'asile que les ministres de l'Angleterre réservaient à l'ennemi qui mit en leurs lois sa confiance. Un jour que l'Empereur se promenait aux environs des Briars, dans un lieu coupé d'affreux précipices : « Voyez, dit-il
» au docteur O'Méara, son médecin, qui l'accompa-
» gnait, en les lui montrant ; voyez la générosité
» de votre pays ! Voilà sa libéralité envers l'homme
» infortuné, qui, comptant aveuglément sur le
» caractère national qu'il lui supposait si fausse-
» ment, s'est livré à lui avec confiance, dans
» un moment fatal ! Je m'imaginais que vous
» étiez libres ; mais je vois maintenant que vos mi-
» nistres se moquent de vos lois, qui, comme celles
» des autres nations, ne sont faites que pour op-
» primer l'homme sans défense, et protéger le
» puissant, toutes les fois que le gouvernement a
» quelque objet en vue. »

Cependant, les constructions qu'on devait faire à Longwood s'avançaient, grâce à l'activité du con-

tre-amiral. L'Empereur envoya M. Las-Cases les visiter. « Toute la différence, dit à son retour cet
» ex-chambellan, entre les Briars et Longwood,
» c'est qu'ici nous sommes en cage, et que là nous
» serons parqués. »

La maison de Longwood se composait d'environ vingt petites pièces, la plupart construites en bois, s'imprégnant intérieurement de moisissures dans les temps humides, c'est-à-dire, les trois quarts de l'année, et répandant, lorsque le soleil du tropique les pénétrait, l'odeur du goudron dont elles étaient enduites. L'Empereur occupait personnellement une chambre excessivement petite, un cabinet, un corridor tranformé en salle de bain; une pièce basse et obscure servait de salle à manger; une autre, plus grande et mieux éclairée, fut destinée à recevoir un billard. Les murs de la chambre à coucher de Napoléon étaient tendus d'un nankin brun, garni d'une simple bordure de papier verd..... Deux petites fenêtres, voilées en partie par de mauvais rideaux, laissaient la vue s'étendre sur le camp du 53e, chargé de garder l'auguste captif. La cheminée, de petite dimension, et dont le manteau peint en blanc était des plus mesquins, supportait une très-petite glace et un buste du roi de Rome; au dessus, étaient suspendus quatre ou cinq portraits de ce jeune prince, un de sa mère; un peu plus à droite, on voyait un portrait en miniature de l'impératrice Joséphine;

et, à gauche, le réveil-matin du grand Frédéric, que Napoléon avait pris à Postdam. La montre qu'il portait, étant consul, marquée du chiffre B, était à droite, pendante à une tresse de l'impératrice Marie-Louise; un vieux tapis, ayant appartenu à un lieutenant de l'artillerie de Sainte-Hélène, jonchait le parquet; à droite de la cheminée, au bout opposé, était le lit de campagne où couchait habituellement l'Empereur, celui sur lequel il avait reposé la veille d'Austerlitz, surmonté de quatre aigles; vis-à-vis, on voyait un canapé recouvert de calicot blanc, et ordinairement encombré de livres; tout près, un petit guéridon, sur lequel il déjeûnait et dinait quelquefois dans son intérieur, et qui le soir recevait un chandelier à trois branches. Enfin, une mauvaise commode, chargée du grand nécessaire, remplissait la distance existante entre les deux fenêtres. Un très-beau lavabo, dont le pot à l'eau et la cuvette étaient d'argent, représentait seul, aux yeux, dans ce réduit, l'ancienne magnificence de celui qui l'habitait.

Au mois d'avril 1816, sir Hudson Lowe, général anglais, dont les services antérieurs, bien peu connus, avaient, dit-on, été ceux d'un chef de police, plutôt que d'un guerrier habile et valeureux, arriva à Sainte-Hélène, pour y remplacer le contre-amiral Cockburn dans les fonctions de gouverneur que celui-ci ne remplissait que provisoirement.

Dès la première entrevue, Napoléon se laissa prévenir défavorablement par *la physionomie repoussante* du nouveau gouverneur, physionomie qui, comme on le verra, n'était pas trompeuse. Plus tard, il devait la définir *un mélange d'imbécillité et d'astuce.*

L'Empereur effectivement ne tarda pas à être soumis à un système de privations, de vexations, d'humiliations même, dont les restrictions apportées à sa liberté par le contre-amiral, quelque pénibles à supporter qu'elles lui eussent paru, étaient loin de lui avoir donné l'idée. On l'astreignit à une surveillance tellement immédiate, lorsqu'il dépassait, dans ses promenades, les approches de sa demeure, que, pour s'y soustraire, il prit la résolution de ne plus sortir à cheval. Ainsi, il fut contraint par le fait, quoiqu'indirectement, à se priver d'un exercice qui seul pouvait le garantir de la malfaisante influence d'un climat meurtrier.

Cette réclusion, qui sans doute a accéléré le terme de cette vie dont les mouvemens tenaient attentifs les peuples et les rois, tournera peut être au profit de l'histoire. En se résignant à la nécessité de son affreux exil, l'Empereur avait dit à M. Las-Cases : « Eh bien ! nous écrirons nos mé-
« moires.... Le travail est aussi la faux du temps. »
Aux Briars, il avait déjà commencé à dicter une partie de ses immortelles campagnes, des grands

événemens, des actes les plus remarquables de sa carrière; à Longwood, cette œuvre sera continuée; c'est dans cette triste solitude que le moderne Cesar achèvera de rédiger ses Commentaires.

Napoléon, à Sainte Hélène, n'est plus le même que Napoléon occupant le trône de la France. A Longwood, il est philosophe, libéral, partisan déclaré des doctrines populaires. Son intérêt immédiat et puissant n'influence plus ses sentimens. Pourtant, quand il s'agit de quelques-uns de ces actes de son gouvernement qu'une opinion éclairée réprouve avec raison, il essaie encore d'en soutenir la justice, l'à propos, les avantages; son amour propre y est engagé : mais, pour le présent, dans l'avenir, il ne voit, ne proclame que les principes éternels de liberté, de justice, de droit humain, bases indestructibles de la félicité des peuples.

Nous transcrirons quelques-uns de ses jugemens relatifs à la grande lutte ouverte en Europe entre les peuples et les aristocraties, entre le droit et le privilége.

« L'Europe, dit-il, ne formera bientôt plus que deux parties ennemies. On ne s'y divisera plus par peuples et par territoires, mais par couleur et par opinion; et qui peut dire les crises, la durée, les détails de tant d'orages? car l'issue ne saurait être douteuse : les lumières et le siècle ne rétrograderont pas...

» La révolution, malgré toutes ses horreurs, n'en a pas moins été la véritable cause de la régénération de nos mœurs...

» On pourra bien arrêter, comprimer le mouvement ascendant d'amélioration, mais non le détruire : car la morale publique est du domaine spécial de la raison et des lumières ; elle est leur résultat naturel, et l'on ne saurait plus faire rétrograder celle-ci.. Les mœurs publiques sont donc en hausse ; et l'on peut prédire qu'elles s'amélioreront graduellement partout le globe.

» La raison humaine, son développement, celui de nos facultés : voilà toute la clé sociale, tout le secret du législateur. Il n'y a que ceux qui veulent tromper les peuples et les gouverner à leur profit, qui peuvent vouloir les retenir dans l'ignorance : car, plus ils seront éclairés, plus il y aura de gens convaincus de la nécessité des lois, du besoin de les défendre ; et plus la société sera assise, heureuse, prospère. Et, s'il peut jamais arriver que les lumières soient nuisibles dans la multitude, ce sera quand le gouvernement, en hostilité avec les intérêts du peuple, l'acculera dans une position forcée, ou réduira la dernière classe à périr de misère ; car alors, il se trouvera plus d'esprit pour se défendre....

» Et voyez comme aux États-Unis, sans force apparente, sans efforts aucuns, tout y prospère ! C'est qu'en réalité, c'est la *volonté*, ce sont les *inté-*

rêts publics qui y gouvernent. Mettez le même gouvernement en guerre avec la volonté, les intérêts de tous : et vous verrez aussitôt quel tapage, combien de tiraillemens, de troubles, de confusion.

» Le premier devoir d'un prince est de vouloir ce que veut le peuple...

» Il faudra tôt ou tard que la régénération moderne s'accomplisse : c'est en vain que les vieilles aristocraties multiplieraient leurs efforts pour s'y opposer. C'est la roche de Sisyphe qu'elles tiennent élevées au dessus de leurs têtes. Quelques bras se lasseront ; et, au premier défaut, tout croulera.

» Le vieux système est à bout... »

» Le premier souverain qui, au milieu de la première grande mêlée, embrassera de bonne foi la cause des peuples, se trouvera à la tête de toute l'Europe, et pourra tenter ce qu'il voudra...

» La contre-révolution, même en la laissant aller, doit inévitablement se noyer d'elle-même dans la révolution. Il suffit à présent de l'atmosphère des jeunes idées pour étouffer les vieux féodalistes ; car rien ne saurait détruire ou effacer les grands principes de notre révolution ; *ces grandes et belles vérités* doivent demeurer à jamais, tant nous les avons entrelacées de lustre, de monumens et de prodiges ; nous en avons noyé les premières souillures dans des flots de gloire : elles sont désormais immortelles! Sorties de la tribune française, cimentées du sang des batailles, décorées des lauriers de la victoire, saluées des acclamations des peuples, sanctionnées par les alliances et les traités des souverains, elles ne sauraient plus périr....

» Elles vivent dans la Grande-Bretagne; elles éclairent l'Amérique; elles sont naturalisées en France : voilà le trépied d'où jaillira la lumière du monde.

» Elles le régiront; elles seront la foi, la religion, la morale de tous les peuples. »

Déjà ses prévisions, relativement à la politique de l'Angleterre, se sont en partie réalisées.

» Le ministère de Castelreagh passera, disait-il; et celui qui lui succédera, héritier de tant de fautes, deviendra grand, s'il veut seulement ne pas les continuer. Tout son génie peut se borner à laisser faire, à obéir aux vents qui soufflent. Au rebours de Castelreagh, il n'a qu'à se mettre à la tête des idées libérales, au lieu de se liguer avec le pouvoir absolu, et il recueillera les bénédictions universelles, et tous les torts de l'Angleterre seront oubliés.

Il disait, en 1816 : « La Grèce attend un libérateur. Ce serait une belle couronne de gloire. » Vers la même époque, à la nouvelle de la tentative de Porlier, il présageait que la péninsule espagnole serait le théâtre d'une révolution prochaine. »

Il dit de même, plus tard, l'issue de la révolution napolitaine.

Cependant, le gouverneur, ou plutôt le geôlier de Sainte-Hélène, étendait de jour en jour son système de vexations. Non content d'avoir réduit Napoléon à ne plus sortir à cheval, il avait été jusqu'à lui intimer l'injonction de ne pas parler aux personnes qu'il rencontrerait, dans les courtes promenades qu'il faisait quelquefois à pied à l'entour de son habitation ; il envoya, plusieurs fois le jour, des officiers, animés de sa haine, s'assurer de la présence de son captif dans les appartemens de Longwood, lorsque la maladie, la fatigue, ou toute autre cause, l'y tenaient renfermé quelque peu de temps. On défendit aux habitans de faire crédit aux Français, et bientôt de leur vendre certains objets, que le gouverneur, exerçant le monopole le plus vil, se réservait de leur fournir. La quantité de vin fut mesquinement fixée à la table de l'Empereur. Sir Hudson se plaignit qu'on salit trop de linge, et proposa, par une vue d'économie dont rougira à jamais la généreuse nation anglaise, de substituer du sel gris au sel blanc dont on faisait, disait-il, une trop grande consommation. Impatienté des tracasseries parcimonieuses de cet homme, Napoléon s'écria un jour : « Eh bien ! j'irai m'assoseoir à la table des officiers du 53ᵉ; ils ne repousseront pas le premier, le plus vieux soldat de l'Europe. »

Encore, si Hudson s'en fût tenu à *marchander la vie* de son captif ! Mais il lui enleva plusieurs domestiques qu'il affectionnait, et l'un des fidèles compagnons de son exil, M. Las-Cases, sous le vain prétexte d'une lettre des plus irrépréhensibles, qu'il aurait voulu faire parvenir à une de ses amies de Londres, par un autre canal que celui du gouvernement. Il n'eut même pas à alléguer un semblable motif, quand il signifia au docteur O'Méara l'ordre de quitter immédiatement Longwood, *sans avoir aucune communication avec les personnes qui l'habitaient.* Malgré cette défense expresse, M. O'Méara ne crut pas pouvoir se dispenser d'aller avertir l'Empereur de la nécessité où on le mettait de se séparer de lui. « Le crime s'en consommera plus vite, lui dit Napoléon. » Puis, après un entretien assez long : « Quand vous serez arrivé en Europe, vous irez vous-même trouver mon frère Joseph, ou vous enverrez vers lui. Vous lui direz que je désire qu'il vous donne le paquet contenant les lettres particulières et confidentielles (1) qui m'ont été écrites par les empereurs Alexandre et François, le roi de Prusse, et les autres souverains de l'Europe, que je lui ai confié à Rochefort. Vous les publierez, pour couvrir de honte ces

---

(1) On a su depuis que le frère de l'Empereur, sur le point de partir pour l'Amérique, déposa ces lettres dans des mains qu'il croyoit sûres, mais qu'elles furent portées en Angleterre, et vendues, on ne peut indiquer précisément par qui, aux ambassadeurs des souverains intéressés.

souverains, et découvrir au monde *l'hommage vil que ces vassaux me rendaient, lorsqu'ils sollicitaient des faveurs, ou me suppliaient pour leurs trônes. Lorsque j'étais fort, et que j'avais le pouvoir en main, ils briguèrent ma protection et l'honneur de mon alliance, et ils léchèrent la poussière de mes pieds.* Maintenant que je suis vieux, ils m'oppriment lâchement, et me séparent de ma femme et de mon enfant. Je vous prie de faire ce que je vous recommande, et si vous voyez publier contre moi des calomnies sur ce qui s'est passé pendant le temps que vous avez été avec moi, et que vous puissiez dire, *j'ai vu de mes propres yeux que cela n'est pas vrai*, démentez-les. » Il s'entretint encore quelque temps avec le docteur, lui recommanda de *tâcher de lui envoyer des renseignemens authentiques sur la manière dont son fils était élevé.* « Qu'il n'oublie jamais qu'il est né prince français...! Adieu, O'Méara; nous ne nous reverrons plus... »

En vain, M. O'Méara sollicita, dans la suite, la permission de retourner à S.e-Hélène auprès de l'illustre captif, si la politique anglaise s'obstinait à l'y faire périr; il fut rebuté. Le général Gourgaud, forcé, par le mauvais état de sa santé, de fuir un climat destructeur, essaya d'attirer l'attention de l'Europe et de ses souverains sur Napoléon mourant: les souverains feignirent d'ignorer ses plaintes. En vain, la mère même de l'Empereur s'adressa à ceux qui jadis avaient éprouvé la clémence de son fils, pour en obtenir quelqu'allégement aux rigueurs qui creusaient lentement sa tombe : sa douleur ne fut pas entendue. Enfin, M. Las Cases, de retour en Europe, s'épuisa, dans le même but, en démarches multipliées auprès des souverains en général et de chacun d'eux en particulier. » Ce n'est plus, leur disait-il, en leur rappelant les droits de l'auguste prisonnier à leur intérêt; ce n'est plus le roi des rois, le maître des empires, le souverain de l'Europe, c'est un homme qui souffre ! Cet infortuné que la trahison cloua sur un roc, comme Prométhée, pour avoir dérobé le feu du ciel, cet infortuné languit, il expire ! secourez-le !... Loin d'une femme regrettée, d'un fils idolâtré, d'amis impuissans, de sa patrie qu'il appelle, il meurt !... Faites du moins qu'au milieu des siens, sur le sein de sa femme, les regards attachés sur son fils, il rende à Dieu le dernier souffle de cette âme qui vécut pour la gloire et s'exhale pour la France. » Cette invocation si vraie, si touchante, n'obtint pas une réponse; le zèle de ce serviteur fidèle, le moindre succès.

Des commissaires envoyés par les gouvernemens français, russe et autrichien, et dont Napoléon ne voulut point reconnaître le caractère, semblèrent n'être venus à Ste. Hélène que pour sanctionner, de leur présence, les mesures atroces du gouverneur anglais.

Il y avait un an que l'Empereur était sans médecin, le gouverneur lui ayant enlevé le docteur Stokoe, qui avait succédé à M. O'Méara, lorsque le docteur Antommarchi, professeur à Florence, et Corse de naissance, envoyé par le cardinal Fesch, avec deux ecclésiastiques (MM. Buonavita et Vignali) débarqua à Ste. Hélène, le 19 septembre 1820. C'est au journal de ce médecin que nous emprunterons les détails que nous donnerons sur le court trajet de vie, que doit encore parcourir l'auguste captif, jusqu'au tombeau, à travers la souffrance. Nous rapprocherons, dans un récit succinct, les gémissemens d'une longue agonie; nous tâcherons de n'omettre aucune des paroles frappantes de cet homme étonnant, qui, après avoir rempli toutes les vicissitudes de la vie, malheureuses, ou prospères, avoir joui de toute sa plénitude, ne la sent pas, néanmoins, sans une affection de tristesse, sur le point de lui échapper.

Le lendemain du jour où le docteur corse eut été agréé comme médecin de Napoléon, il se rendit auprès de lui : « Eh bien ! docteur, lui dit
» l'Empereur, dois-je troubler encore long-temps
» la digestion des Rois ? — Vous leur survivrez,
» sire. — Je le crois : ils ne mettront pas au ban
» de l'Europe le bruit de nos victoires ; il traver-
» sera les siècles ; il proclamera les vainqueurs et
» les vaincus, ceux qui furent généreux et ceux
» qui ne le furent pas... — Vous ne touchez pas

» au terme. Il vous reste un long espace à par
» rir. — Non, docteur; l'œuvre anglaise se c
» somme; je ne puis aller loin sous cet aff
» climat... Le passage d'une vie active à une réc
» sion complète a tout détruit; j'ai pris de l'
» bonpoint; j'ai perdu mon énergie; le r
» est détendu. » Et après quelques paroles insig
fiantes : « Je vous confie ma santé. Je vous dois
» détail des habitudes que j'ai prises, des affecti
» dont je suis atteint.

» L'heure où j'obéis au besoin est en géné
» fort irrégulière. Je dors, je mange, suivant
» temps, les circonstances, la situation où je
» trouve; mon sommeil est communément d
» et tranquille; si la douleur, quelqu'incid
» l'interrompt, je saute à terre, je demande de
» lumière, je marche, je travaille, je fixe m
» esprit sur un objet; quelquefois, je reste au
» lieu des ténèbres, je change de chambre, je pa
» dans un autre lit, ou je m'étends sur un sop
» Je suis sur pied à deux, trois, quatre heures
» matin; j'appelle quelqu'un pour me tenir co
» pagnie, s'entretenir de souvenirs, d'affaires, a
» tendre le jour; je sors dès qu'il paraît; je fais
» un tour; et quand le soleil se montre, je rentr
» je me remets au lit, où je reste plus ou moi
» suivant la manière dont s'annonce la journée.
» elle est mauvaise, que j'éprouve de l'irritati
» de l'inquiétude, j'ai recours à la méthode

» je vous ai parlé ; je varie, je change, je passe du
» lit au sopha, du sopha au lit; je cherche, je trouve
» de la fraîcheur, et je suis mieux. Je ne vous dé-
» cris point mon costume du matin, il n'est pour
» rien dans les souffrances que j'endure ; et puis,
» je ne veux pas vous ôter le plaisir de l'admirer.
» Ces belles manœuvres me conduisent à neuf,
» dix heures, quelquefois plus tard. Je fais alors
» servir le déjeûner, que je prends de temps à
» autre au bain, mais plus communément au jar-
» din. Bertrand ou Montholon me font compagnie,
» souvent tous les deux. Les médecins ont la po-
» lice de la table ; il est juste que je vous rende
» compte de la mienne ; voici comment elle est
» servie : un potage, deux plats de viande, un de
» légumes, une salade, quand je peux en avoir,
» composent tout le service; une demi-bouteille de
» vin clairet, que j'étends de beaucoup d'eau, me
» sert de boisson; j'en bois un peu de pur à la fin du
» repas. Quelquefois, lorsque je suis fatigué, je
» substitue le champagne au clairet : c'est un
» moyen sûr d'exciter l'estomac.. Du reste, je mange
» vite, je mâche peu, mes repas ne consomment
» pas mes heures. Ce n'est pas ce que vous ap-
» prouvez le plus ; mais, dans la situation où je me
» trouve, qu'ai-je à faire de soins, de mastication ?
» Je suis attaqué d'une *hépatite chronique* ; cette
» maladie est endémique dans cet affreux climat. Je
» dois succomber, je dois expier sur cet écueil la

gloire dont j'ai couvert la France, les coups que j'ai portés à l'Angleterre... » Le docteur lui conseillait d'aller respirer au grand air : « Non, lui dit-il, l'insulte m'a long-temps confiné dans ces cabanes (les bâtimens de Longwood); aujourd'hui le manque de forces m'y retient. »

Quelque temps après cet entretien, Napoléon interpella ainsi le docteur : » Eh bien, docteur! dois-je mourir? dois-je vivre? Franchement, qu'en pensez-vous? — Que votre majesté n'est pas au terme de sa carrière. — Ah! ah! docteur! aussi vrai qu'un médecin! mais je saurai vous forcer à l'être... Vous tenez un journal de ma maladie? — Oui, sire. — Eh bien, je l'écrirai sous votre dictée, ou vous le rédigerez sous la mienne.. Vous ne me présenterez plus un avenir de roses; je saurai où j'en suis; je pourrai comparer chaque jour ce que je sens, ce que j'éprouve, avec ce que j'aurai senti, enduré; vous ne me donnerez plus le change; vous êtes pris, docteur! »

Une autre fois, en songeant au rocher sur lequel il était confiné, il disait : « Point d'ombre, point de verdure. Nous n'avons que quelques arbres à gomme: encore sont-ils mutilés; le vent les a courbés dans le sens de sa direction. Plus de végétation, plus de vie à cette hauteur!.. L'homme finit vite, où les plantes s'étiolent; c'est un calcul qui n'a pas échappé. Ne sait-on pas le temps qu'on use à Sainte-Hélène? Y connaît-on des vieillards? Y trouve-t-on beaucoup d'individus qui atteignent cinquante ans? Et parmi ceux qui sont frappés des hépatites, combien meurent? combien survivent...? comment se rétabliraient-ils? Ils hument l'air; chaque aspiration est un coup d'épingle qui concourt à leur trépas. Et voilà ce que la noble Angleterre se proposait dans son guet-à-pens!... »

Un matin, l'Empereur était au jardin; M. Antommarchi l'y avait suivi. Il était faible, dit le docteur; il s'assit, promena ses yeux à droite et à gauche, et me dit avec une impression pénible : « Ah! docteur, où est la France? où est son riant climat? Si je pouvais la contempler encore!... Si je pouvais respirer au moins un peu d'air qui eût touché cet heureux pays! Quel spécifique que le sol qui nous a vus naître! Anthée réparait ses forces en touchant la terre; ce prodige se renouvellerait pour moi; je le sens, je serais revivifié, si j'apercevais nos côtes. Nos côtes! J'oubliais que la lâcheté a fait une surprise à la victoire : on n'appelle pas de ses décisions !... »

Une fois encore, après avoir parlé long-temps de la Corse, des améliorations qu'il lui préparait, il s'aperçut que le docteur, dont elle était le pays natal, éprouvait une vive émotion ; elle se communiqua rapidement à son cœur, comme une étincelle électrique: « Docteur, s'écria-t-il! la patrie! la patrie! Si Sainte-Hélène était la France, je me plairais sur cet affreux rocher. »

Une autre fois, l'Empereur se plaignait à son médecin de son abattement, de sa lassitude : « Que faire, docteur? — Du mouvement. — Où? — Au jardin, dans la campagne, en plein air. — Au milieu des habits rouges? jamais.... Bêcher, remuer la terre. — Bêcher la terre? — Oui, docteur, je bêcherai la terre. » Le lendemain, il était à l'œuvre. Il envoya chercher le docteur. « Eh bien, docteur! êtes-vous content du malade? est-ce de la docilité? » Il tenait sa bêche en l'air, dit M. Antomarchi; il riait, me regardait, secouait la tête, montrait de l'œil ce qu'il avait fait. « Voilà qui vaut mieux que vos pillules *d'ottoracio.* » Il reprit; mais cessant au bout de quelques instans : « Le métier est trop rude, je n'en puis plus; mes mains sont d'accord avec mes forces; elles me font mal. » Et il jeta la bêche. « Vous riez, docteur; laissez, laissez..., j'ai toujours fait de mon corps ce que j'ai voulu : je le plierai encore à cet exercice. » Et, en effet, il s'y habitua, dit toujours le docteur, et y prit goût. « Il charriait, faisait transporter la terre, mettait tout Longwood à contribution. Il n'y eut que les dames qui échappèrent à la corvée; encore avait-il peine à s'empêcher de les mettre à l'œuvre. Il les plaisantait, les pressait, les sollicitait; il n'y a sorte de séductions qu'il n'employât, auprès de Mme. Bertrand surtout. Il l'assurait que cet exercice valait mieux, pour la santé, que les remèdes que je ne cessais de prescrire; que, d'ailleurs, il entrait dans mes formules; que c'était moi qui l'avais commandé. »

Le gouverneur crut que tout ce mouvement agricole cachait quelque projet d'évasion; il en parla au docteur qui en rendit compte à Napoléon. « Le misérable, dit le grand homme! il m'envie les momens qu'il n'empoisonne pas; il veut, il appelle ma mort; elle tarde au gré de son impatience; qu'il se rassure! ce ciel horrible est chargé du forfait; il le consommera plutôt qu'il ne pense! »

Le 25 octobre 1820, l'Empereur était fort abattu. « Est-il rien de plus déplorable que mon existence actuelle, s'écria-t-il? Ce n'est pas vivre, c'est végéter... Ma santé ne se rétablira jamais. L'état même où je suis, ne saurait être que précaire. Je suis à bout; je le sais, et ne me fais pas illusion. » Le lendemain, se sentant plus faible encore : «Quel état est le mien, docteur? tout me pèse, tout me fatigue; j'ai peine à me soutenir. Vous n'avez donc, dans les ressources de l'art, aucun moyen de ranimer le jeu de la machine? — La médecine en a plusieurs. — Prompts, efficaces? — Mais, sire, le temps... — Ah! oui, le temps! Vous amusez la douleur, et la mort termine. »

Quelquefois, il semble se révolter contre cette nécessité d'un prochain trépas; il cherche à en éloigner l'idée. Sur quelques mots de son médecin, relatifs à l'altération que pourrait avoir subie l'organe de l'estomac : « Que parlez-vous d'estomac, dit-il? sachez que le mien est sain ; que jamais, dans aucun lieu, dans aucune circonstance, je n'en ai éprouvé le moindre mal; qu'il n'en soit plus question, entendez vous! »

Cette vie sillonnée, dans la dernière partie de son cours, de tant d'aspérités, il lui est donc pénible d'en sortir! ou bien, peut-être, il nourrit encore des rêves de gloire, de puissance; et il sent trop qu'il ne doit plus se relever de son infortune ; elle doit définitivement couronner sa carrière. « Pourquoi, disait-il un jour, puisque je devais la perdre d'une manière aussi déplorable, les boulets ont-ils épargné ma vie ! »

Le 16 novembre, l'Empereur descend au jardin. Il est faible, hors d'état de marcher; le docteur Antommarchi le soutient; il gagne un siége, et semble se remettre d'un long effort. « Eh bien, docteur! me voilà donc à bout? plus d'énergie, plus de forces ; je plie sous le faix. » Le docteur allait lui répondre, il le prévint: « Je dois guérir, n'est-ce pas? Un médecin mourrait plutôt que de ne pas soutenir à un agonisant qu'il n'est pas malade ?— Non, sire, mais quand la vie est encore intacte...

— Elle ne l'est plus, je m'éteins ; je le sens : mon heure est sonnée. »

Quelques jours après, il était dans sa chambre ; il se plaignait de sa lassitude, d'une somnolence presque continuelle. « Docteur, quelle douce chose que le repos! le lit est devenu pour moi un lieu de délices... Quel changement! combien je suis déchu! moi, dont l'activité était sans bornes, dont la tête ne sommeillait jamais!... je dictais quelquefois, sur des sujets différens, à quatre, cinq secrétaires, mais alors *j'étais Napoléon*; aujourd'hui je ne suis plus rien ; mes forces, mes facultés m'abandonnent; je végète, je ne vis plus. »

Louis XIV, dans sa vieillesse, obéissant à l'influence de ses moines, disait, pour racheter l'orgueil, ou plutôt la vanité, qui l'a fait distinguer principalement durant son long règne, *du temps que j'étais roi!* L'illustre exilé de Sainte-Hélène, s'écrie souvent, avec plus de justesse : *quand j'étais Napoléon!...*

Et, en effet, l'esprit tombe, quand le corps s'affaisse. Le même principe de vie tend le ressort de l'un et de l'autre. Ces étonnantes facultés, qui le distinguaient entre tous les hommes, ne sont pas détruites, mais elles languissent inactives dans une enveloppe sans mouvement.

Depuis long-temps déjà, le sommeil était devenu, pour l'Empereur, une véritable jouissance. Un jour que son médecin essayait de le tirer d'un assoupissement presque léthargique : « Laissez, dit-il, docteur! on est heureux, quand on dort ; les besoins disparaissent avec les veilles ; on n'éprouve plus de privations, plus de sollicitude. »

Il s'affecte de plus en plus de son état. Le progrès de sa tristesse suit celui de son mal. M. Antommarchi essaie, comme à son ordinaire, de combattre ses sinistres prévisions : « Non, docteur, lui dit-il ; tout doit avoir un terme ; j'y touche ; et, en vérité, je ne le regrette pas ; je ne suis pas payé pour chérir la vie. »

Et qui donc devra la chérir, cette vie, si celui qui posséda tout ce qu'elle offre aux désirs les moins bornés, à l'ambition la plus exigeante, n'y trouve rien à regretter ? Peut-être l'homme qui a la conscience d'avoir fait, aux intérêts de tous, le sacrifice de sa grandeur personnelle. Rien ne prouve mieux que ces paroles du guerrier, naguère dominateur de l'Europe, combien est trompeur l'éclat de la puissance et son insuffisance à rendre heureux celui dont il jaillit.

Le 26 décembre, l'Empereur apprend la mort de sa sœur, la princesse Élisa ; cette nouvelle le plonge dans une sorte de stupeur. Il était dans son fauteuil, la tête penchée, immobile.... De longs soupirs lui échappaient par intervalle.... Le docteur lui conseille de prendre un peu de fleur d'orange, et d'aller respirer l'air au jardin. « Croyez-vous, lui dit-il, d'une voix basse et altérée, qu'on puisse me tirer de l'oppression où je suis ?...» Enfin, il se leva avec effort, s'appuya sur le bras de M. Antommarchi : « Je suis bien faible, dit-il ; mes jambes chancelantes ont peine à me porter.»

Il essaya de faire quelques pas : mais les forces lui manquaient; il fut obligé de se placer sur un siége qui se trouvait auprès de lui. « Ah! docteur, que je suis fatigué! » Et après s'être entretenu quelque temps de sa sœur, de son tempérament, de son caractère : « Vous le voyez, dit-il, docteur ; Élisa vient de nous montrer le chemin ; la mort, qui semblait avoir oublié ma famille, commence à la frapper ; mon tour ne peut tarder long-temps.... La première personne de notre famille qui doit suivre Élisa dans la tombe, est ce grand Napoléon, qui végète, qui plie sous le faix, et qui pourtant tient l'Europe en alarmes. »

Il rentra, se mit au lit, congédia le docteur; puis, quelque temps après, le fit appeler. Il était abattu, défait, parlait de Marie-Louise, de son fils : la conversation était pénible; M. Antommarchi chercha à la rompre, à lui rappeler des souvenirs qui n'alarmaient pas sa tendresse : « Je vous comprends, dit-il au docteur; eh bien! soit; oublions, si le cœur d'un père peut oublier! »

Son fils, l'éducation qu'on lui donnait, son avenir, occupaient sans discontinuité sa pensée. « Cher enfant, disait-il un jour, s'il n'est pas victime de quelque infamie politique, il ne sera pas indigne de celui dont il tient le jour. »

Le 24 janvier, l'Empereur est triste, comme il l'est presque toujours; le docteur Antommarchi voudrait lui persuader qu'il éprouvera bientôt du mieux. « Sans doute! tout me répugne, m'inspire du dégoût ; je ne puis souffrir la substance solide la plus légère... et je vais être mieux ! Docteur, ne cherchez pas à me donner le change ; je sais mourir. »

Un autre jour que M. Antommarchi lui assurait que sa robuste constitution résisterait à l'action meurtrière du climat, qu'il ne pouvait nier. « Bien, dit-il, docteur ! l'espérance, c'est le meilleur spécifique que vous puissiez administrer ! »

Le 6 mars, l'Empereur continua à se très-mal porter. « Que vous en semble, dit-il à son médecin ? n'est-ce pas une bataille perdue ? — Gagnée, sire, pourvu que votre majesté le veuille. — Comment cela ? — Des remèdes... — Je ne m'abuse plus ; la vie m'échappe, je le sais ; c'est pour cela que je me refuse aux médicamens. Je veux mourir de maladie, entendez-vous !... » Napoléon témoigne la plus grande répugnance à prendre des remèdes intérieurs quelconques ; il répète souvent qu'il mourra bien sans drogues. « Il ne veut pas, dit-il, avoir deux maladies, celle de la nature et celle du médecin. »

Le 2 avril, vers sept heures et quart, les domestiques annoncèrent avoir aperçu une comète vers l'orient. « Une comète, s'écria l'Empereur avec émotion ! ce fut le signe précurseur de la mort de César. » Le docteur qu'il questionne, assure qu'il a observé, qu'il n'a rien vu, qu'on s'est mépris. « Peine perdue, docteur! je suis à bout, tout me l'annonce; vous seul vous obstinez à me le cacher. Pourquoi m'abuser ?... Mais j'ai tort; vous m'êtes attaché; vous voulez me voiler l'horreur de l'agonie; je vous sais gré de votre intention. »

Le 11 avril, le docteur Arnold, médecin attaché à un régiment de la garnison, le 20e, est présent. L'Empereur souffre beaucoup : les extrémités inférieures sont atteintes d'un froid glacial, que M. Antommarchi cherche à dissiper par des fomentations. « Laissez, s'écrie le malade; ce n'est pas là, c'est à l'estomac, c'est au foie, qu'est le mal. Vous n'avez point de remèdes contre l'ardeur qui me consume, point de préparations, de médicamens, pour calmer le feu dont je suis dévoré! » Arnold voulut lui persuader que le foie était intact. « Il le faut bien, répondit-il, puisque Hudson l'a décrété. »

Le 15 avril, l'entrée de l'appartement de l'Empereur est interdite à tout le monde, excepté au général Montholon et à Marchand. « J'entre, dit le docteur Antommarchi; le tapis est couvert de papiers déchirés; tout est étiqueté, muni d'une adresse. Napoléon a fait le recensement de son nécessaire, et donné à chacune des pièces qui le composent une destination spéciale. « Voilà mes apprêts, docteur; je m'en vais; c'en est fait de moi. » Je lui représentais qu'il avait encore bien des chances; il m'arrêta : « Plus d'illusion, dit-il, je sais ce qui en est; je suis résigné. » Et effectivement, quelques jours avant, le docteur avait chargé M. de Montholon de lui communiquer les alarmes qu'il concevait.

Le 17, M. Antommarchi, voulant préparer de la limonade pour l'Empereur, parcourut toute l'île pour trouver quelques citrons du Cap : il n'y put parvenir; il fut réduit à en employer d'indigènes, quoique excessivement acides et du plus mauvais goût. Quand il présenta à l'illustre malade la boisson qu'il en avait exprimée : « Qu'est-ce cela, lui dit-il, docteur ? quel breuvage! quelle horrible préparation! — De la limonade, sire. — De la limonade! » Il se tut, laissa tomber sa tête. « Rassasié d'outrages, en butte à toutes les privations, en quelles mains suis-je tombé! » Le pouls donne soixante-seize pulsations par minute.

Le 18, le docteur Antommarchi insiste sur la nécessité de quelques médicamens. « Non, docteur, répond le malade; l'Angleterre réclame mon cadavre; il ne faut pas la faire attendre!... »

Le 19, à deux heures, l'Empereur est beaucoup mieux : ses fidèles compagnons d'exil n'en dissimulent pas leur joie. « Vous ne vous trompez pas, leur dit Napoléon; je vais mieux aujourd'hui; mais je n'en sens pas moins que ma fin approche. Quand je serai mort, chacun de vous aura la douce satisfaction de retourner en Europe. Vous reverrez, les uns vos parens, les autres vos amis ; et moi, je retrouverai mes braves aux Champs-Élysées. Oui, continua-t-il, en haussant la voix ; Kléber, Désaix, Bessières, Duroc, Ney, Murat, Masséna, Berthier, tous viendront à ma rencontre ; ils me parleront de ce que nous avons fait ensemble... En me voyant, ils deviendront tous fous d'enthousiasme et de gloire. Nous causerons de nos guerres avec les Scipion, les Annibal, les César, les Frédéric..., à moins, ajouta-t-il en riant, qu'on n'ait peur là-bas de voir tant de guerriers ensemble. »

Sur ces entrefaites, arriva le docteur Arnold. Après quelques mots sur ce qu'il éprouvait, l'Empereur lui dit : « C'en est fait, docteur ! le coup est porté ; je touche à ma fin ; je vais rendre mon corps à la terre. Approchez, Bertrand, traduisez à monsieur ce que vous allez entendre : c'est une suite d'outrages dignes de la main qui les prodigua ; rendez tout ; n'omettez pas un mot.

» J'étais venu m'asseoir au foyer du peuple britannique ; je demandais une loyale hospitalité ; et, contre tout ce qu'il y a de droits sur la terre, on me répondit par des fers. J'eusse reçu un autre accueil d'Alexandre ; l'empereur François m'eût traité avec égards ; le roi de Prusse même eût été plus généreux (1) ; mais il appartenait à l'Angle-

---

(1) Tout cela nous semble fort douteux.

terre de surprendre, d'entraîner les rois, et de donner au monde le spectacle inouï de quatre grandes puissances s'acharnant sur un seul homme. C'est votre ministère qui a choisi cet affreux rocher, où se consomme, en moins de trois ans, la vie des Européens, pour y achever la mienne par un assassinat. Et comment m'avez-vous traité, depuis que je suis sur cet écueil ? Il n'y a pas une indignité, pas une horreur, dont vous ne vous soyez fait une joie de m'abreuver. Les plus simples communications de famille, celles même qu'on n'a jamais interdites à personne, vous me les avez refusées. Vous n'avez laissé arriver jusqu'à moi aucune nouvelle, aucun papier d'Europe; ma femme, mon fils n'ont plus vécu pour moi; vous m'avez tenu six ans dans la torture du secret. Dans cette île inhospitalière, vous m'avez donné pour demeure l'endroit le moins fait pour être habité, celui où le climat meurtrier du tropique se fait le plus sentir. Il m'a fallu me renfermer entre quatre cloisons, dans un air mal sain, moi qui parcourais à cheval toute l'Europe ! Vous m'avez assassiné longuement, en détail, avec préméditation ; et l'infâme Hudson a été l'exécuteur des hautes œuvres de vos ministres. » Après avoir continué quelque temps encore avec la même chaleur, il termina en disant : « Vous finirez comme la superbe république de Venise ; et moi, mourant sur cet affreux rocher, privé des miens et manquant de tout, *je lègue l'opprobre de ma mort à la maison régnante d'Angleterre!* »

Le 21, il fait appeler son aumônier (l'abbé Vignali), et lui commande une chapelle ardente : « je suis né dans la religion catholique : je veux remplir les devoirs qu'elle impose, et recevoir les secours qu'elle administre. » Puis, il donne quelques ordres de détails en conséquence; et comme il croit avoir remarqué, dans les traits du docteur, un léger signe d'étonnement : « Vous êtes, lui dit-il, au-dessus de ces faiblesses; mais que voulez-vous? je ne suis ni philosophe, ni médecin.... N'est pas athée qui veut (1). »

---

(1) Toujours même exagération dans Napoléon; à l'entendre, c'est être athée que n'être pas zélé catholique. On était à ses yeux un jacobin prêt à mettre le bonnet rouge, si l'on témoignait quelque amour de la liberté. Au reste, Napoléon, parlant dix-sept mois auparavant de la soudaine conversion de son père, qui, d'irréligieux, était devenu dévot à son lit de mort, disait : « Un changement si subit, qu'éprouvent néanmoins tous ceux qu'attaque une maladie grave, ne peut s'expliquer que par le désordre que le mal porte dans la machine humaine. Les organes s'émoussent, ils ne réagissent plus; le moral s'ébranle, la tête se perd; de là, le besoin de confession, d'oremus et de toutes les belles choses sans lesquelles il semble qu'on ne peut mourir. Mais voyez l'homme avec toute sa force, voyez ces colonnes prêtes à s'élancer sur le champ de bataille; la charge bat, elles s'ébranlent, tombent sous la mitraille; il n'est question ni de prêtres ni de confession. »

Le 28 avril, l'Empereur charge le docteur Antommarchi de faire, après sa mort, l'autopsie de son cadavre, et de communiquer à son fils les observations qu'il aura faites ; il lui ordonne de mettre son cœur dans l'esprit de vin, et de le porter à sa *chère Marie-Louise*. « Quand je ne serai plus, ajoute-t-il, vous vous rendrez à Rome ; vous irez trouver ma mère, ma famille ; vous leur rapporterez ce que vous avez observé relativement à ma situation, à ma maladie et à ma mort, sur ce triste et malheureux rocher ; vous leur direz que le grand Napoléon est expiré dans l'état le plus déplorable, manquant de tout, abandonné à lui-même et à sa gloire.... »

Le 29, Napoléon boit de l'eau d'une fontaine, éloignée d'une lieue de Longwood, et au bord de laquelle il est allé une seule fois. « Si la destinée, dit-il, voulait que je me rétablisse, j'élèverais un monument dans le lieu où elle jaillit ; je couronnerais la fontaine, en mémoire du soulagement qu'elle m'a donné. Si je meurs, que l'on ne proscrive pas mon cadavre comme on a proscrit ma personne, que l'on ne me refuse pas un peu de terre, je souhaite qu'on m'inhume auprès de mes ancêtres, dans la cathédrale d'Ajaccio en Corse ; s'il ne m'est pas permis de reposer où je naquis, eh bien ! qu'on m'ensevelisse là où coule cette eau si douce et si pure. » Plus tard, il devait demander à être inhumé sur les bords de la Seine,

« au milieu de ce peuple français qu'il avait tant aimé. »

L'état de l'Empereur va toujours en empirant jusqu'au 2 mai : ce jour, à deux heures après midi, la fièvre redouble; le délire s'y joint. Il parle de la France, de son fils, de ses compagnons de gloire. « Steingel, Desaix, Masséna! ah! la victoire se décide; allez, courez, pressez la charge; ils sont à nous. » A neuf heures, la fièvre diminue; l'Empereur a recouvré sa raison; il parle à son médecin d'autopsie, de maladie héréditaire, de son fils. « Vous le verrez, docteur, lui dit-il; vous lui indiquerez ce qu'il convient de faire; vous lui épargnerez les angoisses dont je suis déchiré : c'est un dernier service que j'attends de vous.»

Le 3 mai, au matin, l'Empereur semble un peu mieux; mais vers midi, le mal reprend son intensité. Alors il s'adresse solennellement à ses exécuteurs testamentaires, MM. Bertrand et Montholon. « Je vais mourir, leur dit-il; vous allez repasser en Europe : je vous dois quelques conseils sur la conduite que vous avez à tenir. Vous avez partagé mon exil; vous serez fidèles à ma mémoire; vous ne ferez rien qui puisse la blesser. J'ai sanctionné tous les principes; je les ai infusés dans mes lois, dans mes actes; il n'y en a pas un seul que je n'aie consacré. Malheureusement les circonstances étaient sévères; j'ai été obligé de sévir, d'ajourner; les revers sont venus;

je n'ai pu débander l'arc : et la France a été privée des *institutions libérales* que je lui destinais. Elle me juge avec indulgence ; elle me tient compte de mes intentions ; elle chérit mon nom, mes victoires ; imitez-la ; soyez fidèles *aux opinions que nous avons défendues*, à la gloire que nous avons acquise ; *il n'y a, hors de là, que honte et que confusion.* »

Le 4 mai, l'Empereur continua d'être très-mal. « Le temps était affreux, dit le docteur Antommarchi ; la pluie tombait sans interruption, et le vent menaçait de tout détruire. Le saule, sous lequel Napoléon prenait habituellement le frais, avait cédé ; nos plantations étaient déracinées, éparses ; un seul arbre à gomme résistait encore, lorsqu'un tourbillon le saisit, l'enlève et le couche dans la boue. Rien de ce qu'aimait l'Empereur ne devait lui survivre. »

Ce jour devait être le dernier du plus grand guerrier du siècle, peut-être des siècles........ A cinq heures et demie du soir, il prononce assez distinctement ces mots : « Tête !... armée !. » Ce sont les derniers qu'il aura proférés.

Napoléon respire encore. Mme Bertrand, qui n'a pas voulu quitter son lit, appelle ses enfans : elle désire qu'ils voient, qu'ils touchent une fois encore le héros mourant. Au spectacle qui s'offre à leurs yeux, ces enfans sont saisis d'une émotion dont l'effet sur leurs physionomies serait difficile à peindre; pourtant, ils se précipitent au lit de l'Empereur, lui saisissent les mains, les baisent, les arrosent de leurs larmes. Mais une scène, plus touchante peut-être encore, se prépare. Noverraz, à peine convalescent d'une longue et douloureuse maladie, se présente pâle, échevelé, hors de lui, fondant en larmes; il veut voir encore, contempler une dernière fois, celui qu'il a si long-temps servi. Le docteur essaie de le renvoyer; mais son émotion croît à mesure qu'il lui parle; il s'imagine que l'Empereur est menacé, qu'il appelle au secours; il ne peut l'abandonner; il veut combattre, mourir pour lui.

Tout annonce les derniers momens du grand homme. Les soins de son médecin, pour le ranimer quelque peu, et prolonger un reste d'existence, demeurent sans succès. Les paupières restent fixes, les yeux se meuvent, se renversent sous les paupières supérieures, le pouls tombe, se ranime. Il est six heures moins onze minutes; Napoléon touche à sa fin : ses lèvres se couvrent d'une légère écume; il n'est plus (1).

---

(1) Le docteur ajouta : *Ainsi passe la gloire*; mais la gloire ne passe point avec l'homme; c'est le seul de ses biens terrestres que ne lui ravissent pas ses héritiers.

Tout s'écoule aussitôt, continue M. Antommarchi que nous citons ici littéralement ; ce n'est que pleurs, que sanglots ; chacun est accablé d'une perte aussi cruelle. Nous étions dans le premier sentiment de la douleur ; deux Anglais en profitent, et se glissent au milieu de nous... Ils pénétrent dans le salon, découvrent, palpent l'Empereur, et s'en vont comme ils sont venus. Cette profanation nous rend à nous-mêmes ; nous rentrons, nous veillons sur le cadavre : des mains anglaises ne doivent pas le souiller.

Les exécuteurs testamentaires, MM. Bertrand, Montholon et Marchand, avaient pris connaissance de deux codiciles, qui devaient être ouverts immédiatement après que l'illustre testateur ne serait plus. Il y demandait à être inhumé sur les bords de la Seine, ou, s'il était refusé, à Ajaccio, auprès de ses ancêtres ; mais Hudson déclara qu'il avait, de son gouvernement, l'ordre de ne pas permettre que ses restes sortissent de l'île. Ainsi, le lieu qui avait été le théâtre, et probablement l'instrument de son trépas, devait être aussi son tombeau.

Ses instructions ne s'y opposant pas, Hudson consentit à ce qu'on l'inhumât près de la fontaine qu'il avait désigné pour être le lieu de sa sépulture, au cas qu'on ne voulût pas permettre que sa dépouille mortelle fut transportée, soit en France, soit en Corse.

Vingt-quatre heures après que l'Empereur eut cessé de vivre, le docteur Antommarchi, selon l'ordre qu'il lui en avait donné, procéda à son autopsie, en présence des exécuteurs testamentaires, de huit médecins anglais et de quelques officiers de la garnison.

Les médecins anglais, quoiqu'ils n'y eussent assisté que d'office, en dressèrent néanmoins, à la demande d'Hudson, un procès-verbal. M. Antommarchi, auquel ils le communiquèrent, refusa de le signer, attendu que le résultat qui y était consigné, différait essentiellement de l'opinion qu'il s'était formée.

Les médecins anglais prétendaient que le prisonnier de leurs ministres avait succombé à une affection cancéreuse héréditaire. M. Antommarchi pensait au contraire que sa maladie avait été une *gastro-hépatite chronique*, produite par le climat insalubre auquel on l'avait livré. Il ajoutait que les maladies héréditaires étaient une chimère, désavouée par tous les hommes éclairés de l'art.

Le corps de l'Empereur, militairement vêtu ceint de son épée et couvert du manteau qu'il avait porté à Marengo, demeura pendant deux jours sur un lit de parade, exposé aux regards de la garnison et des habitans de l'île. Ce temps étant expiré, il fut déposé dans un quadruple cercueil; le premier de fer-blanc garni d'une sorte de matelas, d'un oreiller et revêtu de satin blanc; le second d'acajou ; le troisième en plomb ; le quatrième, d'acajou encore, fermé par des vis en fer. Dans le premier de ces quatre cercueils, on avait mis le cœur et l'estomac du défunt, que, ni son médecin, ni ses exécuteurs testamentaires, n'avaient pu obtenir d'emporter en Europe. Chacun de ses organes avait été préalablement déposé et scellé dans une coupe d'argent. On mit encore, à côté de Napoléon, des aigles, des pièces de toute valeur, frappées à son effigie, son couvert, son couteau, une assiette avec ses armes.

Le 8, vers midi, il fut placé sur le char funèbre. Le manteau de Marengo servait de drap mortuaire. Les musiciens de la garnison, disposés par groupes sur les hauteurs, le long de la route que devait parcourir le cortége, formé de tout ce qu'il y avait de population dans l'île, faisaient retentir l'air d'une lugubre harmonie. Vingt-quatre grenadiers furent choisis, dans les différens corps, pour porter le cercueil dans des défilés où le char ne pouvait passer ; enfin, il fut descendu au bruit d'une salve de onze coups de canon, dans une fosse revêtue de maçonnage. Une énorme pierre en scella aussitôt l'ouverture ; elle doit, si les intentions du gouvernement anglais de cette époque sont remplies, peser éternellement sur les restes du grand homme, dont il semble qu'il ait redouté la résurrection. Hudson s'opposa à ce que les amis de l'illustre mort gravassent sur cette pierre aucune inscription, comme si, dit l'un d'eux, une inscription eût pu en apprendre au monde plus qu'il n'en savait.

TESTAMENT DE NAPOLÉON.

—

NAPOLÉON.

Cejourd'hui, 15 avril 1821, à Longwood, île de Sainte-Hélène. Ceci est mon Testament, ou acte de ma dernière volonté.

I.

1°. Je meurs dans la religion apostolique et romaine, dans le sein de laquelle je suis né, il y a plus de cinquante ans.

2°. Je désire que mes cendres reposent sur les bords de la Seine, au milieu de ce peuple français que j'ai tant aimé.

3°. J'ai toujours eu à me louer de ma très-chère épouse Marie-Louise; je lui conserve, jusqu'au dernier moment, les plus tendres sentimens; je la prie de veiller pour garantir mon fils des embûches qui environnent encore son enfance.

4°. Je recommande à mon fils de ne jamais oublier

qu'il est né prince français, et de ne jamais se prêter à être un instrument entre les mains des triumvirs qui oppriment les peuples de l'Europe. Il ne doit jamais combattre ni nuire en aucune manière à la France ; il doit adopter ma devise : *Tout pour le peuple français.* Je meurs prématurément, assassiné par l'oligarchie anglaise et son sicaire ; le peuple anglais ne tardera pas à me venger.

6°. Les deux issues si malheureuses des invasions de la France, lorsqu'elle avait encore tant de ressources, sont dues aux trahisons de Marmont, Augereau, Talleyrand et Lafayette. Je leur pardonne. Puisse la postérité française leur pardonner comme moi !

7°. Je remercie ma bonne et très-excellente mère, le cardinal, mes frères Joseph, Lucien, Jérôme, Pauline, Caroline, Julie, Hortense, Catherine, Eugène, de l'intérêt qu'ils m'ont conservé ; je pardonne à Louis le libelle qu'il a publié en 1820 : il est plein d'assertions fausses et de pièces falsifiées.

8°. Je désavoue le Manuscrit de Sainte-Hélène et autres ouvrages sous le titre de Maximes, Sentences, etc., que l'on s'est plu à publier depuis six ans : ce ne sont pas là les règles qui ont dirigé ma vie. J'ai fait arrêter et juger le duc d'Enghien, parce que cela était nécessaire à la sûreté, à l'intérêt et à l'honneur du peuple français, lorsque..... entretenait, de son aveu, soixante assassins à Paris. Dans une semblable circonstance, j'agirais encore de même.

II.

1°. Je lègue à mon fils les boîtes, ordres, et autres

objets, tels qu'argenterie, lit de camp, armes, selles, éperons, vases de ma chapelle, livres, linge qui a servi à mon corps et à mon usage, conformément à l'état annexé, (cote A). Je désire que ce faible legs lui soit cher, comme lui retraçant le souvenir d'un père dont l'univers l'entretiendra.

2°. Je lègue à Lady Holland le camée que le pape Pie VI m'a donné à Tolentino.

3°. Je lègue au comte Montholon deux millions de francs, comme une preuve de ma satisfaction des soins filiaux qu'il m'a rendus depuis six ans, et pour l'indemniser des pertes que son séjour à Sainte-Hélène lui a occasionnées.

4°. Je lègue au comte Bertrand cinq cent mille francs.

5°. Je lègue à Marchand, mon premier valet de chambre, quatre cent mille francs. Les services qu'il m'a rendus sont ceux d'un ami. Je désire qu'il épouse une veuve, sœur ou fille d'un officier ou soldat de la vieille garde.

6°. *Idem*, à Saint-Denis, cent mille francs.

7°. *Idem*, à Novarre (Noverraz), cent mille francs.

8°. *Idem*, à Piéron, cent mille francs.

9°. *Idem*, à Archambaud, cinquante mille francs.

10°. *Idem*, à Corsot, vingt-cinq mille francs.

11°. *Idem*, à Chandellier, vingt-cinq mille francs.

12°. *Idem*, à l'abbé Vignali, cent mille francs. Je désire qu'il bâtisse sa maison près de Ponte-Nuovo-di-Rostino.

13°. *Idem*, au comte Las-Cases, cent mille francs.

14°. *Idem*, au comte Lavalette, cent mille francs.

15°. *Idem*, au chirurgien en chef Larrey, cent mille francs. C'est l'homme le plus vertueux que j'aie connu.

16°. *Idem*, au général Brayer, cent mille francs.

17°. *Idem*, au général Lefevre-Desnouettes, cent mille francs.

18°. *Idem*, au général Drouot, cent mille francs.

19°. *Idem*, au général Cambrone, cent mille francs.

20°. *Idem*, aux enfans du général Mouton-Duvernet, cent mille francs.

21°. *Idem*, aux enfans du brave Labédoyère, cent mille francs.

22°. *Idem*, aux enfans du général Girard, tué à Ligny, cent mille francs.

23°. *Idem*, aux enfans du général Chartran, cent mille francs.

24°. *Idem*, aux enfans du vertueux général Travot, cent mille francs.

25°. *Idem*, au général Lallemant l'aîné, cent mille francs.

26°. *Idem*, au comte Réal, cent mille francs.

27°. *Idem*, à Costa de Bastelica (en Corse), cent mille francs.

28°. *Idem*, au général Clausel, cent mille francs.

29°. *Idem*, au baron de Menneval, cent mille francs.

30°. Je lègue à Arnauld, auteur de *Marius*, cent mille francs.

31°. *Idem*, au colonel Marbot, cent mille francs. Je l'engage à continuer à écrire pour la défense de la gloire des armées françaises, et à en confondre les calomniateurs et les apostats.

32°. *Idem*, au baron Bignon, cent mille francs. Je l'engage à écrire l'Histoire de la diplomatie française de 1792 à 1815.

33°. *Idem*, à Poggi-di-Talavo, cent mille francs.

34°. *Idem*, au chirurgien Emmery, cent mille francs.

35°. Ces sommes seront prises sur les six millions, que j'ai placés en partant de Paris en 1815, et sur les intérêts de cinq pour cent, depuis juillet 1815. Les comptes en seront arrêtés avec le banquier, par les comtes Montholon, Bertrand et Marchand.

36°. Tout ce que ce placement produira au-delà de la somme de cinq millions six cents mille francs, dont il a été disposé ci-dessus, sera distribué en gratification aux blessés de Waterloo et aux officiers et soldats du bataillon de l'île d'Elbe, sur un état arrêté par Montholon, Bertrand, Drouot, Cambrone et le chirurgien Larrey.

37°. Ces legs, en cas de mort, seront payés aux veuves et enfans, et, au défaut de ceux-ci, rentreront à la masse.

III.

1°. Mon domaine privé étant ma propriété, dont aucune loi française ne m'a privé, que je sache, le compte en sera demandé au baron de la Bouillerie, qui en est le trésorier; il doit se monter à plus de deux cents millions de francs, savoir :

1°. Le portefeuille contenant les économies que j'ai, pendant quatorze ans, faites sur ma liste civile, lesquelles se sont élevées à plus de douze millions par an, si j'ai bonne mémoire; 2°. le produit de ce portefeuille; 3°. les meubles de mes palais, tels qu'ils étaient en 1814;

les palais de Rome, Florence, Turin y compris (tous ces meubles ont été achetés des deniers des revenus de la liste civile); 4°. la liquidation de mes maisons du royaume d'Italie, tels qu'argent, argenterie, bijoux, meubles, écuries (les comptes en seront donnés par le prince Eugène et l'intendant de la couronne, Compagnoni.)

2°. Je lègue mon domaine privé, moitié aux officiers et soldats qui restent de l'armée française, qui ont combattu depuis 1792 à 1815, pour la gloire et l'indépendance de la Nation; la répartition en sera faite au prorata des appointemens d'activité; moitié aux villes et campagnes d'Alsace, de Lorraine, de Franche-Comté, de Bourgogne, de l'Ile de France, de Champagne, Forez, Dauphiné qui auraient souffert par l'une ou l'autre invasion. Il sera, de cette somme, prélevé un million pour la ville de Brienne, et un million pour celle de Méry.

J'institue les comtes Montholon, Bertrand et Marchand, mes exécuteurs testamentaires. Ce présent testament, tout écrit de ma propre main, est signé et scellé de mes armes.

(Sceau)   **NAPOLÉON.**

ÉTAT (A) *joint à mon Testament.*

Longwood, ce 15 avril 1821.

I.

1°. Les vases sacrés qui ont servi à ma chapelle à Longwood.

2º. Je charge l'abbé Vignali de les garder et de les remettre à mon fils, quand il aura seize ans.

II.

1º. Mes armes, savoir : mon épée (celle que je portais à Austerlitz,) le sabre de Sobieski, mon poignard, mon glaive, mon couteau de chasse, mes deux paires de pistolets de Versailles.

2º. Mon nécessaire d'or, celui qui m'a servi le matin d'Austerlitz, d'Jena, d'Eylau, de Friedland, de l'île de Loban, de la Moscowa et de Mont-Mirail; sous ce point de vue, je désire qu'il soit précieux à mon fils. (Le comte Bertrand en est dépositaire, depuis 1814.)

3º. Je charge le comte Bertrand de soigner et conserver ces objets, et de les remettre à mon fils, quand il aura seize ans.

III.

1º. Trois petites caisses d'acajou, contenant : la première, trente-trois tabatières ou bonbonnières; la deuxième, douze boîtes aux armes impériales, deux petites lunettes et quatre boîtes trouvées sur la table de Louis XVIII, aux Tuileries, le 20 mars 1815; la troisième, trois tabatières ornées de médailles d'argent, à l'usage de l'Empereur, et divers effets à toilette, conformément aux états I, II, III.

2º. Mes lits de camp, dont j'ai fait usage dans toutes mes campagnes.

3º. Ma lunette de guerre.

4°. Mon nécessaire de toilette, un de chacun de mes uniformes, une douzaine de chemises, et un objet complet de chacun de mes habillemens, et généralement de tout ce qui sert à ma toilette.

5°. Mon lavabo.

6°. Une petite pendule, qui est dans ma chambre à coucher de Longwood.

7°. Mes deux montres, et la chaîne de cheveux de l'impératrice.

8°. Je charge Marchand, mon premier valet de chambre, de garder ces objets, et de les remettre à mon fils, lorsqu'il aura seize ans.

IV.

1°. Mon médailler.

2°. Mon argenterie et ma porcelaine de Sèvres, dont j'ai fait usage à Sainte-Hélène. (État B et C.)

3°. Je charge le comte Montholon de garder ces objets, et de les remettre à mon fils, lorsqu'il aura seize ans.

V.

1°. Mes trois selles et brides, mes éperons, qui m'ont servi à Sainte-Hélène.

2°. Mes fusils de chasse, au nombre de cinq.

3°. Je charge mon chasseur Noverraz de garder ces objets, et de les remettre à mon fils, quand il aura seize ans.

VI.

1°. Quatre cents volumes choisis dans ma bibliothèque, parmi ceux qui ont le plus servi à mon usage.

2°. Je charge Saint-Denis de les garder, et de les remettre à mon fils, quand il aura seize ans.

NAPOLÉON.

ÉTAT (B.)

1°. Il ne sera vendu aucun des effets qui m'ont servi ; le surplus sera partagé entre mes exécuteurs testamentaires et mes frères.

2°. Marchand conservera mes cheveux, et en fera faire un bracelet avec un petit cadenas en or, pour être envoyé à l'impératrice Marie-Louise, à ma mère et à chacun de mes frères, sœurs, neveux, nièces, au cardinal, et un plus considérable pour mon fils.

3°. Marchand enverra une de mes paires de boucles à souliers, en or, au prince Joseph.

4°. Une petite paire de boucles, en or, à jarretières, au prince Lucien.

5°. Une boucle de col, en or, au prince Jérôme.

ÉTAT (C.)

Inventaire de mes effets que Marchand gardera pour remettre à mon fils.

1°. Mon nécessaire d'argent (celui qui est sur ma table), garni de tous ses ustensiles, rasoirs, etc.

2°. Mon réveil-matin ; c'est le réveil-matin de Frédéric II, que j'ai pris à Postdam (dans la boîte n°. 3.)

3°. Mes deux montres, avec la chaîne des cheveux

de l'impératrice, et une chaîne de mes cheveux pour l'autre montre. Marchand la fera faire à Paris.

4°. Mes deux sceaux (un de France, enfermé dans la boîte n°. 3.)

5°. La petite pendule dorée, qui est actuellement dans ma chambre à coucher.

6°. Mon lavabo, son pot à eau et son pied.

7°. Mes tables de nuit, celles qui me servaient en France, et mon bidet de vermeil.

8°. Mes deux lits de fer, mes matelas et mes couvertures, s'ils se peuvent conserver.

9°. Mes trois flacons d'argent, où l'on mettait mon eau-de-vie, que portaient mes chasseurs en campagne.

10°. Ma lunette de France.

11°. Mes éperons (deux paires.)

12°. Trois boîtes d'acajou, n°. 1, 2, 3, renfermant mes tabatières et autres objets.

13°. Une cassolette en vermeil.

LINGE DE TOILETTE

Six chemises.
Six mouchoirs.
Six cravates.
Six serviettes.
Six paires de bas de soie.
Quatre cols noirs.
Six paires de chaussettes.
Deux paires de draps de batiste.
Deux taies d'oreillers.
Deux robes de chambre.

Deux pantalons de nuit.
Une paire de bretelles.
Quatre culottes-vestes de casimir blanc.
Six madras.
Six gilets de flanelle.
Quatre caleçons.
  Six aires de guêtres.
Une petite boîte, pleine de mon tabac.
Une boucle de col en or.
Une paire de boucles à jarretières en or. } renfermées dans la petite boîte, n°. 3.
Une paire de boucles en or, à souliers.

HABILLEMENT.

Un uniforme chasseur.
Un *dito*, grenadier.
Un *dito*, garde nationale.
Deux chapeaux.
Une capote grise et verte.
Un manteau bleu (celui que j'avais à Marengo).
Une zibeline pélisse verte.
Deux paires de souliers.
Deux paires de bottes.
Une paire de pantoufles.
Six ceinturons.

NAPOLÉON.

ÉTAT B.

Inventaire des effets que j'ai laissés chez M. le comte de Turenne.

Un sabre de Sobieski (c'est par erreur qu'il est porté sur l'état A ; c'est le sabre que l'Empereur portait à Aboukir, qui est entre les mains du comte Bertrand).

Un grand collier de la légion d'honneur.

Une épée en vermeil.

Un glaive de consul.

Une épée en fer.

Un ceinturon de velours.

Un collier de la toison d'or.

Un petit nécessaire en acier.

Une veilleuse en argent.

Une poignée de sabre antique.

Un chapeau à la Henri IV et une toque.

Les dentelles de l'Empereur.

Un petit médailler.

Deux tapis turcs.

Deux manteaux de velours cramoisi, brodés, avec vestes et culottes.

1°. Je donne à mon fils le sabre de Sobieski.

Idem, le collier de la légion d'honneur.

Idem, l'épée en vermeil.

Idem, le glaive de consul.

Idem, l'épée en fer.

Idem, le collier de la toison d'or.

Idem, le chapeau à la Henri IV et la toque.

Idem, le nécessaire d'or pour les dents, resté chez le dentiste.

2°. A l'impératrice Marie-Louise, mes dentelles.

A Madame, la veilleuse en argent.

Au cardinal, le petit nécessaire en acier.

Au prince Eugène, le bougeoir en vermeil.

A la princesse Pauline, le petit médailler.

A la reine de Naples, un petit tapis turc.

Au prince Jérôme, la poignée de sabre antique.

Au prince Joseph, un manteau brodé, veste et culotte.

Au prince Lucien, un manteau brodé, veste et culotte.

NAPOLÉON.

Ce 24 avril 1821, Longwood.

Ceci est mon Codicille, ou acte de ma dernière volonté.

Sur les fonds remis en or à l'impératrice Marie-Louise, ma très-chère et bien-aimée épouse, à Orléans, en 1814, elle reste me devoir deux millions, dont je dispose par le présent codicile, afin de récompenser mes plus fidèles serviteurs, que je recommande, du reste, à la protection de ma chère Marie-Louise.

1°. Je recommande à l'impératrice de faire restituer au comte Bertrand les trente mille francs de rente qu'il possède dans le duché de Parme, et sur le Mont-Napoléon de Milan, ainsi que les arrérages échus.

2°. Je lui fais la même recommandation pour le duc d'Istrie, la fille de Duroc, et autres de mes serviteurs qui me sont restés fidèles et qui me sont toujours chers; elle les connaît.

Je lègue, sur les deux millions ci-dessus mentionnés, trois cent mille francs au comte Bertrand, sur lesquels il versera cent mille francs dans la caisse du trésorier, pour être employés, selon mes dispositions, à des legs de conscience.

4°. Je lègue deux cent mille francs au comte Montholon, sur lesquels il versera cent mille francs dans la caisse du trésorier, pour le même usage que ci-dessus.

5°. Je lègue deux cent mille francs au comte Las-Cases, sur lesquels il versera cent mille francs dans la caisse du trésorier, pour le même usage que ci-dessus.

6°. *Idem*, à Marchand, cent mille francs, sur lesquels il versera cinquante mille francs dans la caisse du trésorier, pour le même usage que ci-dessus.

7°. Au maire d'Ajaccio, au commencement de la révolution, Jean-Jérôme Lévi, ou à sa veuve, enfans ou petits-enfans, cent mille francs.

8°. A la fille de Duroc, cent mille francs.

9°. Au fils de Bessières, duc d'Istrie, cent mille francs.

10°. Au général Drouot, cent mille francs.

11°. Au comte Lavalette, cent mille francs.

12°. *Idem*; cent mille francs, savoir :

Vingt-cinq mille francs à Piéron, mon maître-d'hôtel.

Vingt-cinq mille francs à Noverraz, mon chasseur.

Vingt-cinq mille francs à Saint-Denis, le garde de mes livres.

Vingt-cinq mille francs à Santini, mon ancien huissier.

13°. Je lègue cent mille frans, savoir :

Quarante mille francs à Planat, mon officier d'ordonnance.

Vingt mille francs à Hébert, dernièrement concierge à Rambouillet, et qui était de ma chambre en Égypte.

Vingt mille francs à Lavigne, qui était dernièrement concierge d'une de mes écuries, et qui était mon piqueur en Égypte.

Vingt mille francs à Jeannot-Dervieux, qui était piqueur des écuries, et me servait en Égypte.

14°. Deux cent mille francs seront distribués en aumônes aux habitans de Brienne-le-Château, qui ont le plus souffert.

15°. Les trois cent mille francs restant seront distribués aux officiers et soldats du bataillon de ma garde de l'île d'Elbe, actuellement vivans, ou à leurs veuves et enfans, au prorata des appointemens, et selon l'état qui sera arrêté par mes exécuteurs testamentaires, les amputés ou blessés grièvement auront le double. L'état en sera arrêté par Larrey et Emmery.

Ce codicile est écrit tout de ma propre main, signé et scellé de mes armes.

NAPOLÉON.

Ce 24 avril 1821, Longwood.

Ceci est mon Codicile, ou acte de ma dernière volonté.

Sur la liquidation de ma liste civile d'Italie, telle qu'argent, bijoux, argenterie, linge, meubles, écurie, dont le vice-roi est dépositaire, et qui m'appartiennent, je dispose de deux millions que je lègue à mes plus fidèles serviteurs. J'espère que, sans s'autoriser d'aucune raison, mon fils Eugène Napoléon les acquittera fidèlement; il ne peut oublier les quarante millions de francs que je lui ai donnés, soit en Italie, soit sur le partage de la succession de sa mère.

1°. Sur ces deux millions, je lègue au comte Bertrand trois cent mille francs, dont il versera cent mille francs dans la caisse du trésor, pour être employés, selon mes dispositions, à l'acquit de legs de conscience.

2°. Au comte Montholon, deux cent mille francs, dont il versera cent mille francs à la caisse, pour le même usage que ci-dessus.

3°. Au comte Las-Cases, deux cent mille francs, dont il versera cent mille francs dans la caisse pour le même usage que ci-dessus.

4°. A Marchand, cent mille francs, dont il versera cinquante mille francs à la caisse, pour le même usage que ci-dessus.

5°. Au comte Lavalette, cent mille francs.

6°. Au général Hogendorf, hollandais, mon aide-de-camp réfugié au Brésil, cent mille francs.

7°. A mon aide-de-camp Corbineau, cinquante mille francs.

8°. A mon aide-de-camp Caffarelli, cinquante mille francs.

9°. A mon aide-de-camp Dejean, cinquante mille francs.

10°. A Percy, chirurgien en chef, à Waterloo, cinquante mille francs.

11°. Cinquante mille francs, savoir :

Dix mille francs à Piéron, mon maître d'hôtel.

Dix mille francs à Saint-Denis, mon premier chasseur.

Dix mille francs à Noverraz.

Dix mille francs à Cursot, mon maître d'office.

Dix mille francs à Archambaud, mon premier piqueur.

12°. Au baron Menneval, cinquante mille francs.

13°. Au duc d'Istrie, fils de Bessières, cinquante mille francs.

14°. A la fille de Duroc, cinquante mille francs.

15. Aux enfans de Labédoyère, cinquante mille francs.

16°. Aux enfans de Mouton-Duvernet, cinquante mille francs.

17°. Aux enfans du brave et vertueux général Travot, cinquante mille francs.

18°. Aux enfans de Chartrand, cinquante mille francs.

19°. Au général Cambrone, cinquante mille francs.

20°. Au général Lefèvre-Desnouettes, cinquante mille francs.

21°. Pour être répartis entre les proscrits qui errent en pays étrangers, Français ou étrangers, ou Belges, ou Hollandais, ou Espagnols, ou des départemens du Rhin, sur ordonnances de mes exécuteurs testamentaires, cent mille francs.

22°. Pour être répartis entre les amputés ou blessés grièvement de Ligny, Waterloo, encore vivans, sur des états dressés par mes exécuteurs testamentaires, auxquels seront adjoints Cambrone, Larrey, Percy et Emmery; il sera donné double à la garde, quadruple à ceux de l'île d'Elbe: deux cent mille francs.

Ce codicile est écrit entièrement de ma propre main, signé et scellé de mes armes.

NAPOLÉON.

Ce 24 avril 1821, Longwood.

Ceci est un troisième Codicile à mon testament du 15 avril.

———

1°. Parmi les diamans de la couronne qui furent remis en 1814, il s'en trouvait pour cinq à six cent mille francs qui n'en étaient pas, et faisaient partie de mon avoir particulier; on les fera rentrer pour acquitter mes legs.

2°. J'avais, chez le banquier Torlonia de Rome, deux à trois cent mille francs en lettres de change, produit de mes revenus de l'île d'Elbe, depuis 1815; le sieur de la Peyrusse, quoiqu'il ne fût plus mon trésorier, et n'eût pas de caractère, a tiré à lui cette somme; on la lui fera restituer.

3°. Je lègue au duc d'Istrie trois cent mille francs, dont seulement cent mille francs réversibles à la veuve, si le duc était mort lors de l'exécution du legs. Je désire, si cela n'a aucun inconvénient, que le duc épouse la fille de Duroc.

4°. Je lègue à la duchesse de Frioul, deux cent mille francs; si elle était morte avant l'exécution du legs, il ne sera rien donné à la mère.

5°. Je lègue au général Rigaud, celui qui a été proscrit, cent mille francs.

6°. Je lègue à Boisnod, commissaire-ordonnateur, cent mille francs.

7°. Je lègue aux enfans du général Letort, tué dans la campagne de 1815, cent mille francs.

8°. Ces huit cent mille francs de legs seront comme s'ils étaient portés à la suite de l'art. 36 de mon testament, ce qui porterait à six millions quatre cent mille francs la somme des legs dont je dispose par mon testament: sans comprendre les donations faites par mon second codicile.

Ceci est écrit de ma propre main, signé et scellé de mes armes.

Sceau.   NAPOLÉON.

Au dos.

Ceci est mon troisième codicile à mon testament, tout entier écrit de ma main, signé et scellé de mes armes.

Sera ouvert le même, jour et immédiatement après l'ouverture de mon testament.

Ce 24 avril 1821, Longwood.

Ceci est mon quatrième Codicille à mon testament.

Par les dispositions que nous avons faites précédemment, nous n'avons pas rempli toutes nos obligations : ce qui nous a décidé à faire ce quatrième codicile.

1°. Nous léguons au fils, ou petit fils du baron Dutheil, lieutenant-général d'artillerie, ancien seigneur de Saint-André, qui a commandé l'école d'Auxonne avant la révolution, la somme de cent mille francs, comme souvenir de reconnaissance pour les soins que ce brave général a pris de nous, lorsque nous étions comme lieutenant et capitaine sous ses ordres.

2°. *Item*, au fils ou petit fils du général Dugommier, qui a commandé en chef l'armée de Toulon, la somme de cent mille francs : nous avons, sous ses ordres, dirigé ce siége et commandé l'artillerie ; c'est un témoignage de souvenir pour les marques d'estime et d'amitié que nous a données ce brave et intrépide général.

3°. *Item*, nous léguons cent mille francs aux fils ou petits-fils du député de la Convention Gasparin, représentant du peuple à l'armée de Toulon, pour avoir protégé et sanctionné de son autorité le plan que nous avons donné, qui a valu la prise de cette ville, et qui était contraire à celui envoyé par le comité de salut public. Gasparin nous a mis, par sa protection, à l'abri des persécutions de l'ignorance des états-majors qui commandaient l'armée, avant l'arrivée de mon ami Dugommier.

4°. *Item*, nous léguons cent mille francs à la veuve, fils ou petits-fils de notre aide-de-camp Muiron, tué à nos côtés à Arcole, nous couvrant de son corps.

5°. *Item*, dix mille francs au sous-officier Cantillon, qui a essuyé un procès, comme prévenu d'avoir voulu assassiner lord Wellington, ce dont il a été déclaré innocent. Cantillon avait autant de droit d'assassiner cet oligarque, que celui-ci de m'envoyer pour périr sur le rocher de Sainte-Hélène. Wellington, qui a proposé cet attentat, cherchait à le justifier sur l'intérêt de la Grande-Bretagne. Cantillon, si vraiment il eût assassiné le lord, se serait couvert, et aurait été justifié par les mêmes motifs, l'intérêt de la France, de se défaire d'un général qui d'ailleurs avait violé la capitulation de Paris, et par là s'était rendu responsable du sang des martyrs Ney, Labédoyère, etc., et du crime d'avoir dépouillé les Musées contre le texte des traités.

6°. Ces quatre cent dix mille francs seront ajoutés aux six millions quatre cent mille francs dont nous avons disposé, et porteront nos legs à six millions huit cent dix mille francs; ces quatre cent dix mille francs doivent être considérés comme faisant partie de notre testament article 35, et suivre en tout le même sort que les autres legs.

7°. Les neuf mille livres sterling que nous avons données au comte et à la comtesse Montholon, doivent, s'ils ont été soldés, être déduits et portés en compte sur les legs que nous leur faisons par nos testamens; s'ils n'ont pas été acquittés, nos billets seront annulés.

8°. Moyennant le legs fait par notre testament au comte Montholon, la pension de vingt mille francs accordée à sa femme est annullée ; le comte Montholon est chargé de la lui payer.

9°. L'administration d'une pareille succession, jusqu'à son entière liquidation, exigeant des frais de bureau, de courses, de missions, de consultations, de plaidoiries, nous entendons que nos exécuteurs testamentaires retiennent trois pour cent sur tous les legs, soit sur les six millions huit cent mille francs, soit sur les sommes portées dans les codiciles, soit sur les deux cent millions du domaine privé.

10°. Les sommes provenant de ces retenues seront déposées dans les mains d'un trésorier, et dépensées sur mandat de nos exécuteurs testamentaires.

11°. Si les sommes provenant desdites retenues n'étaient pas suffisantes pour pourvoir aux frais, il y sera pourvu aux dépens des trois exécuteurs testamentaires et du trésorier, chacun dans la proportion du legs que nous leur avons fait par notre testament du codicile.

12°. Si les sommes provenant desdites retenues sont au-dessus des besoins, le restant sera partagé entre nos trois exécuteurs testamentaires et le trésorier, dans le rapport de leurs legs respectifs.

13°. Nous nommons le comte Las-Cases, et à son défaut, son fils, et à son défaut, le général Drouot, trésorier.

Ce présent codicil est entièrement écrit de notre main, signé et scellé de nos armes.

NAPOLÉON.

PREMIÈRE LETTRE.

A M. Lafitte.

Monsieur,

Je vous ai remis en 1815, au moment de mon départ de Paris, une somme de près de six millions, dont vous m'avez donné un double reçu ; j'ai annullé un des reçus, et je charge le comte de Montholon de vous présenter l'autre reçu, pour que vous ayez à lui remettre, après ma mort, ladite somme, avec les intérêts, à raison de cinq pour cent, à dater du 1er juillet 1815, en défalquant les paiemens dont vous avez été chargé en vertu d'ordres de moi.

Je désire que la liquidation de votre compte soit arrêtée d'accord entre vous, le comte Montholon, le comte Bertrand et le sieur Marchand ; et, cette liquidation réglée, je vous donne, par la présente, décharge entière et absolue de ladite somme.

Je vous ai également remis une boîte contenant mon médailler ; je vous prie de la remettre au comte Montholon.

Cette lettre n'étant à autre fin, je prie Dieu, Monsieur Lafitte, qu'il vous ait en sa sainte et digne garde.

NAPOLÉON

Longwood, île Sainte-Hélène, ce 25 avril 1821.

SECONDE LETTRE.

A M. le baron La Bouillerie.

Monsieur le baron La Bouillerie, trésorier de mon domaine privé, je vous prie d'en remettre le compte et le montant, après ma mort, au comte Montholon, que j'ai chargé de l'exécution de mon testament.

Cette lettre n'étant à autre fin, je prie Dieu, Monsieur le baron La Bouillerie, qu'il vous ait en sa sainte et digne garde.

NAPOLÉON.

Longwood, île Sainte-Hélène, ce 25 avril 1821.

FIN.

www.ingramcontent.com/pod-product-compliance
Lightning Source LLC
Chambersburg PA
CBHW051130230426
43670CB00007B/742